JOURNAUX DE BORD ET DE TRAITE
DE JOSEPH CRASSOUS DE MÉDEUIL

KARTHALA sur Internet : http://www.karthala.com
Paiement sécurisé

© Éditions KARTHALA, 2001
ISBN : 2-84586-208-3

Alain Yacou

Journaux de bord et de traite de Joseph Crassous de Médeuil

De La Rochelle à la côte de Guinée et aux Antilles (1772-1776)

Préface de Sylvie Denis, conservateur des Archives municipales de La Rochelle

Éditions KARTHALA
22-24, boulevard Arago
75013 Paris

CERC
Université des
Antilles et de la Guyane

à Michèle

Remerciements

C'est dans le milieu de l'année 1996 que, tout à la préparation d'une exposition sur le thème *Fortunes et infortunes de la traite négrière* pour le compte de la ville du Moule en Guadeloupe, à l'occasion du 150° Anniversaire de l'Abolition de l'esclavage dans les colonies françaises, il nous a été donné de rencontrer le marin Joseph Claude Augustin Crassous de Médeuil.

La toute première référence que nous possédions alors nous conduisit d'abord à la Bibliothèque municipale de La Rochelle nichée à l'époque au cœur de la ville, et par la suite aux Archives Municipales. Là, le conservateur, Mme Sylvie Denis, eut à cœur de nous faciliter à maintes reprises la consultation du remarquable dépôt de manuscrits où sont consignés les faits et gestes de ce marin rochelais, débrouillant aussi quelques énigmes au cours de séances de travail et confortant par-dessus tout le choix de publication de deux des journaux de bord et de traite de Crassous de Médeuil. Qu'elle en soit vivement remerciée.

C'est avec la même cordialité que le directeur des Archives Départementales de la Charente-Maritime, M. Pascal Even, nous a mis entre les mains de nombreux manuscrits et imprimés particulièrement édifiants pour notre propos, il faut le souligner. Notre dette n'est pas moindre envers M. Christophe Bertaud, conservateur aux Archives de la Chambre de Commerce de La Rochelle, qui se fit un devoir de nous guider dans nos recherches complémentaires sur le commerce rochelais en Afrique. La coopération du directeur et du personnel de la Médiathèque Michel Crépeau ne nous a jamais fait défaut, où sont conservés de précieux manuscrits de comptes de négriers.

Toujours à La Rochelle, nous ne saurions oublier l'accueil chaleureux du directeur du Musée du Nouveau Monde et de Mme Lefrançois, ou encore celui du Professeur Guy Martinière avec lequel nous entretenons de fructueux échanges d'Université à Université. D'ailleurs notre ouvrage en appelle un autre d'un jeune chercheur rochelais, Rodolphe Damon. Encore en terre charentaise, à Rochefort, nous avons apprécié la disponibilité de M. Marc Fardet et du personnel affecté au Service

Historique de la Marine et à Jonzac, nous avons bénéficié des conseils éclairés de M. Jean Glénisson.

Au surplus, la bonne fortune a voulu que nous fassions la connaissance du spécialiste de la traite rochelaise, le Professeur Jean-Marie Deveau, mais à Bordeaux, le temps d'un colloque organisé à la Maison des Pays Ibériques de l'Université de Bordeaux III sur le thème de l'*Espace caraïbe…XVIᵉ-XIXᵉ Siècle*. C'est dire aussi que dans la capitale de la Gironde qui nous est familière depuis plusieurs lustres, nous avons pu compter sur l'aide généreuse du Conservateur du Patrimoine et du personnel des Archives Départementales. Il en fut de même à Nantes, aux Archives Départementales de la Loire Atlantique

Enfin, à Paris, des remerciements très vifs vont au contre-amiral Georges Prud'Homme, à Mᵐᵉ Martine Souvignet, documentaliste du Musée de la Marine, et à tout le personnel de la salle de lecture, ainsi qu'aux responsables du Département *Cartes et Plans* de la Bibliothèque Nationale, aux présidents des salles de consultation des Archives Nationales où nous avons pu obtenir de précieuses reproductions de nombreux documents d'époque.

En Guadeloupe même, notre collègue, Mᵐᵉ Françoise Pagney, a eu la délicate attention de confier à Mᵐᵉ Di Ruggiero et M. Pollion, doctorants, la réalisation des quatre croquis représentant l'itinéraire de la première expédition négrière de Crassous.

Nous ne saurions terminer sans souligner ici l'infinie patience de notre épouse qui, année après année, s'est investie à nos côtés dans des dépouillements et classements de toutes sortes de copies d'archives, de France, d'Espagne ou de Cuba…C'est à elle en l'occurrence qu'est revenue la transcription des manuscrits de Crassous qu'il fallait reproduire et la correction en partie des épreuves que nous remettait la secrétaire de notre Centre d'Etudes et de Recherches Caraïbéennes, Mᵐᵉ Dina Montauban, dont il faut louer ici le dévouement. Plus encore, la part qu'elle a prise dans la conception des tableaux, ou la mise en page des textes selon les normes de l'édition, est considérable. De la sorte, sans sa coopération vigilante, le précieux *Journal de traite de la Suzanne Marguerite* n'aurait pas eu le traitement qu'il méritait. Autant dire qu'en contrepartie du *Journal de bord du Roy Dahomet*, il n'aurait peut-être pas figuré dans l'ouvrage que l'on va lire.

Préface

Le livre d'Alain Yacou paraît opportunément aujourd'hui, à un moment où les programmes de recherche en histoire et en sciences humaines sur la traite négrière et l'esclavage font l'objet d'un encouragement en France. Déjà, depuis 1994, une équipe de scientifiques des trois continents concernés – Afrique, Amérique et Europe –, sous l'égide de l'UNESCO, étudie les effets économiques, culturels, historiques...de quatre siècles de traite des noirs, ce « véritable trou noir dans l'histoire de l'humanité » comme le qualifiait alors le directeur général de l'UNESCO, Federico Mayor. L'excellente étude d'Alain Yacou entre donc de plain-pied dans ce courant prometteur des recherches et sera accueillie avec un intérêt tout particulier, à l'heure où la République Française reconnaît par la loi du 21 mai 2001 que la traite et l'esclavage constituent un crime contre l'humanité.

Si c'est au 18 ème siècle que la France devient, après l'Angleterre, la deuxième nation de traite, c'est également au cours de ce siècle que La Rochelle devient, après Nantes, le second port négrier français. Alain Yacou explore l'esclavage au cœur de cette période florissante du commerce triangulaire, à travers des journaux de bord et de traite, documents qui constituent une mine d'informations incontournables, en raison notamment de l'absence de sources écrites africaines. Les deux documents principaux étudiés par Alain Yacou sont conservés aux Archives municipales de La Rochelle qui possèdent un fonds peu volumineux sur le sujet, mais d'une valeur documentaire très riche.

L'auteur a choisi de mettre le projecteur sur les journaux de bord et de traite du lieutenant, puis capitaine rochelais Joseph Crassous de Médeuil, et c'est cette relative exiguïté du cadre retenu qui lui a permis de mener son travail de façon aussi précise que possible. Alain Yacou ne se contente pas de simplement transcrire les documents bruts : il nous donne ici à lire une très intéressante étude raisonnée des deux premières expéditions négrières de Joseph Crassous de Médeuil, agrémentée de cartes fort utiles. L'analyse scrupuleuse des archives a notamment donné lieu à la réalisation de tableaux de synthèse comme ceux des opérations de traite et des ventes de captifs, qui pourront servir de référence aux spécialistes, et l'auteur ne manque pas d'étayer de commentaires judicieux les longs extraits des journaux. Outre une analyse fouillée des comptes et de la nature de la cargaison de troc, l'intérêt de cet ouvrage réside également dans son approche sociologique de la traite avec entre autres l'évocation des épidémies, des suicides qui ne manquaient pas de survenir sur les navires.

L'homme qui est au cœur de cet ouvrage, c'est Joseph Crassous de Médeuil, négrier, marchand, mais également officier de la marine du roi. Un homme cultivé, complexe, qui parle de liberté alors même que son activité de négrier offense la liberté humaine, qui compatit et s'indigne parfois face à cet épouvantable négoce alors même qu'il ne renonce pas à son statut de négrier. Il fait ses premiers pas à La Rochelle, mais pas pour bien longtemps, puisqu'on le retrouve très jeune sur les océans. Pourtant, il n'est pas fils de marin, ni d'armateur, mais issu d'une famille bourgeoise de notaires et procureurs, ayant pignon sur la rue du Palais. Cet aventurier des mers connaît davantage de malheurs que de heurs dans sa vie. Fait prisonnier par les Anglais, naufragé, malchanceux en affaires, ce républicain finira injustement guillotiné à Rochefort. Homme de plume et fin observateur des choses de la nature et de la nature humaine, il nous a laissé de précieux écrits, qui parfois fournissent matière à des récits pittoresques, et qui ont permis à Alain Yacou de réaliser cette belle et solide étude, riche d'enseignements. Merci donc à l'auteur pour cet ouvrage qui aide à mieux comprendre les rouages de la « saignée » du continent africain. Par son analyse raisonnée de documents d'archives, Alain Yacou fait entrer la traite négrière dans un cadre scientifique où elle devient objet historique de réflexion, même si plus de 150 ans après l'abolition de la traite par la France, la traite négrière transatlantique n'est toujours pas devenue un paisible objet historique.

Il est bon de mentionner ici qu'un ouvrage, consacré à Joseph Crassous de Médeuil, paraît également aux éditions Karthala sous la plume d'un jeune auteur rochelais, Rodolphe Damon.

Sylvie DENIS
Conservateur des Archives
municipales de La Rochelle

I - D'une vocation à une autre :
Les débuts de la carrière d'un marin
(1755-1772)

Vulnerant omnes...

« J. Crassous figure dans la galerie de nos *marins rochelais*, mais les archives de la mairie de la Rochelle nous permettent de compléter le portrait d'un officier, dont la carrière semée d'infortunes fut terminée par une mort tragique.

Joseph-Claude-Augustin Crassous, naquit le 23 octobre 1741, sur la paroisse Saint-Barthélémy de La Rochelle. Il était fils de Joseph Crassous, notaire royal et procureur au siège présidial de cette ville, et de Marie-Anne Gauvrit. Rochelais, il rêva d'être marin.

Tout, au début, parut lui sourire; la mer, c'était le mirage de pays lointains et de peuplades étranges, l'inconnu, les aventures la gloire ou, du moins, la fortune !

Illusions qu'une douloureuse expérience devait trop tôt faire évanouir » !

C'est en ces termes édifiants que commence la conférence de L. de Richemont, lue en novembre 1887 à la Section Littéraire de l'Académie de La Rochelle et consacrée au marin Joseph Crassous de Médeuil[1].

---

[1] « Le marin J. Crassous de Médeuil, d'après des documens inédits », in *Revue Poitevine et Saintongeaise*, 1891, pp.335-343.

Tirant parti de documents inédits pour l'époque, il fut le premier historien à indiquer que le père de l'infortuné marin était né à la Martinique en 1707 et qu'il était mort à La Rochelle le 17 décembre 1791. Mais si, de surcroît, le conférencier sut mettre en lumière que la famille Crassous était originaire de Montpellier et que, éteinte à La Rochelle, elle était encore représentée à New-York par M. Henry Crassous de Médeuil, il est étonnant qu'il se soit pour le moins désintéressé de la branche martiniquaise bien présente elle aussi à la fin du XIXe siècle, comme de nos jours au demeurant.

De même, allant au plus pressé, sans doute pour ne point abuser de la patience de son auditoire, de Richemont ne nous dit rien des débuts de la carrière de Joseph-Claude-Augustin Crassous : « Nous le trouvons en 1772 sur le navire le *Roy Dahomet*, capitaine Corby, vaisseau armé pour la côte de Guinée », se contente-t-il de souligner au début de sa conférence. Mais il ne souffle mot de l'expédition, pour cette même côte, de la *Suzanne Marguerite* en 1774, où Crassous a grade de second capitaine...

Fort heureusement, il se trouve dans le domaine public de nombreux papiers de la main du marin lui-même qui nous renseignent utilement sur l'emploi de son temps de 1755 à 1793. Il suffit donc à notre propos de nous en tenir ici aux grandes lignes qu'offrent ces manuscrits pour établir une manière de chronologie — sans plus — des faits et gestes qui, pour commencer, le conduisirent au métier de négrier en 1772.

Il est en particulier un *Aperçu général des services de Crassous de Médeuil* que ce dernier avait rédigé à La Rochelle le 18 février 1792[2]. A cette date et sur la foi de ses déclarations, il avait accompli « une navigation prodigieuse faite pendant l'espace de trente-six ans pour le Roy pendant deux guerres et pour le particulier le surplus du même temps ». Par précaution nous reproduisons ci-après la *Récapitulation générale* que l'on trouve à la fin du dossier.

---

[2] A.N. Marine C 7-77, dossier Crassous de Médeuil. Pièce 10, *Aperçu général des services de Crassous Médeuil tant sur les vaisseaux du Roy que sur les navires particuliers et emploi de son temps au fait de la navigation et du commerce.* La Rochelle 18 février 1792.

Récapitulation générale

Sur Les Vaisseaux de L'Etat en guerre depuis 1755.
Jusqu'en 1792.

		mois	jours	
Vaisseaux du Roi	En guerre	88.	22.	} 111. 3. jours
	En paix	22.	11.	
navire du commerce	En guerre	20.	3.	} 191. 22. jours
	En paix	171.	19.	
			302. 25. jours

Pendant le cours de cette navigation je me suis trouvé à
huit combats sur les vaisseaux de l'Etat.
Et à trois autres sur des navires particuliers que je commandois

A la Rochelle ce 18. février 1792. 1.

Gaffous

Récapitulation générale des services

Ce qui ne laisse pas d'intriguer, c'est que les 302 mois et 25 jours qu'il y déclare – à savoir 111 mois 2 jours sur les « vaisseaux du Roi » et 191 mois 22 jours sur les « navires du commerce » – ne représentent que 25 années au total. Le propos est d'autant plus surprenant que Crassous soutient même que dans ce nombre ne sont point compris les temps employés aux armements, refonte, radoub et construction : « temps bien plus précieux, soulignait-il à dessein, pour instruire un homme de mer des détails de l'état de marin que les traversées de port en port où les jeunes gens ne font presque rien et ne sont point exercés suffisamment ».

Tout s'éclaire à la lecture d'une tout autre correspondance qu'il rédige à Paris trois mois plus tard et où il rappelle la règle prévue par les Ordonnances et Décrets, à savoir que « les 111 mois et 2 jours passés sur les vaisseaux de guerre » équivalaient à « 222 mois et 4 jours ». A ceux-ci s'ajoutaient non seulement les 191 mois et 22 jours sur les navires de commerce, mais encore les 13 mois où, ayant été fait prisonnier, il était resté « en cautionnement ». De là, et par compensation un total de 426 mois et 26 jours représentant très exactement 35 ans, 6 mois et 26 jours[3].

En tout état de cause, il est un fait concomitant qu'il convient de souligner d'entrée de jeu, s'agissant de la carrière de Crassous, c'est qu'elle débute à la veille de la fameuse Guerre de Sept Ans comme l'indiquent les toutes premières lignes de l'*Aperçu Général* de ses services :

« (Novembre 1755). En sortant des collèges ou mon Education n'avait pas été négligée, je me resignay à prendre l'état de marin et après un cours de pilotage, je consacrai neuf mois à apprendre les éléments de construction pour Embarquer sur la frégate La Chalante commandée par Mr Duchafaud et destinée pour la Martinique et je désarmai de dessus cette frégate avant son départ pour cause de maladie, pour passer sur la Frégate la Pomone (16 avril 1756) commandée par Mr Denoée et ensuite par Mr Hector en qualité de Pilotin surnuméraire, place qui était alors destinée à des jeunes gens de famille équivalente à celle de volontaire aujourdhui »[4].

---

[3] *Ibid*, pièce 5 : *Demande pour la Croix de St Louis pour Joseph Crassous de Médeuil de La Rochelle sous-lieut^t de vaisseau* – Paris, 24 may 1792.
[4] *Aperçu général* , *supra*, note 2.

On sait que la Paix d'Aix-la-Chapelle en 1748 qui mit fin à la guerre de Succession d'Autriche n'avait été qu'une trêve dans le conflit entre la France et l'Angleterre qui aura occupé tout le Siècle des Lumières européennes. Et de fait, les hostilités n'avaient pas encore repris officiellement entre les deux puissances que déjà, en terre américaine, colons et soldats des deux nations se défiaient à l'envi, multipliant provocations et litiges. Côté français, on s'était employé, au lendemain de la paix, à jalonner de forts la vallée de l'Ohio pour mieux relier le Canada à la Louisiane. Dans la même zone, les Anglais, pour leur part, ne tardèrent pas à leur emboîter le pas, malgré les protestations énergiques des premiers. Plus encore, précise l'historien Franck L. Schoell, excipant de sa charte, « la Virginie (l'une des Treize Colonies) s'apprêtait à lotir dans les vallées de la rivière Alleghany et du Monongahela (qui confluent pour former le fleuve Ohio) des terres que les Français considéraient comme faisant partie de leur Louisiane »[5].

C'est en ces lieux que survint l'incident en 1754 qui mit aux prises un officier français, Jumonville, envoyé en parlementaire pour sommer les Anglais d'évacuer le fort Nécessité et le commandant dudit fort qui n'était autre que le lieutenant-colonel virginien Georges Washington : « contre toutes les règles de la guerre, écrivait G. Hardy en son temps, Washington fait tirer sur lui. Jumonville et dix de ses hommes sont tués… »[6]. C'était déjà le *casus belli*, un an avant le coup de force de l'amiral anglais Boscawen qui rendit inéluctable le conflit dont l'enjeu n'était rien moins que le règlement définitif de la maîtrise des mers et de la suprématie sur les terres lointaines, productrices de denrées exotiques pour parler comme Francis P. Renaut[7].

La suite est bien connue et l'emploi du temps de Joseph Crassous montre à quel point, dès l'âge de 15 ans tout au moins, il a été à la fois protagoniste et témoin de faits de guerre sur les côtes de France mais aussi en des points sensibles dans le Nord de l'Amérique jusqu'à la signature du Traité de Paris en 1763. Qu'on en juge :

---

[5] *Histoire des Etats-Unis,*(1965) 3ᵉ Ed. revue et mise à jour, Paris, 1977, p.64.
[6] Georges Hardy, *Histoire de la colonisation française*, 2ᵉ Ed. Paris 1931, p.84.
[7] Francis P. Renaut, *Le pacte de famille et la politique coloniale franco-espagnole de 1760 à 1792*, Paris 1922, p.15.

« (2 mai 1757) : Après une campagne assés longue nous fûmes desarmés à Brest d'où je me rendis à La Rochelle, lieu de la résidence de ma famille et partis de suite pour aller à Bayonne embarquer sur la Frégate *l'Hermine* sous les ordres de M. La Touche-Tréville.

(8 octobre 1757-8 mars 1758) Cette frégate ayant désarmé à Rochefort nous passames de suite sur le vaisseau *Le Hardy*, aux ordres du même capitaine avec lequel nous fûmes à Louisbourg et à Québec et eûmes un engagement au retour avec l'escadre de l'amiral Boscawen.

(22 février 1759) Désarmé à Rochefort, je passai de suite sur la Frégate *l'Hermine* commandée par Mr Denieuil faisant partie de l'escadre de M. de Conflans, nous fûmes désarmés à Brest et de retour à La Rochelle (13 janvier 1760), j'embarquai sur le corsaire *L'Aurore*, commandé par Mr Molleres en qualité de sous-Lieutenant avec lequel nous eûmes quelques engagemens pour prendre trois navires marchands.

(20 février 1761) J'ai passé ensuite sur la prame *La Fortunée* avec le même capitaine Mr Denieuil où nous eûmes deux combats avec des vaisseaux anglais mouillés à l'Isle d'Aix, en sortant de cette prame (20 janvier 1762), j'embarquai en qualité de premier lieutenant sur le corsaire *Le Baillon* de vingt canons commandé par M. Courval et Gilbert.

Nous fûmes pris par le vaisseau *Le Royal Guillaume* et menés en Angleterre au Fort de Plimouth où j'y suis resté cautionné dix mois.

(1763) aux préliminaires de la Paix, je fis l'armement du navire *La Chezine* qui fut achettée à Plimouth et avec lequel nous transportâmes 850 prisonniers à Saint Malo »[8].

Au lendemain du Traité de Paris commence la période de l'entre-deux guerres pour les deux grandes puissances coloniales belligérantes, l'Angleterre et la France. Cette période correspond à une seconde étape de la carrière de Crassous.

On ignore pas qu'à l'issue de la Guerre de Sept Ans, le sort des armes lui ayant été favorable, l'Angleterre reçut en partage le Canada, la partie orientale de la Louisiane, les Florides et aux Antilles la Grenade, la Dominique, Saint-Vincent et Tobago. La France ne conservait guère que

---

[8] *Aperçu général...* déjà cité.

les îles de Saint-Pierre et Miquelon ainsi qu'un droit de pêcherie à Terre-Neuve dans le Nord du continent américain. Mais dans l'aire caraïbe son empire colonial n'était amputé qu'à moitié. Restaient dans son giron la Guadeloupe et ses dépendances, une partie de l'île de Saint-Martin, la Martinique, Sainte-Lucie, la Guyane et par-dessus tout la partie occidentale de l'île de Saint-Domingue.

L'Espagne qui, par le truchement du Troisième Pacte de Famille (1761), avait combattu, comme on sait, aux côtés de la France, reçut en compensation de la perte des Florides la Louisiane occidentale. La charge était onéreuse pour le trésor de Sa Majesté Catholique et la présence de colons français n'était pas sans poser de problèmes. Mais en contrepartie l'occupation de la région de l'Ouest du Mississippi était une sage précaution dans l'idée du ministre Grimaldi, à tout le moins une mesure susceptible de freiner la marche vers l'Ouest, en direction de la vice-royauté de Mexico, déjà amorcée par les Anglo-Américains, selon le dogme du « destin manifeste » avant la lettre !

C'est dans ce contexte géo-stratégique et politique que Joseph Crassous qui est à la recherche de sa voie aura à se mouvoir et à œuvrer. Jusque là, il avait servi sur les vaisseaux du Roi et sur des corsaires : sur les premiers, de pilotin, il était devenu aide-pilote ; sur les seconds, il avait accédé au grade de lieutenant. On comprend que, dans un premier temps, il ait été tenté par le service du Roi. Mais au bout de six mois, il va s'habituer aux voyages de commerce, comme il l'indique dans son précieux *Aperçu Général des Services* :

« (11 avril 1764) Etant venus ensuite désarmer à La Rochelle, j'embarquai en qualité de premier pilote sur la flute du Roy *La Nourrice*, commandée par Mr Gilbert, capitaine du corsaire *Le Baillon* pour aller aux isles Saint-Pierre et Miquelon où (octobre 1764) il fut acheté un Briguantin nommé *Les Deux Amis* sur lequel je fus placé en qualité de premier Lieutenant et avec lequel nous fumes à la Martinique et à la Guadeloupe, désarmer à Bordeaux.
(1765) Du même moment, je repassai sur le navire particulier *La Bearnoise*, capitaine M. Neau et fûmes à la Martinique et à la Guadeloupe, d'où je fus expédié pour la même maison sur le navire *Le Vollant* pour aller à la Louisiane où le navire fut vendu ».

C'est alors que Crassous qui a vingt-cinq ans va être tenté d'abandonner la carrière de marin pour s'établir en terre américaine suivant ce qu'il nous a marqué à ce sujet :

« (1766) La beauté du climat m'engagea à y achetter une habitation que la malheureuse arrivée des Espagnols commandé par M. Orelly m'a forcé d'abandonner et de vendre presque pour rien, vu le trouble général survenu dans la colonie »[9].

Il n'est pas aventuré d'avancer ici que la profession d'habitant qu'il abandonne sous l'empire de la nécessité constituera dans l'absolu une alternative à l'état de marin dont il dira un jour qu'il n'avait été qu'une vocation par défaut !

Quoi qu'il en soit, Crassous va maintenant pendant six ans au moins jusqu'en 1772, et depuis les côtes de France ou d'Espagne, sillonner tout l'espace maritime américain et caraïbéen. Chemin faisant, il passera du grade de lieutenant (dans la marine marchande) à celui de second capitaine et même de capitaine. A travers les lignes qu'il nous a laissées dans l'Aperçu *Général*... à partir de 1767 – il est juste de le remarquer – on voit percer la nostalgie des lieux louisianais qui l'habite encore. Mais les désarmements au Cap français tout aussi nombreux qu'à la Nouvelle Orléans ont sans doute constitué un contrepoids considérable en l'occurrence, comme le laisse entendre sa relation :

« (1767) De suite je repris la navigation, j'embarquai en qualité de second capitaine sur le bateau bermudien *Le Campelton*, capitaine Beauregard. Nous fûmes à Saint-Domingue et revînmes désarmer à la Nouvelle Orléans .
(1768) Ce fut alors que j'eu le commandement d'un navire particulier nommé Le souffleur, avec lequel j'ai fait deux voyages consécutifs de la Nouvelle Orléans à St Domingue, à la Nouvelle Angleterre, Boston, Rode Islande, Nouvelle Londres,

---

[9] En réalité, c'est Antonio de Ulloa qui avait été dépêché en 1766 en qualité de gouverneur à la Louisiane. Marin de profession et astronome de renom, il se révéla être un piètre administrateur et ne put en aucune manière juguler la sédition des colons français. L'instauration de la souveraineté espagnole fut l'œuvre opiniâtre du maréchal Alejandro O' Reilly qui, depuis La Havane, arrive à la Nouvelle-Orléans le 19 juillet 1769. Voir Bibiano Torres Ramìrez, *Alejandro O' Reilly en las Indias*, C.S.I.C. et E.E.H.A., Séville 1969, pp.88-179.

Midelton, retour par la Jamaïque, Pensacole et désarmement à la Nouvelle Orléans.

(1769) Je suis reparti sur le navire l'*Aimable*, capitaine Forés et suis venus désarmer au Cap François.

J'ai passé ensuite second capitaine sur le navire les *Deux Frères* pour retourner à la Nouvelle Orléans et suis venu encore désarmer au Cap François.

(1770) La j'ai pris le commandement du superbe navire la *Grande Bretagne* avec lequel j'ai parcouru les côtes d'Espagne, Saint Eustache, St Christophe et suis venu désarmer au Cap François ».

L'année 1771 sera décisive à plus d'un titre. Certes, dans l'*Aperçu Général*... nous n'avons qu'une version succincte, voire édulcorée à dessein, peut-être, du drame qu'il a vécu :

« (1771) Alors j'ai pris le commandement du navire le *Comte Darondat*. Nous eumes le malheur ayant le pilote à bord d'être échoué dans la passe du Mississipi ou le navire et la cargaison furent naufragés et perdus, je me sauvai que troisième après avoir été près de deux jours sur des matures à la rigueur du sort ».

Par contre, dans son *Extrait Général des services*..., non content de souligner l'impéritie du pilote espagnol, Crassous indique qu'il était propriétaire à moitié du navire le *Comte Daronda* et de la cargaison. C'est là l'aveu d'une faillite : « Ma fortune, renchérit-il, fut engloutie par cet événement pour la seconde fois »[10].

Revenant à l'*Aperçu général*... on peut y lire pour finir :

« (1771) Aussitôt être rétabli de mes blessures et fatigues, on me donna le commandement du navire le *Saint Georges* pour venir désarmer au Cap François (1772) dont je passai sur le *Pacifique*, capitaine M. Bonfils, faisant fonction de sous-lieutenant, nous vinmes désarmer à Nantes ».

---

[10] A.N. Marine C 7-77. Dossier Crassous déjà cité. Pièce 3 : *Exrait Général des services de M. Crassous de Médeuil* .... (1771-1772). Dans un tout autre document conservé aux Archives Municipales de La Rochelle, E.289, sous le titre *Navigation* , Crassous écrit : « j'ai perdu dans un jour toutes mes petites fortunes et le travail de plusieurs voyages ».

Partant, nous sommes autorisé à avancer que l'année 1772 fut celle d'un tournant considérable dans la carrière de Crassous. Le retour en France sur le *Pacifique* bourré de denrées provenant des habitations de la riche Plaine du Nord dans les alentours du Cap Français, capitale économique de la colonie de Saint-Domingue en plein essor, lui avait ouvert les yeux. Pour ce marin un temps converti aux affaires et qui s'estimait ruiné, le rêve louisianais n'était plus de saison sous quelque forme que ce fût : l'échec qu'il avait essuyé tant dans le secteur de la production que dans celui de la commercialisation des marchandises avait été édifiant.

Le hasard qui parfois fait bien les choses veut qu'arrivé à La Rochelle en provenance de Nantes, Crassous ait été aussitôt expédié par des armateurs pour Bayonne pour « conduire la construction du navire le *Dahomet* »[11]. Selon ce que l'on a vu de sa formation initiale dans le milieu des années 1750, il put s'acquitter parfaitement de cette mission de confiance, gagnant par là même la confiance des armateurs. Au demeurant, n'avait-il pas été, en 1765, tout pareillement chargé en partie, à Nantes, de la construction du navire *Le Béarnais* ? Pour la suite des opérations, il se contente de noter les mentions suivantes dans l'*Aperçu Général* :

« (1773) De retour à La Rochelle, j'embarquai sur le navire le *Dahomet* capitaine Corbie pour la Côte d'Or en qualité de premier lieutenant.
A la fin 1774 à peine désarmé je fus rembarqué de suite sur le navire la *Suzanne Marguerite* capitaine Bégaud pour faire un nouveau voyage à la Côte d'Or ».

Plus disert dans l'*Extrait Général*... il indique pour le premier : « nous avons fait un voyage de traite à la Côte d'Or très heureux et très prompt... » Et pour le second : « Nous avons traité environ six cent noirs à la Côte d'Or, en Affrique ». En somme, Joseph Crassous s'était initié à un tout autre type de commerce. C'est à la relation et à l'étude raisonnée de ces deux premières expéditions négrières de La Rochelle à la côte africaine et aux Antilles que nous allons consacrer les pages qui vont suivre...

---

[11] Cette précision ne figure que dans l'*Extrait général des Services...*, cité *supra* note 10.

II - L'expédition du Roy Dahomet à la côte de Guinée et aux Antilles (1772-1774)

« Non, nous n'avons jamais été amazones du roi du Dahomey, ni princes du Ghana avec huit cents chameaux, ni docteurs à Tombouctou Askia le Grand étant Roi... »,

Aimé Césaire
Cahier d'un retour au pays natal

Ville de la Rochelle

Marine

Navire " Le Roy Dahomey "
(Capitaine : le sieur Corby)

Journal de navigation du sieur Joseph Crassous de Médeuil, lieutenant en premier à bord du dit navire

1772 – 1774

Document N° 1 Ville de La Rochelle

1 – Le départ : l'armement du navire

Introduction

Pour la première expédition à laquelle Joseph Crassous de Médeuil a participé sur le *Roi Dahomet*, nous possédons trois documents de sa main consacrés aux opérations dont il a été à la fois protagoniste et témoin :

- Journal de navigation du sieur Joseph Crassous de Médeuil lieutenant en premier à bord dudit navire(1772-1774).
- Journal pour l'usage de Joseph Claude Auguste Crassous de Médeuil fils aîné.
- Note au voyage du Dahomet – Côte d'Or.

Ces trois pièces qui sont conservées aux Archives Municipales de La Rochelle sous la cote E 282 se complètent harmonieusement.

Dans la première qui est un *Journal de bord*, le lieutenant Crassous a consigné dès le 8 décembre 1772 tous les évènements relatifs à l'entreprise à laquelle il avait participé et qu'à l'occasion il ne manque pas de commenter.

La seconde qui constitue un *Journal de traite* proprement dit rassemble avec précision les éléments comptables des différents marchandages, tractations, ventes et achats à partir du 20 février 1773 à Chama en Afrique.

La troisième présente tout à la fois et de façon ramassée :
- Une nomenclature chiffrée de la cargaison de troc, pacotille comprise
- Un état estimatif des appointements de l'équipage
- Un état des paiements et coutumes dus aux différents partenaires sur le sol africain.

Dans ces conditions, il convenait pour la présentation de la première campagne du *Roy Dahomet* de greffer en quelque sorte, chemin faisant, des éléments comptables choisis de ces deux derniers documents sur la transcription en partie et l'analyse détaillée du Journal de navigation qui est la pièce maîtresse à nos yeux, celle des travaux et des jours…[*]

---

[*] L'orthographe de ces trois manuscrits a été, comme il se doit, respectée scrupuleusement.

Le *Journal de navigation* que tient le lieutenant Joseph Crassous commence au mardi 8 décembre 1772. Cette date pourrait induire en erreur. En réalité, le navire dut rebrousser chemin en raison d'un mauvais temps pour aller relâcher dans la rade de la Flotte dans l'île de Ré, le 12 décembre. De fait, le *Roy Dahomet* n'en repartira que le 22 décembre pour la côte de Guinée. Le 8 janvier 1774, il est de retour en provenance du Cap Français en Saint-Domingue.

Pour les commodités de présentation de ce Journal, il nous a paru utile de le subdiviser en neuf moments correspondant chacun à une étape de voyage circuiteux dont il est à présent rendu compte dans cette partie de l'ouvrage :

1. Le départ ; l'armement du navire : 8 décembre–21 décembre 1772.

2. De La Rochelle à la côte de Guinée : 22 décembre–1er février 1773.

3. Du Cap Monte au Cap Lahou : 1er février–21 février 1773.

4. L'escale à Chama : 14 février–21 février 1773.

5. De Chama à Juda : 21 février au 1er mars 1773.

6. La traite à Juda ; le mouillage : 2 mars–29 mai 1773.

7. De Juda à Sâo Tomé : la relâche : 29 mai–3 juillet 1773.

8. La traversée ; l'arrivée au Cap Français : 3 juillet–3 septembre 1773.

9. Le retour à La Rochelle : 3 novembre 1773– 18 janvier 1774.

On trouvera ci-après quatre cartes relatives aux itinéraires du navire.

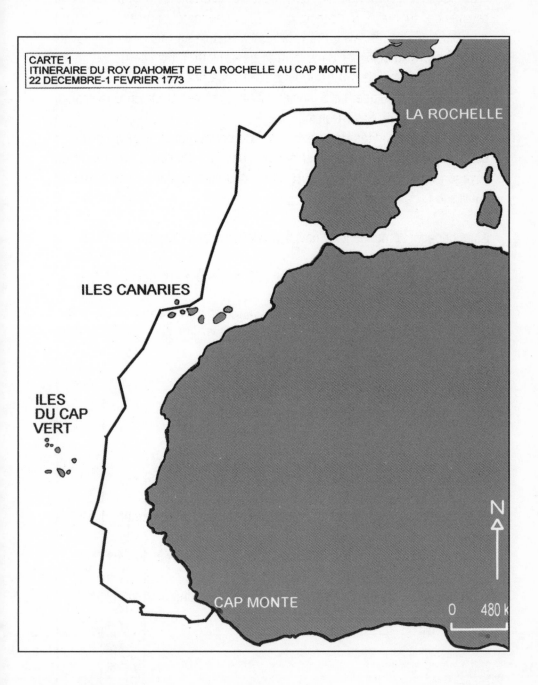

CARTE 1
ITINERAIRE DU ROY DAHOMET DE LA ROCHELLE AU CAP MONTE
22 DECEMBRE-1 FEVRIER 1773

LA ROCHELLE

ILES CANARIES

ILES
DU CAP
VERT

CAP MONTE

N

0   480 k

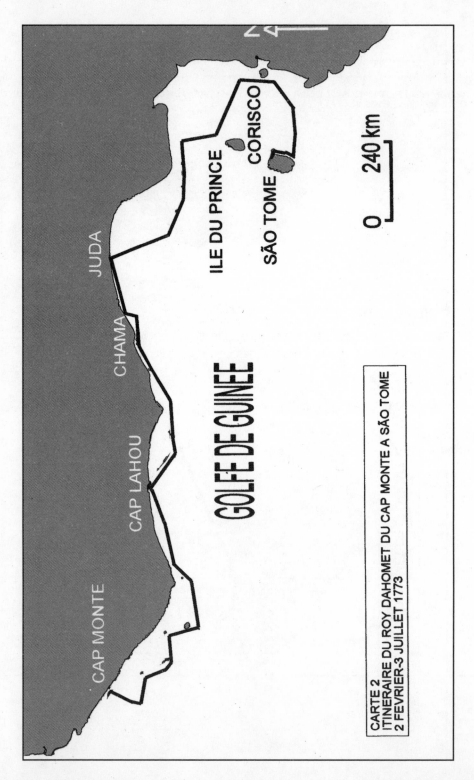

CARTE 2
ITINERAIRE DU ROY DAHOMET DU CAP MONTE A SÃO TOME
2 FEVRIER-3 JUILLET 1773

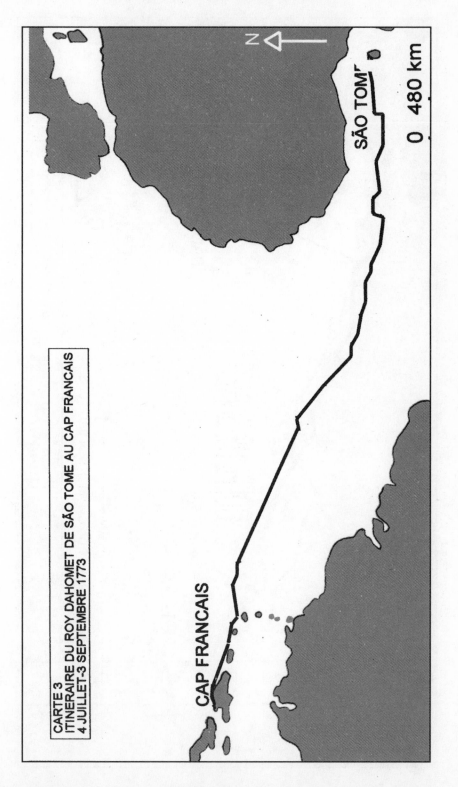

CARTE 3
ITINERAIRE DU ROY DAHOMET DE SÃO TOME AU CAP FRANCAIS
4 JUILLET-3 SEPTEMBRE 1773

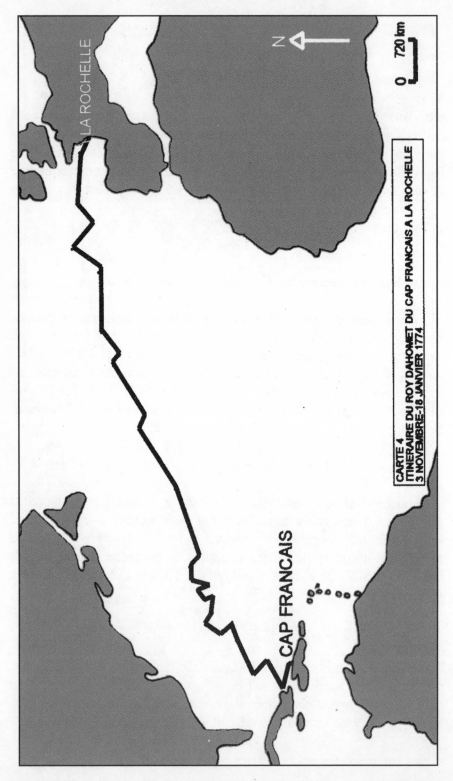

CARTE 4
ITINÉRAIRE DU ROY DAHOMET DU CAP FRANCAIS A LA ROCHELLE
3 NOVEMBRE-18 JANVIER 1774

JOURNAL

de navigation à l'usage de J. Crassous Medeuil

lieutenant sur le N^{re} Seneau Le *Roy Dahomet* Cap^n le Sr Corby pour le voyage qu'il va faire à la Coste de Guinée armé à La Rochelle et expédié en décembre 1772 avec.... hommes d'équipage et six canons de 2 livres de balle tirant d'eau à son départ

en avant..............

en arrière...........

Laus Deo

Du Mardy 8e décembre 1772 au Mercredy 9e du dit

A 5 heures du soir après avoir embarqué chaloupe et canots, nous avons viré et appareillé les vents de la partie de l'Est petit frais sous les quatres voiles majores gouvernant à O ¼ NO et ONO jusqu'à 4 heures que nous avons relevé la Tour de Chassiron au SE ¼ E et ESE du compas estimant avoir 17 g de W^{on} NO d'où distance environ de deux lieux d'où j'ay pris mon point de départ. Scavoir

Latt^{de} Nord de .... 46 g 6
Long^{de} Ouest de ... 3 g 55 méridien de Paris

Nous avons gouverné pand^t la nuit à Ouest demie Nord et O ¼ NO à 8 heures du matin le vent a varié au nord avec apparence de changement. A midy j'ai observé la latt^{de} Nord de 45 g 41 qui m'a donné pour route corrigée depuis le point de départ jusqu'à midy le OSO 2 g Sud, Chemin de 17 lieux & long^{de} arrivée corrigée de ...45 g 41.

Du mercredy 9e au Jeudy 10e du dit

Depuis hier midy a aujourdhuy même heure du Nord à Ouest et OSO bon frais nous avons fait plusieurs bord et diverses maneuvres pour nous mintenir, à 8 heures ce matin la mer était grosse nous avons pris des ris dans les huniers et serré les menues voiles.

Suite du mercredy 9ᵉ au jeudy 10ᵉ Xbre 1772.

Nous avions une forte brise et baucoup de drive, a midy observé la latt^de Nord de 46 g 5 qui m'a donné de longitude arrivée et corrigée, Ouest 5 g 16.

Du jeudy 10ᵉ au vendredy 11ᵉ du dit

Depuis hier midy à aujourdhuy même heure, les vents ont été V^bles du ONO au Nord gros frais , la mer très grosse, gouvernant sous les quatres voiles majores et deux Ris dans les huniers au plus près du vent sur les deux bords, ayant baucoup de drive ; a 3 heures il nous a falus serré le petit hunier et pris un 3ᵉ Ris dans le grand mais qu'il nous a fallus serrer ensuite. Cepand^t au matin le vent ayant un peu calmé par degrès, nous avons peu a peu fait de la voile et enfin largué les ris des huniers , à 6 heures sondé et trouvé 56 brasses fond de sable vazar fin melé de petites rocailles.
A midy observé la latt^de Nord de ....46 g 4 qui m'a donné de
longitude A .Cgé O. .... 5 g 1

Du Vendredy 11ᵉau samedy 12ᵉ Xbre 1772

A midy les vents étoient de la partie du NO nous gouvernions a OSO toutes voilles dehors. La mer un peu grosse nous nous sommes mintenus sous ces diff^tes voillures, le vent variant du NO à Ouest jusqu'à deux h^es après minuit que le tems ayant une fort mauvaise apparence et le peu d'éloignement de Rochebonne dont avec des vents de NO V^bles à l'Ouest et il y avait fort peu d'espoir de s'éloigner, nous avons après délibération faite entre nous officiers majors et d'un commun avis estimé qu'il étoit à propos pour le bien de l'armement et l'interest général d'arriver pour relacher dans les rades de La Rochelle, et en concequence, fait servir le Cap a l'Est et E ¼ SE pour rattraper le Pertuis Breton.

Suite du vendredy 11ᵉ au Samedy 12ᵉ Xbre 1772
Aussitôt force de voiles le plus possible afin d'en prendre connoissance avant la nuit, garnis le grand perroquet et la bonnette

de haut en arrière quoy qu'il ventat un peu roide. Au point du jour gouvernant au même air de vent, avons sondé et trouvé 19 brasses fond de sable vazard alors arrivé au SE ¼ E, le tems très pluvieux et obscur, a midy sondé derechef et trouvé 25 brasses même fond mais un peu plus chargé de rocaille pouries.

Du Samedy 12e a midy

Le vent toujours gros frais de la partie du ONO et gouvern[t] avec le plus de voilles possible au SE ¼ E nous avons eu connoissance a 2 heures après midi dans un éclairci d'une tour que peu après avons reconnu être la Tour des Baleines nous restant alors au SE ¼ S peu de distance ce qui au même instant nous à fait ranger sur babord en portant le Cap à l'Est et E ¼ NE afin de présenter dans le pertuis Breton ou nous avons heureusement donné fort a propos lorsque après avoir rangez sur Babord et laissé courir à l'Est nous avons toujours en sondant trouvé 10 brasses fond de sable roux fin, alors arrivé au SE ¼ E et rangez deux tiers canal sur tribord ou sur l'Isle de Rée jusqu'après avoir doublé le banc de St Martin ce que l'on reconnoit quand on a les fenêtres de la paroisse de la d[te] ville ouvertes l'une par l'autre[+] que nous avons rangez plus sur tribord pour venir chercher le mouillage de la rade de la Flotte[++] ou nous avons laissez tomber l'ancre à 4h par 7 brasses fond de vaze nous y avons trouvé plusieurs navires marchands et quelques batiments du Roy tant de relache que destinés à prendre des troupes pour l'Amérique. A la même heure relevé la Chapelle de St Laurent de la Pré au Sud les casernes de St Martin au (rayé) je dis a O ¼ SO, la pointe de St Michel en l'Herm au N.E.

Laus Deo

Du Dimanche 13° dudit.

Au point du jour mis la yole a la mer pour aller a bord de la frégate du Roy faire nos soumissions, elle se nommoit *la Bergere* ; de là partis avec le Cap[n] pour la Flotte afin d'aller prendre le

---

[+] Ce sont des fenêtres qui font partie du clocher ruiné de l'église et qui en surmonte le corps.

[++] La rade de la Flotte dans une relation comme celle cy est par deux moulins au bord de la mer entre St Martin et la Flotte que l'on a soin de mettre l'un par l'autre et la Pointe de la Pré par le Fort de Sablenceau.

passage de la Pré pour la Rochelle ou nous sommes arrivé à 4h ½ et y avons tranquilisez les esprits.

Relache dans la rade de la Flotte

Du jeudy 17^{e}Xbre 1772

J'ay passé ces trois jours à la Rochelle et n'en suis partis pour retourner a bord que hier au soir a 8h dans une barque de la Flotte ayant quelques effets pour le navire ou je suis arrivé ce matin 10h. Aussitôt le S^{er} Belleville Second Cap^n est partis pour la Rochelle, le vent toujours de la partie du ONO. Bon frais, avec pluie et mauvais tems, relache plusieurs n^{res}.

Du Vendredy 18e du dit

Le vent de la partie du SO petit frais, le tems orageux et menacant, il est venus mouiller à 4 heures ½ du soir le n^{re} *Le Comte de Nolivos*, Cap^n le S^{er} Cadou venant du Cap Francois et appartenant à des armateurs de La Rochelle.
Il est aussi venus de La Rochelle par une chaloupe du dit port vingt sacs de bouges et 300 barres de fer allant pour compte de la carguaison et par supplément .

Du Samedy 19e du dit

Les vents ont reignés de la partie du Sud jolis frais avec quelqu'apparence de beau tems.

Du Dimanche 20e du dit

Aujourd'huy le vent de la partie du Sud petit frais notre Cap^n et le second sont arrivés de La Rochelle.
Nous avons aussi levé dans la matinée notre ancre afin de la visiter et de parer la bouée qui était noyée.

Du lundi 21e du dit

Les vents variables, le tems couvert. Rien de remarquable.

FRANCE MARITIME

Un Négrier.

Le navire et l'équipage

Ces toutes premières pages du *Journal* montrent les difficultés et les périls que devaient affronter les navires pour gagner l'un des sites du port de La Rochelle ou en sortir[1].

Déjà, au large de l'île de Ré « le danger vient d'un plateau nommé Rochebonne [...] dont les hauts-fonds sont redoutables pour les navires qui n'ont par remarqué les rochers qui affleurent », rappelle Albert-Michel Luc[2]. De là, la décision, comme on l'a vu, des officiers majors du navire de s'en éloigner, obligés qu'ils étaient de revenir à La Rochelle. L'itinéraire suivi pour ce faire est le Pertuis Breton où passaient d'ordinaire les moyens bâtiments et qui était passablement semé d'embûches[3].

Ainsi, dès la Pointe des Baleines à l'extrémité occidentale de l'île de Ré et en direction de Sablanceaux, de l'autre côté, que l'on empruntât le Pertuis Breton ou celui d'Antioche, il y avait péril : hauts fonds, bancs et grèves ceinturent l'île[4]. Mais, on le voit, Crassous n'ignore rien, quant lui, de la morphologie des côtes. Familier des lieux, il fait étalage de son savoir-faire et son œil exercé découvre sur mer comme sur terre l'infime détail qui, méconnu, pouvait conduire à la catastrophe. Le 12 décembre, à 4 heures, le navire est à bon port, qui relâche à la Flotte en Ré.

Flambant neuf, il portait un nom – le *Roy Dahomet* – on ne peut plus révélateur d'une mode autant que d'un état d'esprit. Certes, le nom des

---

[1] Contrairement au discours de ceux qui, au XVIIIᵉ siècle, ont loué le site, voir à cet égard Jean-Marie Deveau, *Le commerce rochelais face à la Révolution, correspondance de Jean-Baptiste Nairac*, Rumeur des Ages, La Rochelle, 1989, pp. 31 et suiv.

[2] Albert-Michel Luc, « Fortunes de mer et procédures dans l'Amirauté de La Rochelle au XVIIIᵉ siècle (1719-1789) », in *Ecrits d'Ouest*, 1997, N° 6, p. 29.

[3] Louis Etienne Arcere reconnaît que si, pour le Pertuis d'Antioche, « la route du milieu est saine, les écueils sont à craindre vers les extrémités », in *Histoire de la ville de La Rochelle et du pays d'Aulnis*, La Rochelle, 1957, (2 vol.), V.1, p.456.

[4] Claude Laveau rappelle ici que « les pilotes assuraient un service indispensable aux navires arrivant aux pertuis en raison du caprice des vents, des récifs, bancs de sable et des courants », *Le monde rochelais des Bourbons à Bonaparte*, La rumeur des Ages, La Rochelle, 1988, p.63. Sur l'île de Ré, voir Auguste Pawloswski, *Géographie historique des Côtes charentaises*, le Croît vif, Paris 1998, pp. 183-195.

navires négriers faisant référence à l'Afrique ne sont jamais dévalorisants, nous dit Olivier Pétré Grenouilleau[5]. Mais force nous est d'insinuer, quant à nous, qu'il y a là une bonne dose d'ambiguïté : d'un côté, c'est l'affirmation d'une manière de bonne conscience et de l'autre, l'expression d'une raillerie.

Selon les indications de Crassous, le *Roy Dahomet* était un senau, c'est-à-dire un navire à deux mâts, tout comme la *Marie Séraphique*, ce négrier de la même époque dont les caractéristiques nous sont révélées par une aquarelle le représentant au mouillage du Cap français, aquarelle conservée au Musée du Château des ducs de Bretagne à Nantes... Et c'est bien ici qu'il convient de rappeler s'il en était besoin qu'en-deçà de l'époque de la traite illégale, un navire négrier est un navire de commerce classique, polyvalent en quelque sorte, adaptable par conséquent aux exigences des trois segments du commerce circuiteux grâce à l'industrie des charpentiers, personnages obligés de l'équipage. Tout au plus, remarque Jean Boudriot « sans que l'on puisse parler vraiment de navire spécialisé, l'on constate au lendemain de la Guerre de Sept Ans une typologie toute relative du négrier »[6].

Partant, quand il n'était pas pourvu d'une rambarde dans le dessein que l'on sait, rien dans sa silhouette, pour un œil non exercé, ne le séparait d'un navire pour la droiture. A l'arrivée dans les îles, on ne le distinguait à première vue des autres qu'à la puanteur qui s'en dégageait aux dires des contemporains !

Le compte de désarmement de la première expédition du *Roy Dahomet* qui nous occupe, conservé aux Archives de la Marine à Rochefort, nous apprend qu'il jaugeait 230 tonneaux[7] — ce qui, pour l'époque, confirme « la préférence des Rochelais pour les moyens tonnages »[8]. Nous n'en dirons pas plus pour ne point nous immiscer dans l'inextricable querelle de la jauge d'alors[9]. Par ailleurs, nous ignorons le prix d'achat de ce navire que seuls les papiers de l'armateur (actes de propriété selon le

---

[5] *L'argent de la traite*, Aubier, Paris, 1996, p. 112.

[6] Jean Boudriot, « Le navire négrier au XVIIIe siècle » in *De la traite à l'esclavage du XVIIIe au XIXe siècle*, Actes du Colloque International sur la traite des noirs, Nantes 1985, C.R. H.M.A. 1988, t.2, p.180.

[7] Rochefort, Arch., 2ème Rég. Maritime, 6 P 47.

[8] Jean-Marie Deveau, *La traite rochelaise*, Karthala, Paris, 1990, p.52.

[9] Claude Laveau, *Le monde rochelais... op. cit.*, pp.72-75.

certificat délivré par le chantier de construction) auraient pu nous révéler[10]. Là aussi, on ne peut guère procéder que par comparaison. On sait par exemple que pour la même époque, à une dizaine d'années près il est vrai, les frères Le Page, constructeurs de renom sur la place de La Rochelle, proposaient de « mettre à l'eau » à leurs risques et pour la somme de 37.000 Livres un navire "mâté en Senau", à la manière du *Roy Dahomet,* présentant des proportions qui étaient voisines, ce semble, de celles de ce dernier (document reproduit ci-après). Cet ordre de grandeur nous renvoie aux indications fondées suivant lesquelles un négrier neuf — estimations faites sur sept navires dans le milieu des années 1780 — revenait à 139 Livres par tonneau[11]. Dans ces conditions, on pourrait retenir sous toutes réserves pour le *Roy Dahomet* le chiffre de 31.790 Livres.

Toujours dans son préambule, Crassous avait mentionné que le commandement du navire revenait au sieur Corby (Garlache Corbie) de La Rochelle. C'est ce même capitaine que l'on retrouve à bord du *Roy Dahomet* lors de sa seconde expédition négrière (20 mai 1774 - 25 octobre 1775)[12]. Il jouissait de la confiance des Goguet Père et Fils puisqu'en 1776, il conduit à la Côte d'Or un autre des navires de la maison, la *Phyrra*[13].

Selon l'étude généalogique qu'a réalisée Emile Garnault en son temps, le tout premier armateur de la famille, Denis Goguet (1704-1788) installé quelque temps au Canada, mais rentré à La Rochelle en 1750 où il arma plusieurs navires pour le Canada, Saint-Domingue, la Louisiane, Miquelon et la Côte d'Or, avait associé à ses affaires son fils Joseph-Denis auquel il avait confié la direction de sa maison d'armement dès 1772[14].

---

[10] Construit à Bayonne, il n'apparaît pas dans les registres de l'Amirauté où sont portées les déclarations de propriété des navires. Précision donnée par le Directeur des Archives départementales des Pyrénées Atlantiques, Pau.

[11] Jean-Marie Deveau, *La traite rochelaise, op. cit.*, p.54.

[12] Médiathèque Michel Crépeau, La Rochelle, Ms. 2139.

[13] Archives de la Chambre de Commerce de La Rochelle, carton XIX, doc. 6534: *La Rochelle, commerce d'Affrique, 1776.*

[14] Emile Garnault, *Livre d'Or de la Chambre de Commerce de la Rochelle, contenant la biographie des Directeurs et Présidents de la Chambre de 1719-1891*, La Rochelle 1902, pp.78-80.

La Rochelle
le 14 avril
1784

PROPORTIONS PRINCIPALES D'UN NAVIRE CONSTRUIT EN NEGRIER, MATE EN SENAU, PROPOSE A FAIRE PAR LES SIEURS LE PAGE FRERES*

Savoir

Longueur de la quille	72 pieds
Elancement de l'étrave	8 pieds
de l'étambot	2 pieds
Longueur de tête en tête	82 pieds
Largeur du maître Couple de dehors en dehors Des membres	24 pieds
Hauteur de la calle de Carlingue sous barrot	8 pieds
Hauteur de l'entrepont de planches en planches	5 pieds 6 pouces
Hauteur de la Dunette Cabanes comprises	18 pieds
Hauteur d'un petit Gaillard devant volant ou à Demeure	4 pieds
Longueur du dit Gaillard	12 pieds
Acquillement de la Maîtresse varangue	22 pouces

Les armateurs précisaient qu'il était fourni aussi une « chaloupe de 24 pieds de tête en tête sur 7 pieds de beau fait convenablement avec la ferrure », ainsi qu'un « Canot de vingt pieds sur six pieds de beau aussi convenablement fait ».

---

* Source : Médiathèque Michel Crépeau…, Ms.2286.

De 1772 à 1789, Denis Goguet Fils armera le *Roy Dahomet*, la *Phyrra*, l'*île du Prince*, le *Sartine*, le *Victoire*, le *Marquis de Voyer*, le *Postillon*, le *Glaneur*, le *Meulan*, le *Lutin* pour la Guinée et Saint-Domingue. On pourrait croire ici à l'amorce d'une dynastie négrière. En réalité, les Goguet ne connurent point la réussite des Rasteau par exemple. Tout seigneur de la Sausaye qu'il fût, Goguet Fils, élu président de la Chambre de Commerce de La Rochelle en 1789 et maire en 1790, ne put éviter les revers de fortune qui l'assaillirent : en 1791, il se retire du devant de la scène[15].

S'agissant maintenant de l'équipage du *Roy Dahomet*, on trouve dans la *Note au voyage* de Crassous, classées par grades, du capitaine aux mousses, jusqu'à 42 personnes : 8 Officiers, 10 Officiers mariniers, 12 Matelots, 8 Novices, 4 Mousses.

Par ailleurs, suivant l'état prévisionnel qu'avait établi Crassous, les appointements de l'ensemble de l'équipage s'élevaient à 24.040 Livres pour un voyage complet de 16 mois. Et il lui était consenti "une avance au départ pour 3 mois", à savoir 4.695 Livres.

Or, dans le Rôle de l'équipage pour le désarmement du *Roy Dahomet* conservé au Service Historique de la Marine de Rochefort, déjà cité, on ne relève que 41 personnes[16]. De plus, comme le voyage n'avait duré que 13 mois et 7 jours, le solde dû au personnel navigant n'était plus que de 13.592,2 Livres.

Pour que toute la lumière soit faite sur les membres de l'équipage qui ont participé à la première expédition du *Roy Dahomet*, il convient de transcrire le rôle de l'équipage du navire où apparaît la liste de ces derniers qui étaient en grande partie des Rochelais. On trouvera ci-après, pour commencer, un fac-similé du début du document :

---

[15] *Ibid.* p. 80. Voir également Jacques de Cauna, *L'Eldorado des Aquitains* Atlantica Biarritz, 1998, p.112.

[16] En fait, au lieu des 12 matelots prévus par Crassous, on n'en avait engagé que 10, d'où 40 membres d'équipage au départ. L'un deux étant mort en Afrique le 20 mars 1773, il avait été remplacé au Cap Français, ce qui explique le chiffre de 41 qui figure au *Rôle de Désarmement* pour la régularité de l'état des appointements versés.

Année 1774

DESARMEMENT

Le Navire l'Dabonne......... venant de Guinée

Au Mois

N°. 5.

DÉPARTEMENT DE LA ROCHELLE.

ROLLE de l'Équipage du Navire l'Dabonne......... du port de 230 tonneaux, armé de 8. canons, percé pour 8 tirant d'eau chargé 13 pieds; & non chargé 8 pieds; à pont, gaillard, appartenant à ... armé à La Rochelle, le 5 X.bre 1772 N°. 64 sous le commandement de ... pour faire le voyage de Guinée avec trois mois d'avance qui ont commencé le ... & fini le 7 mars 1773 ... compris, faisant 10 ... mois ... jours de parfait payement, à compté du 8 mars 1773 jusques & compris le 14 janvier 1774

Noms, Surnoms, Demeures & Qualités.	Solde par mois.	Parfait payement au Désarmement pour ... mois ... jours.

Désarmement du navire *Le Dahomet*

Officiers	Solde par mois	Parfait payement au Désarmement pour 10 mois 7 jours		
- Le Sr Garlache Corbye de La Roch. Capitaine à	150	1535		
- Louis Belleville dudit Second Cap^n à	80	818	13	4
- Joseph Crassous Dudit Premier Lieute^n à	60	614		
- Hilaire Goguet de la flotte deuxième id. à	55	562	16	8
- Etienne Duffaud de La Rochelle Enseigne à	36	368	8	
- Jean Baptiste Mederic dud. Pilotin à	24	245	12	
- François Bertrand de Mèze en Languedoc Premier chirurgien à	50	511	13	4
- Louis Auret de St Béal en Comminge 2nd chirurgien à	40	409	6	
		5065	10	
Officiers Mariniers				
- Joseph Rozé de La Rochelle. Maître d'équipage à	60	614		
- Henri Sannier de la Rochelle Second maître à	45	460	10	
- Joseph Bouas de Bayonne Patron de chaloupe à	40	409	6	8
		1483	16	8
De l'autre part				
- Pierre Petit de la Rochelle Charpentier à	55	562	16	8
- François Suire Dudit 2nd chap^r à	45	460	10	.
- *Mathurin Basseto dudit voilier pour 7 mois 10 jours à	40	293	6	8
*déserté au Cap le 17 8bre 1773		2800	10	

Officiers non mariniers				
- Jean Baptiste Gourdain de La Roch. Maître Vallet à	50	511	13	4
- François Mounier de La Flotte Second Vallet à	40	409	6	8
- Jean Seguin de La Rochelle Cuisinier à	40	409	6	8
- Michel Loyer de Nantes Coq et boulanger à	20	204	13	4
		1535		
Matelots				
- *Joseph Larzaval D'Jirone en Esp. pour 13 jours * Mors à Juda le 20 mars 1773	30	13	"	
- Louis Birot de Dinan à	27	276	6	"
- Jacques Brodeau de La Roch à	30	307	"	
- Jacques Meteyreau Dud. à	30	307	"	
- Mathieu Cochard de la Couarde à	30	307 " 308		
- Jean Veillon de Royan à	30	307	"	
- Guillaume Secherie de St Servan à	30	307	"	
- Pierre Roquet dudit à	28	286	10	
- Jean Perrier de Painboeuf à	28	286	10	
- *François Vivien de Livourne pour 3 mois 20 jours à * Déserté à St Tomé le 27 juin 1773	30	110	"	
		2507	7	
Novices				
- *Pierre Soustra de Bayonne 7 mois 20 jours à * Débarqué au Cap le 27 8bre 1773	18	138		
- Jean Baptiste Billaud dudit à	12	122	16	
- Jacques Arnaud de la Roch. à	15	153	10	
		414	6	

De l'autre part				
- Benjamin Rogé dudit à		20	204	18	4
- Jean Signaugou dudit à		15	153	10	
- *Louis Birot de Dinan pour 5 mois 29 jours à * Déserté au Cap le 6 sepbre 1773		18	107	8	
- Jean Pontois de Saintes à		18	184	4	
- Guillaume Krangal de St Malo à		27	276 1340	6 7	4

Mousses

- *Jean Latourette de Bayonne pour 7 mois 23 jours à * Déserté au Cap le 31 oct. 1773 doit au Cpn 30 # argent de St Domingue	7	54	7	4
- Louis Gaborit de la Rochelle	6	61	8	
- Jacques Jaquet dudit	6	61	8	
- François Dubreuil dudit à	6	61 238	8 11	4

Remplacement fait au Cap le 4 Sept 1773 au 14 janvier 1774 :

- Pierre Lainé de Rochefort pour 4 mois 11 jours	24	104	16

Récapitulation

- 8 Officiers	5065	10	
- 6 Officiers mariniers	2800	10	
- 4 Off. non mariniers	1535		
- 10 Matelots	2507	7	4
- 8 Novices	1340	7	4
- 4 Mousses	238	11	4
Augmentation			
- 1 remplacement	104	16	
41 personnes	13592	2	

La cargaison

Pour en revenir au Journal de Navigation, de retour de La Rochelle où il avait passé trois jours comme on a vu, Crassous note le vendredi 18 décembre qu' « il est venu aussi de La Rochelle par une chaloupe dudit port vingt sacs de bouges [ou cauris]et 300 barres de fer et par supplément ». L'opération de chargement du *Roy Dahomet* était bel et bien terminée. Crassous allait pouvoir officier. C'est ainsi que dans sa *Note au Voyage du Dahomet*, il établit avec un luxe de détails un état chiffré de la cargaison de troc, c'est-à-dire des « marchandises propres au commerce de Guinée » qui avaient été embarquées et dont l'assortiment variait en fonction des lieux où s'effectueraient les opérations[17]. Sur la composition et la valeur de celles-ci, il est une excellente étude de synthèse réalisée par Simone Berbain, qui fut l'un des tout premiers chercheurs à remarquer l'exemplarité du premier voyage du *Roy Dahomet* à la Côte de Guinée[18].

Pour les raisons que nous avons exposées dans l'introduction de cette partie de l'ouvrage, nous reprendrons dans le détail en les ordonnant et en procédant aux rectifications qui s'imposaient dans certains cas l'ensemble des comptes que nous a laissés Crassous.

La cargaison de troc, pacotille comprise, telle qu'elle apparaît dans la *Note* de Crassous présentait huit types de marchandises dont le montant s'élevait à 151 827^L 11^s 3^d. Soit :

1 - Cauris [ou Bouges]	47.888^L
2 - Fer	5.000^L
3 - Pipes et couteaux	1.952^L, 10^s
4 - Eaux de vie	19.890^L
5 - Armes à feu	1.815^L, 10^s
6 - Parures	6.149^L
7 - Chapeaux	552^L, 10^s
8 - Etoffes et habits	68.580^L, 1^s 3^d

---

[17] Voir à cet égard Olivier Pétré-Grenouilleau, *La Traite des Noirs*, P.U.F., Paris 1997, p.46, Jean-Marie Deveau, *La traite rochelaise, op. cit.*, pp.72-75. Eric Saugera, *Bordeaux port négrier*, Karthala, Paris 1995, pp. 247-248.

[18] Simone Berbain, « Etudes sur la traite des Noirs en Golfe de Guinée. Le comptoir français de Juda (Ouidah) au XVIII° siècle » in *Mémoires de l'Institut français d'Afrique Noire*, N°3, Paris 1942, 3° partie, chap.1, pp. 77-81.

On devrait y ajouter le tabac, quasi monopole des Portugais : marchandise prisée à plus d'un titre, elle ne figure pas dans la cargaison au départ de la Rochelle, sans entraîner pour autant de surcoûts, on le verra.

En tout état de cause, les marchandises entassées dans la cale du *Roy Dahomet* correspondaient – *grosso modo* – à celles dont étaient pourvus les navires qui allaient à la Côte de Guinée dans la deuxième moitié du XVIII° siècle[19]. La valeur des produits ou bien leur nombre sinon leur nature nous éclairent assez sur l'état de la demande africaine dans la période[20]. Pour des raisons d'opportunité, nous distinguerons la cargaison officielle de la pacotille.

Articles	Cargaison officielle	Pacotille
- Cauris	47.888^L	
- Fer	5.000^L	
- Pipes et couteaux	1.952^L, 10^s	
- Eaux de vie	19.890^L	
- Armes à feu	1.815^L, 10^s	
- Parures	4.233^L, 10^s	1.915^L, 10^s
- Chapeaux	552^L, 10^s	
- Etoffes et habits	63.735^L, 8^s 3^d	4.844^L 13^s
	145.067^{L,} 8^s 3^d	6.760^L 3^s

[19] Archives Départementales de la Gironde (A.D.G.) C. 4383. Lettre au Maréchal de Castries, 7 juillet 1787 : « Etat des différentes marchandises de traite nécessaires au Cap Laho pour y traiter des captifs, du morphil, de la cire et de l'or et leur valeur à côté ».

[20] Il est à remarquer que dans sa *Note*, Crassous avait pris le soin d'indiquer à côté du prix de la marchandise en France sa valeur en onces à la Côte. Ainsi, pour prendre quelques exemples d'articles typiques :
- 1 once de cauris revient à 32 Livres
- "   " de fer   " 26 L.
- "   " de pipes   " 24 L.
- "   " d'eau-de-vie   " 15 L.
- "   " toile à robe   " 44 L.
- "   " siamoise   " 16 à 18 L.

Au titre de la cargaison proprement dite, Crassous avait lui-même placé au début de son inventaire les cauris (ou bouges) qui servaient de monnaie en Afrique[21]. A la genèse, ces précieux petits coquillages y avaient été transportés à dessein de l'Océan Indien (des îles Maldives d'abord) par les Portugais, supplantés dans l'affaire, là aussi, par les Hollandais au XVIIe siècle. On sait que pour s'affranchir de l'étroite dépendance de ces derniers et aussi des Anglais, la Compagnie française des Indes s'efforça dès sa création de pourvoir aux besoins des armateurs en la matière : on put donc en acquérir dans des dépôts à Nantes et à Lorient mais aussi à Marseille. Mais avec la suppression de ladite Compagnie, force fut de revenir massivement aux fournisseurs patentés qu'étaient les Hollandais tout particulièrement.

A cet endroit Crassous note que l'on avait embarqué 46.080 livres de cauris à 17 sols la livre d'une part et de l'autre 15.000 livres à 8 sols la livre, soit au total 45.168 Livres, ce qui revenait, estime S. Berbain, à plus de 35 millions de ces petits coquillages disposés en chapelets[22]. Non sans arrière-pensée, l'armateur Goguet fit même procéder sous les yeux de Crassous à un chargement supplémentaire de 3.200 livres à 17 sols la livre, soit 2.720 Livres. En sorte que les cauris occupaient en valeur absolue la seconde place s'agissant des marchandises pour le commerce de Guinée au départ de La Rochelle. La demande grandissante des courtiers serait satisfaite à ce prix!

Marchandise tout aussi obligée était le fer en barres qui, tout comme les métaux ouvrés, était réellement apprécié. Non content d'en avoir fait charger 300 barres à 6 Livres et 100 barres à 8, Goguet fils en rajoute 300 à 8 Livres aussi. Ce fer devait venir d'Espagne ou de Suède suivant les circuits inter-européens en place dans le moment.

Barres de fer et barils sinon sacs de cauris occupaient le fond de la cale, tout comme les caisses de pipes et de couteaux. Pour un total de 1.440 Livres, il n'était pas moins de 34.560 pipes fines et longues. Ce chiffre qui peut surprendre s'explique : outre qu'elles étaient l'objet de présents appréciés ou partie intégrante d'un lot de marchandises de troc, ces pipes allaient être allouées aux captifs eux-mêmes pour atténuer leur anxiété, espérait-on, au cours de la longue traversée — on le verra.

---

[21] Serge Daget, *La traite des Noirs*, Ed. Ouest-France, 1990, pp.95-96.
[22] Simone Berbain, *op.cit.*, p.77.

Les couteaux étaient également nombreux : 3.000 très exactement. La mode était aux couteaux flamands, à manche guilloché. Aussi la contrefaçon était-elle de mise ! Quoi qu'il en soit, tout comme les pipes, les couteaux embarqués sur le *Roy Dahomet* venaient de France — Goguet fils avait pris ses risques, il en avait fait charger de deux sortes :

- 150 douzaines à manche de gayac à 45 sols, soit   337^L 10^s
- 100 autres douzaines, de qualité ordinaire,
à 35 sols soit   175^L
                    Au total   512^L 10^s

Au chapitre des alcools et pour des usages des plus divers sur mer comme sur terre se trouvaient à bord du *Roy Dahomet* :
    - 1.206 ancres d'eau-de-vie (à 15 Livres l'ancre)
          - Soit 18.090 Livres
- 150 cannevettes — qui étaient des jarres en grès fabriquées en Hollande revenant à 12 Livres l'ancre
          - Soit 1.800 Livres

L'eau-de-vie venait de la Saintonge ou de l'Angoumois. Livrée en barriques, elle était transvasée dans les ancres. Dans le royaume, d'aucuns prirent l'habitude de la couper d'eau et comme les courtiers sur la côte africaine en usaient de même, l'affaire finit par faire du bruit. Dans l'année même du départ du *Roy Dahomet*, les Chambres de Commerce étaient occupées à mettre bon ordre dans les ports négriers eu égard au rôle que jouait l'eau-de-vie dans toutes sortes de transactions au même titre que les cauris. Dans le cas du *Roy Dahomet*, s'élevant à 19.890 Livres, l'eau-de-vie occupait la troisième place en matière de coût de la cargaison de troc.

A un rang bien moins élevé étaient les armes à feu et leur attirail : fusils, poudre et pierres à fusils ne représentaient que 1.815 Livres 10 Sols, moins que les couteaux et les pipes. C'est que ces armes, on le sait, étaient réservées à un personnel réduit : il n'avait été embarqué que 100 fusils rangés dans quatre caisses, soit :
- 50 à grenadière à 8^L 5^s = 412^L 10^s
- 50 à bayonnette à 9^L = 450^L
         Au total   862^L 10^s

Ces prix indiquent assez qu'il s'agissait pour l'époque d'articles de moyenne qualité. Traditionnellement la palme revenait ici à l'Angleterre ou à la Hollande qui, de toute façon, servait d'intermédiaire. En théorie, l'institution d'un droit de 30 % en 1769 sur l'entrée des fusils étrangers aurait dû porter un coup aux importations. Mais la demande africaine s'étant affinée, en quelque sorte, il était risqué pour ses affaires de se pourvoir en fusils de traite par trop médiocres. Goguet fils semble avoir opté, à tout le moins, pour un moyen terme. Tout compte fait, ces armes-là étaient bien faites pour augmenter considérablement la réussite des capteurs ou renforcer l'assise sociale ou le pouvoir politique des groupes dominants, consommateurs avérés de biens européens : rechigner à la dépense eût été, à tout prendre, un mauvais calcul !

La poudre était tout aussi indispensable. Qu'elle fût hollandaise ou française, elle se devait d'être de bonne ou d'assez bonne qualité. On l'avait embarquée dans 35 barils :

    - 20 barils de 30 livres net revenant à

                  32 Livres le baril, soit   640 Livres

    - 15 autres de 15 livres revenant à

                  16 Livres le baril, soit   240 Livres

                    Pour un total de   880 Livres

Etaient comptabilisés en sus 36 milliers et demi de pierres à fusil pour un coût de 73 Livres.

Dans un tout autre registre, la cargaison de troc offrait un certain nombre d'articles de fantaisie pour une clientèle plus large et pour un montant de 4.233 Livres 10 Sols. Le corail occupait ici la première place. On avait d'abord entreposé dans quatre caisses des grains de corail rouge mis en filière de différentes grosseurs, bien emballés, pour un poids de 17 livres et un montant de 3.345 Livres. S'y ajoutait une caisse de plus de 2 livres en supplément dont le coût était de 408 Livres, prime d'assurance à 10 % comprise. On en trouvait par ailleurs, on y reviendra, dans le lot de pacotille.

De la même veine étaient les rassades, colliers de perles de verre de couleur, vertes, bleues, beiges, jaunes, blanches et noires. En termes de commerce, on regroupait sous la dénomination de "masse" un nombre donné de ces colliers. Il en était ici 55, pesant ensemble 142 livres à 15^s la livre, soit 106^L 10^s. Au titre des parures on relevait enfin les galons d'or pour un montant de 374 Livres.

Une place à part était faite aux chapeaux fabriqués tout exprès pour l'exportation, pour une valeur totale de 552^L. 10^s, soit :

- "100 chapeaux bordés nègres", lit-on (c'est-à-dire très ordinaires) pour 412^L 10^s

- "2 bordés en or pour présent", revenant à 140 Livres.

C'était enfin la théorie des étoffes et des habits divers que leur valeur, pacotille comprise, plaçait au tout premier rang de la cargaison tout entière bien avant les cauris ou les eaux-de-vie, soit : 68.780^L 1^s 3^d au total dont 63.735^L 8^s 3^d pour la cargaison officielle.

Logés à la même enseigne en fin de compte que les articles précédents et par là « destinés à être portés sur le corps et donc montrés » pour parler comme S. Daget, ils se devaient d'être choisis en quantité suffisante avec tact et tout en pesées fines, sous peine de « manquer sa traite », comme on disait. Goguet fils, tout comme les autres armateurs de la place, n'ignorait rien des goûts, du crédit ou des usages de la clientèle d'outre-mer — africaine ou résidents européens — en matière d'étoffes.

Pour la cargaison proprement dite, il dose à bon escient les quantités qui vont aux soieries, aux toiles de lin et aux cotonnades. Crassous, quant à lui, nous a en marqué dans sa *Note* les nombres et les prix.

S'agissant d'abord des soieries, on trouvait :

    - Un ballot contenant :
334 aunes ¼ Satin à 3^L 6^s l'aune   =   1.118^L.13^s.3^d

    - Un ballot contenant :
2 pièces de 38 aunes ¾ satin cramoisi   =   139^L.10^s
fin à 3^L 2^s l'aune
3 pièces de 60 aunes valoise façonnée   =   465^L. 10^s
à 7^L. 15^s
3 pièces de 60 aunes aquitaine à 7^L =   420^L

                   Total   = 1.025^L

Il était aussi une caisse contenant :
    - 18 aunes de velours noir à 17^L. l'aune
    - 54 aunes de velours cramoisi à 19^L. l'aune
                 au total   1.332^L.

Pour ce qui est des toiles de lin, on trouvait jusqu'à 4.990 pièces de platilles (toiles d'une grande blancheur) à 6^L. 10^s soit : 32.435^L. Elles avaient été importées d'Europe ou étaient de fabrication française, Cholet et Beauvais en produisaient.

Par ailleurs Goguet Fils avait fait embarquer d'autres étoffes encore européennes ou françaises d'origine au titre des cotonnades. Dans l'ordre :

        - Un ballot contenant 15 pièces
        de toiles de Cholet revenant
        à 34^L la pièce   510^L.

        - Deux ballots de coutil contenant
        d'une part 90 aunes à 50^s. l'aune   225^L
             et 150 "   à 55^s 412^L. 10^s
        et d'autre part 105 aunes à 52^s.   273^L.
             et 105 aunes à 55^s.   288^L. 15^s
                 Soit au Total   1.199^L 5^s

        - Trois ballots de Bretagnes contenant
             90 pièces de 5 aunes à 32^s 720^L.

Sous la dénomination de "toile à robe", on trouvait
             108 pièces revenant à 44^L l'une
             pour un total de :   4.752^L.

Venaient en supplément :
             80 pièces d'anabas (ou annabasse, toile
        destinée à la confection soit de couvertures,
        soit de pagnes) à 12^L. la pièce   960^L.

Plus nombreuses étaient les toiles de coton importées des Indes par la Compagnie Hollandaise. Elles étaient tellement appréciées des Africains qu'on ne tarda pas à les reproduire en France même au cours du XVIIe siècle. Le procédé fut frappé d'interdit jusqu'en 1759 pour protéger tout à la fois les manufactures traditionnelles et le monopole de la Compagnie des Indes – toutes choses qui, en réalité, ne firent qu'encourager la contrebande depuis la Hollande, l'Angleterre ou la Suisse[23].

Il n'était pas moins de huit sortes de "textiles des Indes" selon la *Note* de Crassous, s'agissant toujours de la cargaison de troc proprement dite, qui provenaient à l'origine du Bengale ou de la côte de Coromandel.

La nomenclature était la suivante :

- Les guinées bleues, néganépeaux rayés ou quadrillés, bajutapeaux à carreaux bleus et blancs ou bleus et rouges, étaient des toiles de coton.
- Les calendery ou caladaris présentaient des petites raies de couleurs vives.
- Les salempouris étaient de couleur blanche, bleue ou rouge.
- Les guingans ou Zingua, toiles très fines, présentaient des petites raies rouges ou de petits carreaux.
- Les indiennes étaient sur fond blanc des toiles de coton décorées de motifs divers, fleurs, animaux, personnages, figures géométriques.
- Les siamoises se reconnaissaient à leurs raies multicolores. Ces étoffes de fil et de coton avaient été apportées à la cour de Louis XIV par les ambassadeurs du Roi de Siam. Elles furent imitées à l'envi dans le royaume, comme par la suite toutes les cotonnades ci-dessus indiquées.

Toujours suivant la *Note* de Crassous et dans l'ordre ci-dessus indiqué, il convient maintenant d'en venir aux volumes, quantités et prix. On trouvait :

- 4 ballots de calendery contenant	
50 pièces revenant à 40^L la pièce	2.000^L
- 60 pièces de "garas ou salempouri" à 26^L	1.560^L
- 3 ballots de "zingua" contenant	
46 pièces de 12 aunes à 16^s l'aune	441^L 12^s
- six barriques n° 1 à 6 contenant :	
41 néganepeaux à 21^L. 10^s.................	881^L 10^s
33 bajutapeaux à 22^L	726^L
34 guinées à 35^L 10^s	1.207^L
100 guingans à 8^L	800^L
80 indiennes à 28^L	2.240^L
pour un total de	5.854^L 10^s

[23] Eric Saugera, *op. cit.*, p.249 et Simone Berbain, *op. cit.* p. 85.

10 ballots de siamoises, à savoir :

un ballot contenant :

40 aunes en ¾ à 33ˢ l'aune			66ᴸ
60	--	34ˢ. --	102ᴸ
40	--	36ˢ. --	72ᴸ
50	--	40ˢ. --	100ᴸ
190 aunes			340ᴸ

un ballot contenant :

20 aunes à 33ˢ. l'aune			33ᴸ
60	--	34ˢ. --	102ᴸ
90	--	40ˢ. --	180ᴸ
10	--	42ˢ. --	21ᴸ
180 aunes........................			336ᴸ

un ballot contenant :

60 aunes à 34ˢ. l'aune			102ᴸ
90	--	40ˢ. --	180ᴸ
30	--	42ˢ. --	63ᴸ
180 aunes........................			345ᴸ

un ballot contenant :

50 aunes à 34ˢ. l'aune			85ᴸ
110	--	40ˢ. --	220ᴸ
160 aunes........................			305ᴸ

un ballot contenant :

10 aunes à 34ˢ. l'aune..........			17ᴸ
10	--	40ˢ. --	20ᴸ
128	--	46ˢ. --	294ᴸ
148 aunes........................			331ᴸ

un ballot contenant :

40 aunes à 40ˢ. l'aune..........			80ᴸ
50	--	42ˢ. --	105ᴸ
64	--	47ˢ. --	150ᴸ
154 aunes........................			335ᴸ

un ballot contenant :

20 aunes à 40ˢ. l'aune..........   40ᴸ

100   --   42ˢ.   --   210ᴸ

32   --   52ˢ.   --   83ᴸ 4ˢ

152 aunes.. 333ᴸ 4ˢ

un ballot contenant :

64 aunes à 52ˢ. l'aune   166ᴸ   8ˢ

90   --   57ˢ.   --   256ᴸ 10ˢ

154 aunes... 422ᴸ 18ˢ

un ballot contenant :

150 aunes en dix pièces à 57s. l'aune 427ᴸ 10ˢ

un ballot contenant :

150 aunes en 10 pièces à 57ˢ.l'aune............   427ᴸ 10ˢ

Soit pour total de 1.618 aunes de Siamoises : 3.604ᴸ 10ˢ

Enfin, plusieurs ballots contenaient des habits et des linges divers. Il s'agissait dans l'ordre de :

- 7 ballots de mouchoirs de Cholet contenant

180 douzaines mouchoirs (n° 1 à 4)

120 douzaines mouchoirs divers à

15 Livres la douzaine 4.500ᴸ

- 2 ballots de mouchoirs "façon des Indes" contenant :

82 douzaines à 17ᴸ que Crassous évalue à..............1.403ᴸ 18ˢ

- 1 ballot contenant :

six gilets à 6 Livres..................................36ᴸ

huit chemises à 3 Livres..............................24ᴸ

douze culottes à 2ᴸ 5ˢ...............................27ᴸ

vingt-quatre bonnets à 12ᴸ.la douz. 24ᴸ

deux coupons drap vert et rouge.................... 80ᴸ

trois idem, soieries pour............................95ᴸ

douze couvertures à 55ˢ.............................33ᴸ

le tout pour 319ᴸ

La cargaison de troc officielle s'élevait donc à   145.067^L 8^s 3^d , soit 95,5 % de l'ensemble. Il est à remarquer que la pacotille, revenant à 6.760^L 3^s (à peine 4,5%) était composée de tissus bruts ou finis et de corail, autant dire de marchandises de la même valeur que celle de la cargaison de troc. Il suffit pour s'en convaincre de se reporter à l'état qu'en avait établi Crassous et que nous reproduisons ci-après :.

60 douz. Mouchoirs Cholet à 13^L la douz.

 liv. la douz. ....780^L

  emballage, frais, voiture et transport...........17^L = 797^L

 60 douz. idem même prix et frais .... 797^L

 20 pièces toiles à Robe à 42^L la pièce .... 840^L

  emballage, frais ....17^L = 857^L

 30 pièces Bretagne de 5 aunes ens.

150 aunes à 30^s...228^L.15^s

  emballage et frais .... 9^{L}5^s = 238^L

 30 idem même prix et quantité .... .238^L

 12 pièces Cholet blanc à 39^L .... 468^L

  4 pièces augustine à 22^L 10^s............................. .90^L

  1 pièce Batavia broché ....60^L

 4 pièces siamoises 60 aunes en¾ à 58^s................. 174^L

15 aunes coutil bleu et blanc à 48^S........................ 36^L

  emballage... 24^L 13^s

   ..... 852^L 13^s

6 pièces 276 aunes ¾ étamines de prêtre à 52^s.........719^L 11^s

  emballage......................................16^L 9^s = 746^L

Une caisse cont. 2 filières de corail

  de 1 à la liv................................. 660^L

  3. liv. 8 idem de 2 fil. à la liv. 190...................605^L 3^s

  2 de 3 filières à la liv. 130....................... 260^L

  2 de 4 filières à la liv. 100....................... 200^L

   1.915^L 10^s

augmentation a 10 % .... 172^L 10^s

emballage et frais ....17^{L}17^s = 1.915^L 10^s

une caisse n° 43 contenant :

18 aunes velours cramoisi à 17^L.10 ....315^L

emballage, frais etc..............................4^{L}10^s = 319^L

                                total   6.760^L 13^s

Au demeurant, rien ne nous indique ici que la pacotille était réservée uniquement au marché africain, certaines de ces marchandises pouvaient fort bien être vendues au Cap Français dans l'opulente colonie française de Saint-Domingue qui était la destination finale du *Roy Dahomet*[24]. Même sur le sol africain tel ou tel article de pacotille pouvait très bien être apprécié des résidents des forts européens en bord de mer — toutes choses qui montrent qu'elle n'était pas particulièrement destinée à berner des Africains!

Goguet fils est de ceux qui la tolèrent sur leur navire. Dès lors, il n'est pas interdit de penser que la pacotille en question pût être de sa propriété, en partie au moins ou de ses proches. D'autres armateurs ont procédé de la sorte. Faut-il rappeler ici que la pacotille était constituée en principe de marchandises que des particuliers confiaient à l'armateur ou à des membres de l'équipage, à commencer par le capitaine, pour qu'elles soient écoulées à leur discrétion contre une commission très souvent substantielle. Il est des cas aussi où matelots et officiers embarquaient des marchandises pour leur propre compte. Pour les petites gens, c'était presque toujours un bon placement.

On devine sans peine aujourd'hui ce que tout contresens, entretenu à dessein en la matière, a pu entraîner comme malentendus et sous-entendus d'un côté comme de l'autre dans la querelle entre philanthropes abolitionnistes et partisans de l'esclavagisme. Devenu concept-alibi en quelque sorte, le mot "pacotille" a pu servir dans un camp comme dans l'autre avec la même fortune !

En tout état de cause, par l'inventaire et le devis estimatif de la cargaison de troc tout entière, Crassous nous a fourni un élément essentiel de la mise-hors du navire.

---

[24] Rapportons ici le mot d'Armel de Wismes : « les négriers devaient être aussi de véritables bazars pour planteurs des îles américaines et indiennes » in *Nantes et le temps des négriers*, Ed. France-Empire, Paris 1992, p.61.

Au coût du navire s'ajoutait le montant de « l'avance au départ pour trois mois » consentie à l'équipage, même si, comme on l'a vu, la solde s'était vue considérablement diminuée dans les comptes de désarmement.

De plus, Crassous a calculé que les paiements divers à la Côte à tout un personnel de service ou à des intermédiaires − sous forme de dons en marchandises − constituaient une perte réelle pour l'armement de l'ordre de 770 Livres « dont, écrivait-il, on se garantiroit si l'on avoit un établissement dans ce pais et pour qui chaque navire fait une somme considérable non obstant le retard étant là à leur discrétion »[25].

Tant à Chama qu'à Wanibas (forts hollandais) et à Juda « en coutumes » diverses, depuis les soldats en garnison dans les forts jusqu'au roi (africain), en passant par le « Yovogand », c'était encore, semble-t-il déplorer, un débours de 3.795 Livres par prélèvement sur différentes marchandises de la cargaison prévues à cet effet, il est vrai.

Au nombre des dépenses incompressibles en cours de route dont le montant était à défalquer de la valeur de la cargaison de troc, il faut, rappelons-le, ajouter d'une part l'acquisition de rolles de tabac du Brésil à la côte africaine pour compléter l'assortiment des marchandises à échanger et d'autre part les frais pour ancrages et l'obtention de vivres à la relâche de São Tomé. Mais là aussi ces opérations ne sont guère que jeux d'écriture. Elles s'effectuent sans bourse délier : leur coût est inclus dans le montant de la cargaison de troc.

Néanmoins, l'occasion nous est donnée ici de souligner que dans les comptes de Crassous, il n'est guère question d'avitaillement qu'au moment où le *Roi Dahomet* a atteint les côtes africaines, c'est-à-dire lorsque, par captifs interposés, le nombre de bouches à nourrir avait décuplé. Il reste donc encore une inconnue − partielle − celle du coût des vivres embarqués à La Rochelle pour l'ordinaire des quarante membres d'équipage du *Roy Dahomet* jusqu'à la destination finale antillaise, le vin, entre autres, de Bordeaux et de la Saintonge, ou encore les fèves qui seront quotidiennement servies à ces derniers comme aux captifs. Maintenant, sur la base des enquêtes de Jean-Marie Deveau, on peut

---

[25] Plus tard, l'idée d'établir un fort à Chama se fait jour. Voir archives de la Chambre de Commerce de La Rochelle, carton XIX, n°6523 : *Mémoire aux Directeurs et Syndics de la Chambre de Commerce de La Rochelle*, Ardres sur la Côte d'Or, ce 22 juin 1786, P. Hardy.

retenir que la valeur des vivres représentait 10 % environ de celle des marchandises de troc[26].

Sur le fondement de ces données partielles, on serait tenté d'établir une estimation très approximative de la mise-hors, sur la seule base des quatre éléments incontournables[27]. A savoir :

- Construction du navire   31.790[L]
- Cargaison de troc   151.827[L] 11[s] 3[d]
- Vivres, 10 % de la cargaison   ....15.000[L]
- Avance à l'équipage sur 3 mois   4.695[L]
                                                  203.312[L] 11[s] 3[d]

La formation du capital de l'expédition

Mais quel que soit le coût de la mise-hors, il est encore, pour nous, une grande inconnue, à savoir la formation du capital nécessaire au lancement de la première expédition du *Roy Dahomet*.

Certes, nous avons d'abord une première assurance : dans la période qui est celle de l'armement du navire, les Rochelais financent la plus grande partie de leur commerce de traite, jusqu'à 81 % entre 1763 et 1785 ; les armateurs couvraient en moyenne 52% du financement rochelais pour cette même période. La place de La Rochelle contrôlait jalousement ses entreprises[28]. Comme dans d'autres ports négriers, c'est à la Société par intéressement que va la préférence de l'armement rochelais : y adhéraient notables et puissants qui diminuaient les risques en répartissant leurs mises sur plusieurs expéditions ; des petits épargnants s'y trouvaient à l'aise.

Les conditions de la société par action étaient plus contraignantes. Ainsi, dans un projet d'armement à La Rochelle pour Angole de novembre 1779, les intéressés étaient prévenus qu' « aucune souscription ne pourrait être moindre que 3.000 Livres »[29]. Par contre, la Société par

---

[26] Jean-Marie Deveau, *La traite rochelaise, op. cit.* p.90.

[27] Jean Meyer, *L'armement Nantais dans la deuxième moitié du XVIIIe siècle*, Paris 1969, p.147 in ch.IV, « la mise-hors », pp.143-165.

[28] Jean-Marie Deveau, *ibid.* pp. 25-28.

[29] Médiathèque Michel Crépeau... Ms. 2286.

intéressement offre des exemples où les parts allaient de ½ à 1/132ᵉ, voire 1/512ᵉ [30].

Mais qu'il s'agisse de Société par intéressement ou de société par actions, le principe et les mécanismes n'étaient pas dissemblables dans le fond. A cet égard, on trouvera ci-après une transcription du prospectus de Société pour l'armement de la frégate *Le Dauphin* qui, en 1774, devait partir pour la Côte de Guinée pour y traiter 600 noirs[31]. Au delà de l'annonce de sa création, le fonctionnement de la société mérite notre attention.

Société pour l'armement de la Frégate le Dauphin*

Navire Fregatte Le Dauphin du port de quatre cent tonneaux environ que les sieurs J.B Carpeau et Compᵉ armateurs et intéressés se proposent d'armer pour la côtte de Guinée vers le mois de Janvier prochain sous le commandement du sieur Antoine Juin, lieutenant de frégatte aussy intéressés lequel ayant des connaissances requises de ce commerce donne des espérances des plus flateuses pour la réussite.

Ce navire armement mise dehors et cargaison assortie pour traitter six cent noirs coûtera Trois Cent Mil Livres Environ divisé en cent cinquante actions pour mettre tous ceux qui voudront souscrire à même de prendre la quantité qu'ils souhaiteront.

Actions sous le nom de Société

Nous soussignés actionnaires ou Intéressés dans le Navire le Dauphin armement mise dehors et cargaison autorisons les Sieurs J.B. Carpeau et Compᵉ à exécuter le projet cy dessus sous le commandement du Sieur Antoine Juin Lieutenant de Fregatte ou tout autre en la place, nous obligeant de leurs fournir à leurs premières réquisitions les sommes pour lesquelles nous aurons souscrit. S'obligeant de leur côttés les dits Sieurs J.B. Carpeau et Compᵉ de remettre à chacun de nous une cession de la portion ou action pour laquelle il aura souscrit à ces présentes. Et nous rendre

---

[30] Eric Saugera, *Bordeaux... op. cit,* p. 264.
[31] Archives Départementales de la Gironde (A.D.G.), 8J 422. « Frégate le *Dauphin* », 8 octobre 1774.

Bon Et fidel compte de cette première oppération un mois après le départ du dit navire de cette Radde et de Retour en cette ville immédiatement après la rentrée des frètes et ventes de marchandises et aussy des autres subséquents voyages.

Nous accordons aux sieurs J.B. Carpeau et Comp^e une provision de deux pour cent sur le montant de la première expédition sur celui des frais de relâche et désarmement et sur celui du produit des frètes et des ventes de la cargaison et généralement sur toute la dépense et recette qu'ils feront au sujet de notre présente Sociétée jusqu'à la liquidation finale des affaires. Les quels deux pour cent de provision ils passeront dans les comptes qui seront par nous vérifiés sur pièces justificatives arrêtées et signées suivant l'usage.

Les dits Sieurs Carpeau et Comp^e auront soin de faire assurer le dit navire partout où ils le trouveront bon ainsy que la cargaison........

Les dits Sieurs armateurs dépositaires et intéressés au dit navire et accessoires ne pourront que conjointement avec nous soussignez avoir l'autorité et le pouvoir de continuer ou dissoudre nôtre présente société que quant et comme nous trouverons bons et plus convenables à ses intérêts, soit unanimement ou aux voix de ceux de nous dont les actions réunies excéderons les deux tiers du total du montant de la présente Sociétée et quand nous aurons pris le partie de la dissoudre. Le dit navire avec ses appartenances et dépandances, pourra être vendue en entier par les dits sieurs J.B. Carpeau et Comp^e pour parvenir à une liquidation parfaitte des affaires de notre ditte Sociétée par action sans que aucun de nous puisse sous quelques prétextes ou titre que ce soit former opposition à la vente de son action particulière non plus que Ses Cessionaires promettant solemnellement par cette présentes de nous soumettre aux dittes conditions et pour que ces présentes ayent leur plein et entier effet elles seronts enregistré au greffe du siège de L'amirauté de cette ville et reposant es mains des sieurs J.B. Carpeau et Comp^e. Fait et signé de bonne foy à Dunkerque le 10 8bre Mil Sept Cent Soixante Quatorze aprésent le navire le comte d'Artois..

* l'orthographe du manuscrit a été respectée

Quelle a été la stratégie en matière de financement adoptée par l'armateur pour la première expédition du *Roy Dahomet* ? Là aussi nous n'avons pas beaucoup de certitudes. Il est vrai qu'en 1776 Goguet Fils qui s'occupe depuis quatre ans, on l'a vu, de la maison d'armement de son père peut déclarer financer 100 % du voyage du navire la *Victoire*[32]. Qu'est-ce à dire ? Quels sont les arrangements en famille ou entre gens d'affaires amis que l'on pressent derrière ce type d'assertion ? Risquons l'hypothèse qu'en 1772 Goguet père et fils auraient pu fort bien intéresser des personnes de condition au-delà des petits épargnants dont la présence est comme révélée par le lot de pacotille qui représentait un pourcentage infime de l'ensemble de la cargaison de troc.

Par ailleurs, lorsque l'on consulte les comptes du second désarmement du *Roy Dahomet*, on ne tarde pas à découvrir qu'il existait des liaisons de commerce entre les Goguet d'une part et de l'autre les Garesché et les Poupet qui avaient des branches installées au Port-au-Prince et au Cap Français[33]. Ces liaisons de commerce ont-elles joué à La Rochelle même dès la première expédition ? On inclinerait à le penser[34].

La question du contrat d'assurance

Il est en dernier lieu une question d'importance pour laquelle nous n'avons guère de réponse.

---

[32] Jean-Marie Deveau , *La traite rochelaise op.cit.* p.32. Voir également sur cette question du même auteur *La France au temps des négriers*, Ed. France Empire, Paris 1994, p.32.

[33] Médiathèque Michel Crépeau… Ms 2139. Comptes concernant les voyages à la Côte d'Or du navire *Le Dahomet* 1776-1777-1778 et 1781 (F.F. 78-85). Sur les Garesché en Saint-Domingue, voir Moreau de Saint- Mery, *Description… de la partie Française de l'isle de Saint-Domingue* (nouvelle édition), Librairie Larose Paris 1958, pp.926 et 1056 : dans l'index des noms de personnes on trouve à la p. 1492 les renseignements suivants : Garesché (Daniel) hab. au Port-au-Prince, gérant des plantations de son frère Jean Garesché-Durocher, il sera maire de La Rochelle en 1791. Un autre de ses frères, Pierre G. était négociant au Port-au-Prince et interprète-juré de langue anglaise / Garesché-Durocher (Jean), hab. et électeur de la paroisse de l'Arcahaye, de la famille Garesché, négociants de La Rochelle. Nommé en janv. 1789, membre du Comité du Port-au-Prince, propriét. d'une sucrerie valant 120.000 L.

[34] L'estime que David Garesché vouait à Denis Goguet est un indice qui ne trompe pas sur les solidarités dans le milieu négrier. Voir Emile Garnault, *Livre d'or, op. cit.*, p.80.

Il s'agit du système d'assurances qui a prévalu lors de l'expédition du *Roy Dahomet* en 1772. Tout juste trouve-t-on dans les comptes de Crassous la mention d'une prime d'assurances intéressant un article, le corail, pour la partie de la cargaison venue en supplément. Ainsi, pour une caisse de plus de deux livres revenant à 370^L 7^s, la prime d'assurance à 10 % était estimée à 37^L 12^s 11^d.

Certaines des clauses du ou des contrats avaient sans doute dû être marquées dans les instructions que l'armateur avait remises au Capitaine Corby – pièces qui nous font défaut également.

Néanmoins pour la période qui nous occupe, il convient de rappeler cet que tout un chacun pouvait fort bien s'assurer là où bon lui semblait hors place et même à l'étranger. En temps de guerre, s'assurer en Angleterre comportait des avantages! Encourageait, dans l'absolu, cette pratique le taux des primes qui, déjà distinct suivant les trajets, variait d'une place à l'autre ou d'un assureur à l'autre. Comme de surcroît les contrats d'assurances pouvaient porter indifféremment sur le navire lui-même, la cargaison de troc, les captifs africains en leur qualité de marchandise et la cargaison de retour, l'armateur avait tout intérêt à s'adresser à des assureurs différents pour la même expédition : on allait au meilleur prix ici et là ; l'on était en quelque sorte conforté dans l'idée que les remboursements éventuels seraient moins aléatoires.

Dans ces conditions, on comprend que les armateurs ne tardèrent pas à opérer comme ils le faisaient pour le financement de leur armement lui-même : ils formèrent par association de négociants leurs propres sociétés d'assurances[35]. « Partout, écrit de surcroît Olivier Pétré-Grenouilleau, on est négociant mais aussi assureur et armateur fréteur et affréteur »[36]. La Maison Goguet n'avait pas dû échapper à la règle, comme il en apparaît dans le compte de désarmement du second voyage du *Roy Dahomet* qui nous a été conservé : il est important de remarquer que la cargaison de retour évaluée à 47.400 Livres était « assurée par divers de cette ville par Police du 18 octobre 1775 ». La prime d'assurance de 3 % se montait à 1.422 Livres[37]. Quelles qu'elles soient, les assurances couvraient toutes sortes d'infortunes de mer ou d'avaries en quelque lieu que ce soit sous certaines conditions. En témoignent par exemple deux articles des

---

[35] Eric Saugera, *Bordeaux...op. cit.*, pp.269-272.

[36] *L'argent de la traite, op. cit.*, p.70.

[37] Médiathèque Michel Crépeau..., Ms 2139, déjà cité.

Ordres et Instructions des armateurs de Richemont et Garnault donnés au capitaine Gabriel David du navire la *Bonne Société* de La Rochelle :

-"Article 3ème. En cas de quelque fâcheux accident, mettez vos procès-verbaux bien en règle afin de nous ménager notre recours contre nos assureurs. Si par malheur, ce qu'à Dieu ne plaise, vous éprouviez quelque révolte des nègres, n'oubliez pas d'insérer dans vos procès-verbaux que les noirs étaient aux fers ; et si par suite d'un fâcheux événement, il y en avait d'Estropiés Mutilés ou tués, vous en ferez mention, nos assureurs nous étant garantis de cette espèce de risques".

- "Article 4ème. Nos assurances sont faites pour aller à la Côte d'Angolle traiter dans un ou plusieurs ports et de là vous rendre à Saint-Domingue y faire votre vente, aussi dans un ou plusieurs ports, si les circonstances l'exigent, réglez-vous là dessus"[38].

Ces articles devaient constituer la clef de voûte des contrats. Celui du premier voyage du *Roy Dahomet* devait en comporter de similaires, dix ans plus tôt. Ici encore nous en sommes à des supputations en l'absence de dossiers authentiques. Les dépôts publics d'archives ne sont à cet endroit que la partie émergée d'une multitude de dossiers égarés, voire détruits ou bien parfaitement serrés pour longtemps encore dans les papiers de famille....

Le contexte de la navigation

Le *Roy Dahomet* avait mis à la voile pour le voyage qu'il allait faire à la Côte de Guinée dans le milieu de l'entre-deux-guerres. Celle dite de Sept Ans (1756-1763) s'était terminée par l'humiliante Paix de Paris. Les gouvernants français durent attendre une vingtaine d'années pour contribuer très efficacement à l'abaissement de leur ennemi déclaré : le traité de Versailles érigeait en 1783 les Treize Colonies anglaises d'Amérique en treize Etats-Unis indépendants.

En pleine paix armée , le voyage du *Roy Dahomet* se situe, partant, dans une phase ascendante de la traite négrière française. Certes, la perte du Canada avait profondément affecté le commerce rochelais : la nostalgie

---

[38] *Ibid.* Ms 2290 "Ordres et instructions pour servir à Monsieur Gabriel David, Capitaine du navire *La Bonne Société* de La Rochelle"., 15 juillet 1783.

des "arpents de neige" perdus sera durable dans l'Aunis et la Saintonge. Mais leur abandon allait être largement compensé par les fruits d'un report d'investissement sur les Antilles. L'opulence de la partie française de Saint-Domingue, vantée en 1789 par son meilleur historien, Moreau de Saint-Méry, commence à se faire jour au lendemain de la Guerre de Sept Ans. Elle sera le résultat de l'augmentation conséquente des bras pour cultiver la terre : plus de nègres pour plus de sucre, l'équation chère à l'historien cubain Manuel Moreno Fraginals est incontournable pour l'époque ; les Anglais maîtres du district de La Havane pendant onze mois en 1762 et 1763 et de la Guadeloupe dès 1759 en ont administré la preuve s'il en était besoin. Et voilà qu'au sucre s'ajoute une nouvelle richesse, le café en plein essor à la fin du conflit !

Si l'intérêt des Bordelais pour la traite est désormais manifeste, il en va de même pour les Rochelais. Partout ce sont les mêmes aspirations du côté des négociants. Bref, on attend ici de l'Etat des encouragements à la traite. Toutefois, le ministre Choiseul qui est à la Marine et aux Affaires Etrangères n'est pas insensible aux gémissements des colons opposés au régime de l'Exclusif. Il consulte et temporise ….

Son successeur à la Marine, Praslin, ne tarde pas à innover : la liberté étant l'âme du commerce suivant le credo du Siècle des Lumières, il tranche avec beaucoup d'à-propos. Selon le vœu des colons, l'Exclusif est amenuisé par l'Arrêt du 29 juillet 1767. D'un autre côté, dès le 31 du même mois, le privilège exclusif accordé à la Compagnie des Indes pour la traite des noirs est carrément abrogé à la grande satisfaction des Chambres de Commerce du Royaume : seul un droit de 10 Livres par tête de noir importé aux colonies était consenti à ladite Compagnie. Mais même ainsi, cette mesure de consolation sera battue en brèche par des exemptions de ladite redevance accordées à tout port qui administrait la preuve de son zèle à développer cette « branche supérieure du commerce ». La Rochelle est du nombre : un arrêt du 4 février 1768 va y conforter la relance de la traite négrière jusqu'alors « marginale » et parfois négligeable au regard des marchandises qu'on y exportait. L'année 1772 qui est aussi celle de l'armement du *Roy Dahomet*, il faut le souligner, est celle où la traite négrière devient «une spécialité rochelaise » pour reprendre l'expression pleine de sens de Jean-Marie Deveau…

2- De La Rochelle à la Côte de Guinée

C'est dans l'après-midi du 22 décembre 1772 que, depuis la relâche de la Flotte dans l'île de Ré, le *Roy Dahomet* mit à la voile pour gagner l'Afrique. Attentif à la manœuvre, Crassous ne semble avoir repris la plume que dans le moment où le navire allait doubler la Pointe des Baleines en direction du Golfe de Gascogne sous un ciel couvert et avec une mer grosse. Avec la précision qu'on lui connaît, il décrira l'itinéraire passablement mouvementé qui, au travers des Canaries atteintes le 6 janvier, mène au Cap Monte à l'entrée du Golfe de Guinée où le *Roy Dahomet* parviendra au bout d'un long mois, le 1er février 1773.

Départ de la relache de la Flotte pour la Coste de Guinée

Du mardi 22ᵉ Décembre 1772

A une heure après midy le vent reignant de la partie de l'ESE jolis frais nous avons appareillé de la rade de la Flotte, mis le canot à bord et forcé de voiles le plus possible, portant le Cap au N ¼ NO et NNO pour sortir par le Pertuis Breton et doubler le banc de Sᵗ Martin, à 4 heures avons commencé d'arriver au NO et NO ¼ O pour arrondir la Pointe des Baleines en dépendᵗ qui alors nous restoit au Sud ; à 5 heures mis le Cap a O ¼ SO et enfin à 6 heures l'avons mis à OSO après avoir sondé et trouvé sur la dᵗᵉ Pointe des Baleine 8 à 9 brasses d'eau fond de roches ; à 6 heures et demie relevée la Baleine à E ¼ SE et Est du compas distante environ de 3 ½ à 4 lieux d'où nous avons pris notre point de départ par la lattᵈᵉ nord de... 46 g 5
et par la longitude occidentale du Méridien de Paris de..........4 g 2.
Nous avons gouverné jusqu'à minuit à OSO du compas afin de passer dans le Sud de Rochebonne mais depuis minuit juqu'au Mercredy 23ᵉ à midy nous avons gouverné à O ¼ NO pour nous tenir en mi canal singlant toutes voiles dehors, à midy je n'ay point eu de hauteur et par l'estime je me trouve avoir
la lattᵈᵉ arrivée Nord de ....45 g 37
et la longitude arrivée estimée Ouest de ....6 g 17
la route m'a valus le O ¼ SO 5 g Sud. Chemin Dᵉ 32 Lᵉ ²ᐟ³

Du Mercredy 23e décembre 1772 au Jeudy 24e du d^t

Depuis hier midy à aujourdhuy même heure, le vent a reigné bon frais de la partie de l'ESE, nous avons gouverné à Ouest du compas toutes voilles dehors, Bonnettes d'en avant hautes et basses, le ciel couvert, le tems nourris avec grande apparence de continuation, mais la mer grosse et le navire gouvernant très mal plus la faute des timoniers que par aucune mauvaises qualités à lui particulières. A midy point de hauteur

Lattitude arrivée estimée Nord................................... 45 g 9
Longitude Idem O...8 g 27
La route m'a valu le OSO 5 g Ouest, chemin D^e 31 L^x.

Jour après jour et de la même manière, Crassous rendra compte de la progression du navire. La tâche n'est pas aisée pour les raisons qu'il a indiquées. Le 30 décembre, l'estime de la position du *Roy Dahomet* s'avérant être erronée, il a fallu changer le « bateau de loch » pour mieux calculer la vitesse du navire. En note, il écrit :

"Le bateau [de loch] que l'on a fait de nouveau a la forme d'un triangle (mots barrés) je dis d'un triangle équilatéral dont les costés ont 9 pouces ½ Pied de Roy, avec une branche sur le costé qui sert de Basse (Base) et qui est plombé pour lui faire garder la perpendiculaire en le noyant aux 2/3 de sa hauteur, laquelle a un pied 4 pouce de longeur avant de se joindre à la troisième branche qui fait partie de la ligne et est immobile à l'angle du sommet".

Le lendemain, c'est un autre sujet d'inquiétude :

"A 7 heures du soir vu un navire assez près par notre hanche à tribord qui venoit sur nous et témoignoit avoir envie de nous parler, il nous accostoit très vite, ce qui nous a engagez à faire charger quelques canons et monter tout l'équipage sur le pont pour nous garentir de toute surprise, peu après il a maneuvré à nous croiser par derrière et prendre le vent, il s'est ensuite maintenu dans notre hanche sur tribord comme pour nous observer et mesurer notre marche avec la sienne, cette maneuvre de sa part a duré jusqu'à 11 heures que changeant sans doute de dessin il a serré sur tribord, s'en est allez et nous a tirez d'inquiétude".

Le samedi 2 janvier à 9 heures du matin, est en vue un autre navire battant pavillon hollandais : « il a fait sa route » note Crassous avec soulagement ! Autre motif de satisfaction, le nouveau bateau de loch s'étant révélé bien plus fiable, il peut suivre avec plus d'assurance la marche du navire.

Ayant traversé sans encombres majeurs le Golfe de Gascogne, sous la conduite du Capitaine Corby, familier des lieux, le *Roy Dahomet* avait longé la péninsule ibérique pour entrer dans les eaux de l'Afrique du Nord par 36 degrés de latitude Nord. Là, Crassous ne manquera pas de rapporter longuement sur le passage du navire dans le canal des Canaries à compter du mardi 5 janvier 1773, dans la nuit.

Ses observations sont de tout ordre, qui portent sur partie de l'archipel. Elles nous sont infiniment précieuses pour ce qui est par exemple de la description de l'île de Ténériffe que domine le Pic de Teire[39]. Un détail surprend néanmoins sous sa plume : confondant, c'est certain, histoire et géographie, il attribue au Portugal la souveraineté sur les îles Canaries !

Au sud de celles-ci commençait l'aire infinie de la traite négrière. Mais pour la période qui nous occupe, les comptoirs des côtes occidentales étaient moins nombreux et moins actifs que ceux de la Côte d'Or et de la Côte des Esclaves[40]. Aussi de tout le bord de mer qui s'étend du Sénégal aux îles Bissagots dont le *Roy Dahomet* s'est éloigné – Corby avait ses raisons et sans doute des instructions – Crassous ne dit-il mot. Il est vrai que, hormis Gorée – la bonne rade en hollandais – l'hégémonie anglaise s'était ancrée dans ces parages-là aux dépens du Royaume de France au lendemain de la Guerre de Sept Ans. En tout état de cause, le choix de destination est bien ici la Côte de Guinée et non point la Sénégambie, les arrière-pays, les réalités économiques et humaines étant bien différents ici et là[41]. Plus tard, dans d'autres conditions et pour une tout autre

---

[39] La description de l'île de Ténériffe en particulier du Pic de Teire et de la pointe de la Naga renvoie aux annotations de la *Suma de Geografía* (1519) de Martín Fernández de Enciso (Edit. Museo Naval de Madrid 1984) et plus encore aux écrits et croquis de Baltazar Vellerino de Villalobos, auteur de *Luz de navegantes* (1592), Edit. Museo Naval de Madrid, Universidad de Salamanca, 1984, dont nous reproduisons plus loin une des gravures, Crassous, de son aveu n'ayant pas eu le temps de nous laisser un croquis de sa main.

[40] Alain Sinou, *Comptoirs et villes coloniales du Sénégal*, Karthala-ORSTOM, Paris 1993, p. 14.

[41] Abdoulaye Ly, *La compagnie du Sénégal*, Nouvelle édition revue et augmentée, Karthala, Paris 1993, p.15 (1° Edit. Présence Africaine, 1958).

expédition négrière, Crassous aura d'ailleurs tout le loisir de visiter, de décrire et d'évaluer les établissements français de Gorée....

Du mardy 5ᵉ janvᵉʳ 1773 au Mercredy 6ᵉ

Depuis hier midy les vents ont reigné de la partie du SE variable ESE jolis frais jusqu'à minuit qu'ils ont commencé à calmer, nous avons courus au SO ¼ S et SO et SO ¼ O sous les quatres voilles majores, la mer assez belle, le tems couvert et douteux. A minuit que nous estimions être Est et Ouest des Isles les plus au Nord des Canaries nous avons mis en travers babord au vent Capᵗ sous les huniers amenez du SO à Ouest, à 6 heures du matin vu la terre des Canaries par le Bossoir à babord que nous avons reconnue pour le Pic de Tenerife relevé au SO ½ S distance de 13 a 14 lieux, la Pointe qui paroissoit le plus à l'Ouest au SO ¼ S du compas ; à 8 heures le Pic nous restoit au SO ¼ O 3 g Sud, à la même heure pris les amures à tribord, à midy relevé le Pic

au SO .... 3 g 0
à midy observé la lattᵈᵉ Nord de......... ...... .29 g 11
la route Corrigée m'a valus le SO ¼ S 3 g Sud, Chemin Dᵗ 22 Lˣ ¹ᐟ³
Longitude A. Cᵍᵉᵉ Ouest   17 g

Du Mercredy 6ᵉ Jᵉʳ 1773 au Jeudy 7ᵉ du dit

A Midy du Mercredy 6ᵉᵐᵉ jour de l'Epiphanie et feste de notre Capitaine nous lui avons portez la santé avec cinq coup de canons, avons aussi portée celle de notre armateur et de son épouse avec un pareil nombre de Vive le Roy.

Pendant ces 24 heures le vent a toujours reigné de la partie du SE à l'ENE presque calme, nous avons virez de bord plusieurs fois pour nous maintenir à la borde la plus favorable selon les variations dans le tems, la mer très douce, le Pic de Teneriffe paroissant assez distinctement à midy il nous restoit au SO 3 g O. Dans la nuit le tems a été pluvieux et très couvert avec grains et baucoup de tonnere et d'éclaires qui nous ont même fait arrisser nos huniers, à 8h du matin la pointe du NE de l'Isle de Teneriffe me restoit au SO ¼ O disᵗᵉ environ de 9 lieux, à midy la même pointe me restoit à O ¼ SO 3 g Sᵈ et celle qui est dans le loingtain parroissoit être en avant à nous et être la plus à l'Ouest ou au NO de l'Isle de Canarie au SO ¼ O 3 g Sud.

A midy observé la latt^{de} Nord de .....28 g 33

Cette latt^{de} qui est certainement fort exacte et conforme entre nous tous, le tems étant beau clair et le navire sans avoir baucoup de balancement. Differre.../...

.../...de cinq lieux de celle où sont placez l'ensemble des Cannaries celles-cy étant plus Nord de cette diff^{ce} par raport à la longitude arrivée et estimée selon la position des mêmes isles, je me trouve plus du costé de l'Est d'elles de vingt lieus de longitude car elles sont placé sur le plan de Mr Bellin par 18 g 30 tandis que je ne me trouve que par 17 g 31. J'ay pour cella corrigée mon point et fixé ma nouvelle longitude Ouest de .....18 g 30 prise au milieu du canal entre l'Isle de Tenériffe et la Grande Canarie.

☞   Ces Isles sont très hautes et particulièrement ce que l'on appelle le Pic qui est un espece de cone ou pain de sucre dont cette montagne a la forme a qui l'Isle sert de basse (base) dont la grande élévation est générallement connue et porte même par quelques hauteurs jusqu'à [un blanc] pas géométriques d'élévation perpendiculaire au dessus du niveau de la mer, on en voit le sommet au dessus des nuages de plus de 30 lieux de distance sans cepend^t en voir le pied. Quand on accoste l'Isle de Tenerife par le NE à elle alors le Pic paroît s'étendre d'avantage par le pied et avoir une très grande basse (base) mais au contraire lorsque dans le canal on est dans le Sud de lui et qu'il fait clair, ce qui est plus commun que du costé du Nord, alors il paroit exactement comme un pain de sucre, à certaines irrégularités près, car le pais en général est très haché, coupé et à peu près comme les terres de la Martinique ou Saint-Domingue, ce doit être d'ailleurs un très beau climat par sa position étant presque sous le tropique de l'Ecrevisse. Pour de plus amples instructions, il faut consulter quelques géographes. Je scay seulement qu'elles appartiennent aux Portugais et qu'il y a une assez jolie ville appellée Ste Croix, on m'a dit aussi qu'il y avoit un Evêque mais qu'il faisoit sa résidence sur la Grande Canarie où il y

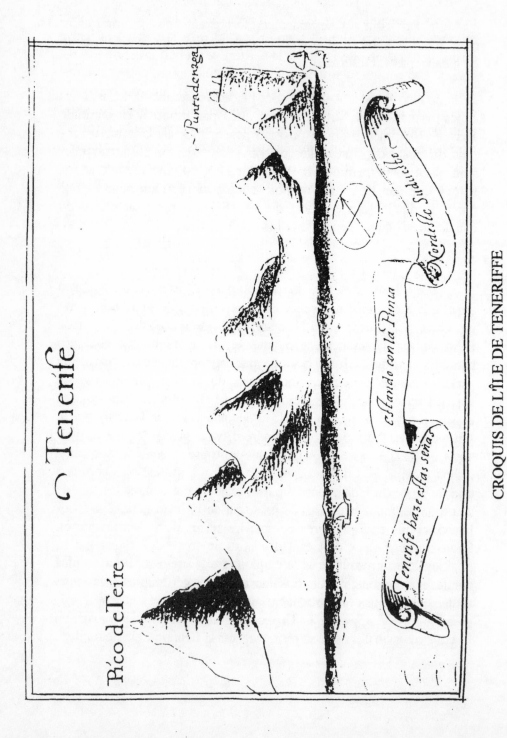

CROQUIS DE L'ÎLE DE TENERIFFE

a aussi une assez jolie ville. L'Isle de Canaries ne diffère de l'autre qu'en ce qu'il n'y a pas une montagne comme le Pic , le reste étant à peu près le même. Notre Cap^{ne} qui a passé plusieurs fois ici nous a rapporté que le canal étoit beau et sain et qu'à la pointe qui paroit être celle du Nord de l'Isle de Tenerife il y a une ouverture qui est dans le roc comme une fenêtre et fort régulièrement coupé et à une autre pointe qui paroit plus au NE de la ditte p^{te} on voit un rocher détaché de la pointe et qui en paroit un peu éloigné qu'on prendroit pour un navire sous voile, il y a même baucoup à parier qu'on s'y trompera, il nous auroit communiqué plusieurs autres remarques s'il n'avoit pas perdu ses journaux dans son dernier voyage. Nous n'avons pas eu un tems convenable pour dessiner la configuration verticale de ces terres.

Du jeudy 7e J^{er} au Vendredy 8e d^t

Depuis hier midy le vent a varié du NE à l'ESE, assez joli frais jusqu'au soir et peu à peu en diminuant de sorte que de minuit à midy il étoit presque calme, nous avons toujours gouverné au SO du compas pour finir de passer ce canal des Canaries faisant assez beau chemin toutes voilles dehors la mer belle et le tems plus clair et serein. A 4 h. après midi avons relevé le Pic de Teneriffe au NO ½ Nord, la p^{te} la plus au SO de Canarie au Sud. A 9h. du matin relevé la Pointe la plus Sud de Teneriffe au NO 3 g Nord, celle du Ouest de Canarie au NE ½ Est, à 11h. relevé le Pic au N ¼ NE. D'où j'ay pris mon nouveau point de départ par la long^{te} Ouest de 18 g 45.A midy j'ay observé la latt^{de} N. de   27 g 4 ce qui me confirme ainsi que tous nos Messrs que ces îles sont placez trop Nord.
A 4 h du soir vu un n^{re} bateau qui traversoit le canal et paroissoit venir des Canaries.

A la sortie du canal des Canaries le Vendredi 8 janvier, Corby avait fait mettre le cap sur le Sud-Ouest, épousant à dessein, mais à distance, la configuration de la côte africaine à partir du Cap Bojador. Sur la foi des indications de Crassous, cette direction SSO sera constante durant plus d'une semaine, puisque c'est le Samedi 16 que l'on commencera à gouverner au SSE pour passer entre les îles du Cap Vert et la terre ferme à la hauteur de la Gambie. Pour des raisons d'opportunité, nous ne reprendrons la transcription du *Journal* qu'à partir de cette date. Dans l'intervalle aucun incident n'a perturbé la marche du navire, le temps tantôt sombre et couvert, tantôt beau clair, la mer en deux occasions clapoteuse et grosse. Et toujours dans la direction SO, SO ¼ S, SSO, 340 lieues de parcourues entre le 21 g 28 et le 10 g 9 de latitude Nord atteint le samedi 16 janvier à midi.

Du Vendredy 15ème janvier 1773 au Samedy 16ème dudit

Pandant ces 24 heures le vent a reigné de la partie du NE variable à l'ENE, jolis frais et brise appuyez [...]. A midy observé la latt^{de} Nord ....10 g 9 [...]
Chemin 40 L$^{x\ 2/3}$. Longitude A.Corrigée Ouest... 19 g 58.
On a vu un grand nombre de bonnites folles autour du N^{re} sans que nous ayons en prendre aucune, les marins les appellent folles je ne scay pour quoy, cepandant elles ne sont pas si folles de se laisser prendre, elles sont faites de la même manière que les autres bonnites à la diff^{ce} près qu'elles sont tant soit peu plus petites.

Du Samedy 16e janv^{er} 1773 au Dimanche 17^e

[...]Très beau tems, mer belle. Les vents de l'Est variables à l'ENE. Jolis frais [...] gouvernant toutes voilles dehors au SSE[....]. A midy nous avons eu hauteur et nous sommes trouvés par l'observation avoir la latt^{de} Nord de .... 8 g 41, chemin 32 Lieux
longitude A. Corrigée Ouest ...19 g 22

Du Dimanche 17e janv^e 1773 au Lundy 18^e

Depuis hier midy le vent a reigné de la partie du Nord V^{ble} à l'ENE, le tems moux et presque calme gouvern^t toutes voilles dehors au SE ¼ S. A midy observé la latt^{de} Nord de 7 g 53 qui m'a donné 13 minutes de diff^{ce} de l'estime d'ou j'ay conclus que le calme nous a fait plus souvent gouverner au vent de la route, vu que les courans portent au SE ou SSE ainsi que nos M^{sr} qui ont déjà fait plusieurs voyages à la Côte le prétendent.
La route corrigée m a value le SE ¼ S...3 g Est, chemin 20 L.
Longitude arrivée Corrigée O...18 g 46.

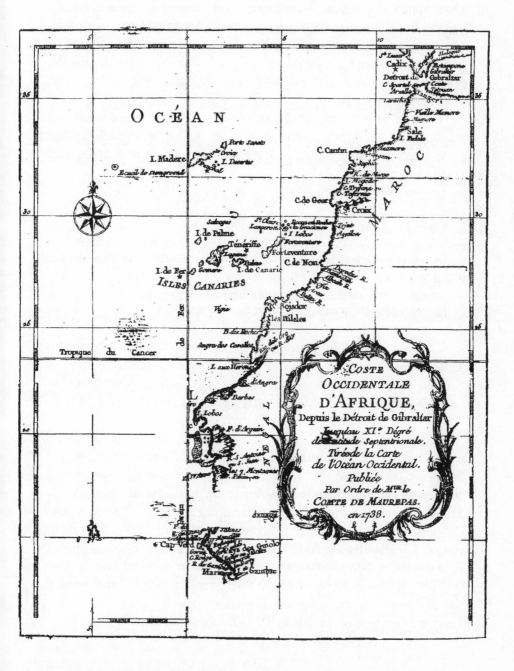

COSTE
OCCIDENTALE
D'AFRIQUE,
Depuis le Détroit de Gibraltar
Jusqu'au XI.e Dégré
de Latitude Septentrionale.
Tirée de la Carte
de l'Océan Occidental.
Publiée
Par Ordre de M.gr le
COMTE DE MAUREPAS.
en 1738.

Hier au soir comme nous finissions de chanter les Vespres nous appercumes de dessus le pont deux navires qui paroissoient de conserve, ils nous restoient par travers à tribord et sembloient faire une route approchante de la notre mais tant soit peu plus à l'Est que nous avons estimées Anglois et aller à Gambie malgré qu'il a fait presque calme tout plat pandant toute la nuit nous ne les avons cepand[t] pas vus ce matin.

Nous avons aussi pris un Marsouin et piqué un autre il y en avait une quantité prodigieuse aux environs du n[re] mais la chair n'en est point bonne à manger, quoy que nos matelots en ayent mangez sans en être incommodés.
Ridé les haubans et visité la garniture.

Du lundy 18[e] janvier 1773 au Mardy 19[e] du[d]

De midy à minuit les vents ont reigné de la partie de l'Est à ESE presque calme, puis ils ont passez au NO un peu plus fort, nous avons gouverné au SE ¼ S toutes voiles dehors, la mer belle… A midy avons observé la latt[de] Nord de … ….7 g 25,

Chemin ……. 15 L[x],

Longitude A. Corrigée Ouest…18 g 7.
Etalingué les cables

Du Mardy 19e janv[er] au Mercredy 20[e]

Depuis hier midy les vents ont reigné de la partie du Nord variable NNO et NNE presque calme, le tems serein avec très peu de nuage dans toute l'hémisphère quoique néanmoins l'horizon fut chargez de vapeur épaisse et palles [….]. nous avons gouverné au SE. A midy observé la latt[de] Nord de … 7 g 3,

Chemin … 13 L[x 1/3],

Longitude A. Corrigée O….17 g 34.
Avons encore pris un autre marsouin qui étoit fort gros
Avons aussi trempée nos basses voiles de rechange à la mer et dégagez un peu l'entrepont.

Du mercredy 20e janv[er] au Jeudy 21e D[to]

Les vents ont été très v[bles] pand[t] ces 24 heures et presque calme nous n'avons fait que piroueter et carguer, hisser et amenez les menues voiles … Nous avons gouverné au SE ¼ E….

A midy observé la lattde N^d de...6 g 38
Chemin ... 14 L^x 1/3
Longitude A. Corrigée Ouest ... 16 g 57

Et de fait, dans la nuit du 21 janvier, le capitaine ordonne un nouveau changement de direction significatif, Est ¼ SE : au-delà de la Sénégambie, la Côte africaine commence à se couder dans la direction du SE jusqu'au Cap des Palmes.

Du Jeüdy 21e janv^er au Vendredy 22

Depuis hier midy le vent a été presque toujours calme ou très petites fraîcheurs variables du NO à l'ENE, avec des remoux de marée très visible et qui paroissent venir du NE et aller au SO, nous avons mis tous nos efforts pour gouverner au ESE mais presque toujours le n^re n'étoit point en route ne pouvant gouverner....
A midy observé la latt^de Nord de ... 6 g 30,
Chemin ...7 L^x 1/3,
Longitude A. Corrigée O....16 g 35.
Avons vu beaucoup de bonnites folles, pris un requin et mangé une tortue...

Du Vendredy 22e janv^er 1773 au Samedy 23e d^d

Pandant ces 24 heures nous avons eu a peu près un tems comme hier, qui nous a fait faire les mêmes maneuvres en gouvern^t autant qu'il a été possible au E ¼ SE à peu près.
A midy observé la latt^de Nord de ......6 g 21,
Chemin ... 14 L^x
Longitude A. Corrigée O....16 g 1
Mon octant ayant été un peu dérangé je n'ay pus prendre hauteur. Avons pris au lever du soleil une dorade mais fort petite.

Du Samedy 23e Janv^er 1773 au Dimanche 24^e

Le vent a fait tout le tour du compas pand^t ces 24 heures et très petit frais ou mieux dire presque calme [...]. Nous avons presque toujours porté à la route en gouvernant au E ¼ SE, à midy point de hauteur, mon octant n'étant pas encore raccomodé et d'aillieurs l'horizon très chargé.
Latt^de Nord de .... 6 g 17,

Chemin ....12 L^x
Longitude A. Corrigée O....15 g 25.
Mis les huniers de rechange à la trempe.

Dès lors, Le Roy Dahomet allait entrer dans l'espace maritime de la côte de Guinée, l'air soudain plus chaud et par endroits la mer comme tapissée de feuillages ou encombrée de bouts de bois — toutes choses annonçant la proximité des rivages, le mois de janvier finissant.

Du Dimanche 24e Janv^{er} 1773 au Lundy 25 d^{to}

De midy a 4 heures les vents ont reigné de la partie du Sud V^{ble} au SO par grains avec abondance de pluye qui nous ont obligé de serrer nos peroquets et menues voilles et d'arriser les huniers, pand^t lequel tems nous gouvernions à l'Est mais une fois l'orage dépassé, nous avons eu calme ce qui a duré toute la nuit, il a cepand^t repris très petit frais au ENE depuis huit heures du matin jusqu à midy ; nous avons pris une bonne quantité de bonnites et grandes oreilles pand^t tout l'orage, la mer toujours calme et le tems bas et épais quoique peu chargé en apparence de nuages malgré que l'atmosphère fut rempli d'une vapeur épaisse et rougâtre ou enflamée et que l'on respirat pand^t la nuit un air chaud et pénétrant qui faisoit prodigieusement transpirer dans les cabanes et très propre selon moy à faire naître des maladies enflamatoires parmi les équipages....
A midy nous avons observé la latt^{de} Nord de ... 6 g 11,
Chemin ...   8 L^x
Longitude A. Corrigée O....15 g 1.

Du Lundy 25e janv^{er} 1773 au Mardy 26^e

Le vent n'a fait que vasiller pand^t ces 24 heures en variant d'un bord sur l'autre mais particulièrement du NE à l'Est. Nous avons fait comme les jours précédents c'est-à-dire baucoup maneuvré sans grand succès [...].
La latt^{de} Nord de ... 6 g 19
Chemin ... 5 L^x
Longitude A. Corrigée O....14 g 48.
Le tems est toujours très calme mais il commence à être chargé d'une plus grande quantité de nuages ce qui nous fait espérer des vents dont nous avons

besoin. Nous continuons aussi à prendre des bonnites qui ne nous quittent pas ainsi que plusieurs requins dont nous détruisons toujours quelq'un.

Du Mardy 26e janv^{er} au Mercredy 27^e

Vent calme plat jusqu'à 10h dans la nuit qu'il a commencé à affraîcher de la partie du NO petit frais en augmentant peu à peu et variant au NNE, gouverné toute la nuit de l'Est à l'E ¼ SE.
A midy observé la latt^{de} Nord de .... 6 g 6,
                              Chemin .....11 L^x
Longitude Arrivée et Corrigée O....14 g 18.
Toujours beaucoup de poissons

Du Mercredy 27e d^d au Jeudy 28^e

Nous avons eu un peu de vent depuis midy jusqu'à la nuit de la partie du Nord V^{ble} au NE mais tout le reste du tems jusqu'à midy a été calme, nous avons toujours gouverné à l'Est et E ¼ SE avec toutes voiles dehors. A 10 heures du matin il a passé un lit de courant contenant une grande quantité de feuilles d'arbres, de pailles et morceaux de bois qui nous ont fait présumer que nous ne sommes pas éloignés de terre.
A midy observé la latt^{de} Nord de ... 6 g 6,
                              Chemin .....6 L^x
        Longitude A. Corrigée O....14 g .
Vu une demie douzaine de grandes dorades, avec force poissons et requins et une demie douzaine de balaous longs d'environ 5 pouces, on regarde toutes ces remarques comme annonc^t la terre....

Du Jeudy 28e du d^t au Vendredy 29e d^t

Depuis hier nous avons eu des vents de Nord V^{ble} au NO presque calme le tems bas et chargée, gouvernant toujours de l'Est à l'E ¼ NE toutes voiles hors...
A midy observée la latt^{de} Nord de ....6 g 9
                              Chemin ......8 L$^{x\ 2/3}$,
        Longitude A. Corrigée O.....13 g 36.

Du Vendredy 29e Janvier 1773 au Samedy 30^e

Les vents ont été très variables du NNE au SSE presque calme, à 11heures avons eu fort orage avec abondance de pluye qui nous a fait carguer les huniers. A midy point de hauteur.

> Latt^{de} arrivée Nord de ... 6 g 9,
> Longitude idem estimée Ouest de....13 g
> Route l'Est, chemin par icelle........ 12 L$^{x\ 1/3}$,

Du Samedy 30e au Dimanche 31e du d^t

Nous avons tenus les huniers cargué jusquà 2h après midy espérant que le grain fut passé. A 2h ½ nous avons rapareillé tout dehors et resté les 24 heures presque en calme ou amenant et hissant a diverses fois les menues voilles suivant les circonstances. Le tems bas et nébuleux.

A midy observée la latt^{de} Nord de ....6 g 17
> Chemin ....8 L$^{x\ 1/3}$
> Longitude A. Corrigée Ouest....12 g 35.

Du Dimanche 31e Janvier au Lundy 1er F^{er}

Toujours continuation du même tems le vent presque calme et variable du Nord à l'Ouest par grains qui obligent de faire diverses maneuvres suivant les circonstances, à minuit point de fond [...].

Au point du jour avons trouvé l'eau baucoup plus grasse et tirant sur le vert ce qui nous a fait croire que nous étions sur le fond et peu éloigné de terre.

A midy point de hauteur
> Latt^{de} arrivée estimée Nord de ....6 g 22
> Route estimée le Est ½ Nord, chemin .....13 L^x
> Longitude arrivée estimée Ouest.....11 g 56.

3- Du Cap Monte au Cap Lahou

Arrivé le 1e février 1773, au milieu du jour, à la hauteur du Cap Monte, aperçu au Nord-Est, le *Roy Dahomet* va maintenant longer avec d'infinies précautions la côte africaine.

Commence alors une phase d'observation minutieuse des lieux. Crassous y excelle, à en croire les annotations qu'il nous a laissées. Il a d'ailleurs sous la main la carte de Bellin (1768). De la sorte, le Cap Mesurade qui est à seize lieues du Cap Monte est atteint à la nuit tombée. Il faut dès lors sonder sans cesse, ce dont on s'acquittera avec une parfaite régularité. Le capitaine sait par expérience que s'il n'y a pas de rade favorable, le moment venu, la troque sous voile s'imposera au lieu de la traite à terre. Dans tous les cas, l'existence de la barre — obstacle redoutable sous forme de très hautes vagues le long de la côte — rendait nécessaire l'intervention de piroguiers africains pour toutes sortes de transbordements, la chaloupe et le canot dont sont munis les navires négriers ne suffisant pas toujours à l'affaire.

Dans le Golfe de Guinée, lieu d'un incessant va-et-vient de navires européens affairés et solidaires , la paix aidant, la destination convenue du *Roy Dahomet* est Ouidah (Juda). Mais l'armateur avait dû laisser une marge de manœuvre au capitaine Corby : il devait œuvrer au mieux des intérêts de la Maison. En ce sens, on avait fort bien pu lui marquer des instructions à l'image de celles qu'avait reçues le capitaine Gabriel David du navire la *Bonne Société* de La Rochelle, à savoir :

> Article 1er :..."Vous serez maître de vous fixer dans l'un des ports que vous croirez le plus convenable aux intérêts de votre armement et même de traiter dans plusieurs ports si les circonstances vous y invitent …"
>
> Article 2ème "Nous rapportant à votre prudence et expérience, nous vous laissons libre de presser ou de ralentir votre traite suivant l'état où seront les choses…"[42].

On verra que la conduite du capitaine Corby ne sera en rien différente. Dès lors Crassous qui a tout son temps et qui, pour l'heure, découvre l'Afrique, autant dire un autre Monde, laisse, comme à loisir, courir sa plume :

---

[42] Médiathèque Michel Crépeau…, Ms. 2139, déjà cité.

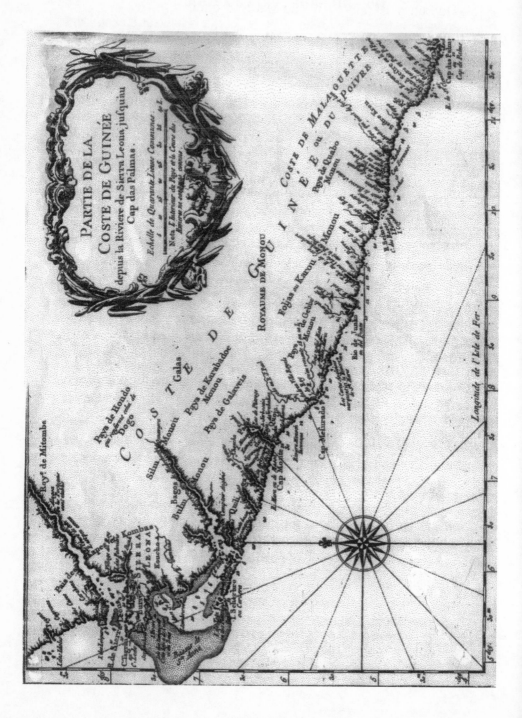

Du Lundy 1er Fev^{er} 1773 au Mardy 2e dudit

A Midy ½ gouvern^t à l'Est toutes voilles dehors, la mer belle le tems moux et couvert, avons apperçu la terre de dessus le pont qui étoit fort embrumée et qui nous restoit au NE que nous avons reconnus peu après pour le Cap de Monte.

Alors arrivé et gouvernant à l'Est ¼ SE et peu après à l'ESE, à 4 heures le plus gros morne de la terre nous restoit au Nord et N ¼ NO distant environ de 5 à 6 lieux. A 8 heures du soir sondé, 42 B/ses vaze mêlez de sable un peu fin. A minuit, 36 brasses, à 2h.,45 et 4h.,50 B. même fond, la hauteur d'aujourdhuy est très douteuse quoy qu'il ne se trouve qu'une minute de diff^{ce} d'avec l'estime qui est de 5 g 57. La route depuis hier m a valus le SE ¼ E 3g Est, ayant fait porter depuis hier au soir peu a peu en dépand^t jusqu'au SE et SE ¼ S.

Chemin estimé sur la d^{te} route..................16 lieux

Longitute arrivée estimée Ouest   11 g 14

laquelle latt^{de} et long^{te} me met avoir doublé le Cap de Mesurade selon le plan de Me Bellin portion 17 dont je me sers.

Il est à remarquer que les poissons qui nous suivoient depuis très longtems nous ont entièrement abandonné depuis le moment que nous avons eu la sonde, il ne nous reste qu'une multitude de requins petits à la vérité que nous détruisons aisément. La configuration de la coste dans cette partie est assez semblable à celle de la coste de Bretagne aux environs de Brest.

Du Mardy 2e au Mercredy 3e du dit

Nous avons eu pandant ces 24 heures un tems moux, variable et orageux avec des remoux de courans paroiss^t courir du Sud au Nord, à 10 heures dans la nuit nous avons sondé par 50 B fond de sable vazar, à 2h, 55 B., à 4h, 50 idem même fond. Gouverné toute voille dehors du SE au SE ¼ E.

A midy observée la latt^{de} Nord de ....5 g 28

Chemin sur la route du SE ¼ S ....2 g 30 Est 10 lieux ^{1/3}

Longitude A. Cgée Ouest ....10 g 53^m

A 7h du matin vu un navire à babord a nous qui nous a mis Pavillon anglois et fesoit la même route que nous, il paroissoit gros et avoit trois mats.

Du Mercredy 3e février au Jeudy 4e fév^{er} 1773

Nous avons eu depuis hier les vents de la partie du NO petit frais avec orages et grains qui nous ont fait amener et hisser les bonnettes et Peroquets a différentes fois selon l'exigence des vens. Nous avons gouverné au SE et SE ¼ E du compas, et sondez dans la nuit a diff^{tes} reprises entretenant 50 Brasses d'eau et peu moins. Au jour nous avons vu le même navire que la veille qui restoit au NE.

A Midy observée la latt^{de} Nord de 4 g 4 qui m a donné trois minutes de Diff^{ce} d'avec l'Estime et m a fait valoir la route Corrigée le SE ¼ E.   Chemin D^{to}.....   17 L $^{1/3}$

            Longitude a. C^{gée} Ouest   10 g 11

Du Jeudy 4e fev^{er} au Vendredy 5e D^{to}

Les vents ont constament reigné depuis hier de la partie du NO. Petit fraix. Nous avons couru toutes voilles dehors le Cap au SE ¼ E et SE ½ Sud et Sondez de deux heures en deux heures pandant la nuit pour entretenir de 50 à 55 brasses qui généralem^t nous a donné un fond de sable vazard melé de roches pourries. A midy, le ciel couvert par des nuages fort noirs, épais et chargés. Nous n'avons point eu de hauteur ; la route estimée depuis hier m a valus le S ....5 g Sud. Chemin   17 lieux $^{2/3}$

            Longitude A. estimée Ouest   9 g 38^m

Au point du jour, parlé au navire que nous avions vu la veille qui est anglois venant de Londres allant à Anamabou et commandé par le S^e Findlay. A 9 h. il a envoyez son canot à bord avec des lettres pour Europe.

Du Vendredy 5e au Samedy 6e D^{to}

Jusqu'à 4 heures le vent a soufflé du OSO Vb^{le} au ONO assez jolis frais mais en passant peu à peu au SO et Sud il a entièrement calmé. Nous avons gouverné du Sud Est à l'Est mais à minuit repris a ESE toutes voilles hors. A midy observé la latt^{de} Nord de 2 g 36 qui me donne 20 m^{tes} Sud de diff^{ce} de la haut^e de l'Estime et me fait valoir la route Cgée le SE ¼ S ....5 g Est.
Chemin 31 L^x Long^{de} A. Cgée ....9 g 14

        A minuit sondé point de fond.

Le Sr Findlay et son chirurgien sont venus diner à bord

Du Samedy 6ᵉ au Dimanche 7ᵉ

Avons gouverné depuis hier midy au NE et NE ¼ E pour venir chercher la terre le vent de la partie du NO Vᵇˡᵉ au nord petit frais à 4 heures du matin avions la terre* qui paroissᵗ du O au NO assez haute et a peu près comme la Cote de Bretagne en France. Vers le Port Louis on voit cepandᵗ quelques têtes de montagnes qui dominent et paroissent être loin dans les terres**.

A midy point de hauteur le tems très chargé et couvert. La route estimée le N E ¼ E. Chemin 20 Lᵉ estimant ...16 g Wᵒⁿ NO .
Longitude arrivée estimée Ouest ....8 g 24
* Vu la terre
** Entretenus la compagnie du nʳᵉ anglais qui marche baucoup mieux que nous mais qui est bien aise de nous accompagner jusqu'au Cap La hou.

Du Dimanche 7ᵉ au Lundi 8ᵉ dudit

Les vents ont été variables du SO au NO . Petit frais jusqu'à 4h du matin qu'ils ont un peu plus affraiché nous avons gouverné au NE ¼ E et ENE* toutes voiles dehors Bonnettes, eu le tems toujours extremement chargé et pluvieux avec orages. A midy observé la lattᵈᵉ Nord de 4 g 14 qui m a fait valoir la route ENE chemin 18 L.
Longitude A Cgée O ....7 – 44
* Même compagnie. Toujours le long de la coste qui ne diffère guère de la même forme et apparence que celle cy dessus je la crois cepandᵗ plus uniforme et égalle dans son ensemble.

C'est très exactement au bout d'une semaine de navigation qu'eurent lieu, aux environs de la Baie de Saint André les premiers pourparlers avec des piroguiers africains connus d'ailleurs pour leur habilité en matière de négoce. La Côte des Dents atteinte, le Cap Lahou sera la première relâche du navire.

Traditionnellement, le commerce reposait ici sur l'ivoire et à moindre échelle l'or. Au XVIIIᵉᵐᵉ siècle, celui des captifs prit une certaine ampleur.

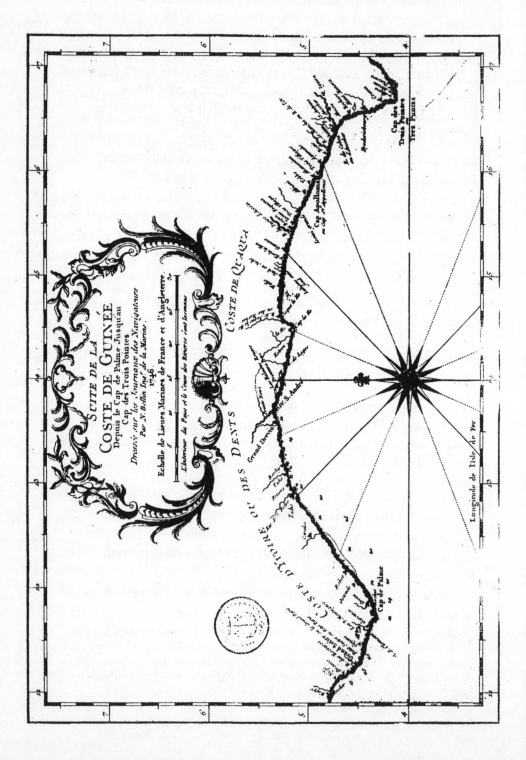

Mais leur fourniture par petits groupes et à des prix élevés supposait un séjour prolongé et un grand nombre de petites tractations pour un achat conséquent, note avec infiniment de raison Josette Fallope[43].L'examen du *Répertoire Mettas* sur lequel elle se fonde montre que le Cap Lahou (ou Laho) était peu fréquenté par les négriers français au XVIII° siècle et plus particulièrement pendant la seconde moitié de ce dernier. Un *Mémoire* des négociants de Nantes en l'an 1777 nous rappelle que les « Français faisaient autrefois un fort grand commerce en nègres, en or et en morphil en ce quartier-là ainsi qu'à Issigny où ils ont eu un établissement. Mais, ajoutait-on, ce sont aujourd'hui les Hollandais qui le font »[44].

Trois ans plus tôt, Crassous le constatait déjà. Le Capitaine Corby, rappelle-t-il fort opportunément, dut s'armer de constance pour résoudre une affaire délicate qui opposa en quelque sorte les deux pavillons, comme on verra. L'incident clos, Crassous en vient à narrer la toute première opération du *Roy Dahomet* avec force détails comme toujours.

Du Lundi 8ᵉ au Mardy 9ᵉ

Les vents ont été extrèmement variables pendant ces 24 heures en prenant du Sud au NNO par l'Ouest et se fixant sur différentes pointes dans leurs changemens, nous avons gouverné à l'Est ¼ N toutes voiles dehors ; à midy de ce jour lundy 8ᵉ nous étions aux environs de la Baye de Sᵗ André⁺ dont la pointe de Bab° me restoit au NE ¼ E. A 5 heures du soir la ditte rivière me restoit au E ¼ NE distance de deux lieux ayant alors 18 brasses fond de sable vazar, à minuit 20 Bsses et a 4h, 18 idem.

Suite du Lundi 8ᵉ au Mardy 9ᵉ

Au point du jour nous avons découvert les falaises rouges⁺⁺ qui nous restoient alors au N ¼ NE. Environs trois lieux, a midy observé la latt^de nord de 4 g 51. La route corrigé me vaut le E ¼ NE

[43] Josette Fallope, « Contribution de Grand Lahou au peuplement afro-caribéen (Guadeloupe – Martinique) » in *De la traite à l'esclavage du XVIII° au XIX° siècle*. Actes du Colloque International sur la traite des noirs. Nantes, 1985. Serge Daget Edit. Centre de Recherches sur l'histoire du Monde Atlantique et Soc. Fr.d'Hist. d'Outre-Mer, 1988, p.13.
[44] Archives Départementales de la Loire Atlantique (ADLA) C 738/54. Mémoire des négociants de Nantes... envoyé à M. de Sartine le 25 Sept. 1777.

estimant un quart et demis de Wariation NO sur laquelle route j'estime que nous avons fait 17 lieux.

+ La rivière de St André est a la Coste des Dents et il paroit y en avoir efectiv^t baucoup (de dents d'éléphans ou morphil) à en juger par celles que nous y avons vues en passant dans différentes pirogues qui nous ont accosté pour en traiter, avec ce que les relations particulières en disent. Nous y avons vu deux navires hollandois a l'un desquels nous avons parlé et qui étoit de Mildebourg et nous a dit qu'il traitoit seulement du morphil et qu'il étoit assez content du commerce, nous n'avons rien traité avec ces gens-là voulant profiter de la brise qui étoit belle et forte.

++ Les falaises rouges sont très bien nommé et peuvent être prises pour une très juste remarque étant seule de cette sorte on les estime à 10 lieux du Cap La hou, c'est d'aillieurs une cote asez égale a celle des jours précédents qui paroit très boisée et surement très fertille mais on n'y voit aucune baye ou enfoncement et l'on mouille en pleine mer 2 à 3 lieux de terre a moins d'être plus pratique ou familier. Dans la nuit nous avons vu aussi du feu en différents endroits sur la cote ce qui passe au rapport des anciens marins pour un apel que font les habitans sur la Cote aux navires qu'ils découvrent pour demander à traiter et marquer par là qu'ils ont des captifs.

Du Mardy 9e au Mercredy 10e d^{to}

Le vent reignant de la partie du SO V^{ble} a OSO et a Ouest petit frais, nous gouvernions à l'Est E ¼ SE et ESE, en nous prêtant aux foibles détours de la terre qui est cepand^t assez régulièrement Est et Ouest toutes voiles et Bonnettes, a 6h du soir estimant avoir fait depuis midy 4 l ½ a 5 lieux nous avons relevé la terre que nous découvrions le plus en avant a nous a l'Est et a l'E ¼ SE, et nous nous sommes entretenus dans la nuit de 18 brasses a 25, fond sable plus gros et moins de vaze, a 3 heures estimant avoir assez cheminé pour être proche du Cap La hou, avons cargué et mis en panne pour attendre le jour.

Suite du Mardy 9e au Mercredy 10^e

A 6 heures du matin, le vent de la partie de l'Ouest nous avons levé la panne et fait servir le Cap au NE pour aler chercher la terre, peu après avons découvert les navires mouillez au Cap La hou* au nombre de cinq, tous hollandois distant environ 1 lieux ½. Mis le cap dessus et sommes venus chercher le mouillage où nous avons laissé tomber l'ancre à 7h ½ par 18 brasses fond de sable fin vazar. Relevé le bouquet d'arbres qui est a babord de la rivière qui passe au Nord du village au N ¼ NO, la Coste prolongeant le plus à l'Est à E ¼ SE et l'opposée à l'Ouest ¼ NO.

* Cap La hou, lieu de traite pour la pacotille, mouillez par 18 brasses de fond de sable fin vazar

Du Mercredy 10ᵉ au Jeudy 11ᵉ fevᵉʳ

Peu après être mouillez au Cap La hou, il est venus à bord le canot d'un des nʳᵉˢ hollandois qui étoit là qui sachant que nous étions de La Rochelle, nous a raporté qu'il avoit à son bord un matelot francois provenant d'un navire de La Rochelle dont il ignoroit le nom et cellui du Capⁿᵉ, ce qui a déterminé le Sʳ Corbie d'y envoyer un de ses officiers parlant hollandois pour connoitre des particularités concernant cet homme, qui a été amenez peu après à notre bord et a raporté qu'il provenoit du nʳᵉ Le Nécessaire Capⁿᵉ le Sʳ Badiau armé au port de Rochefort par le Sʳ Chevalier qui avoit été pour faire sa traite dans la rivière de Gambie mais que les mauvaises affaires avoient fait lui armer et expédier 2 chaloupes avec des marchandises pour traiter 4 captifs chacune, l'une commandée par le Sʳ Peronneau Second Capⁿ du Nécessaire avec deux hommes et l'autre par le Sʳ Corbun lieutenᵗ du dᵗ nʳᵉ avec pareil nombre de monde, que les ordres du rendez-vous étoient à Bassan où le nʳᵉ devoit les rejoindre, que lui dit Pierre Laîné Novice étoit avec le Sʳ Peronneau, qu'ils avoient fait, ainsi que le Sʳ Corbun, leur traite mais qu'arrivée à Bassan ils n'avoient pas eu connoissance de leur navire, qu'ils avoient été à Mesurade au Cap de Monte et retourné à Bassan sans succès, qu'enfin les dits Sr Peronneau et Corbun avoient vendus les deux chaloupes et s'étoient embarqué dans un navire anglais allant à la Dominique mais que vu la maladie dont lui Pierre Laîné étoit attaqué, le Capⁿ anglois avoit refusé de lui donner passage, ce qui l'avoit contraint de se placer sur ce Nʳᵉ hollandais où il étoit dans l'extreme misere et ne gagnoit rien.

Suite du mercredy 10 au Jeudy 11ᵉ fevᵉʳ 1773

A 6 heures du soir étant toujours mouillé au Cap La Hou est venu à bord le Capⁿ du Nʳᵉ Hollandois où étoit embarqué cet homme du Nécessaire nommé Pierre Laîné, armé à Rochefort, lequel vouloit qu'on eut à lui remettre, sinon un autre homme de l'équipage pour le remplacer, mais le Sr Corbie notre Cap^{ne} s'étant fait informer par le dit Cap^{ne} hollandois s'il y avoit quelques formules d'engagement passé avec le dit matelot et s'il lui étoit redevable de quelque argent donné, fourni ou avancé, sur ce que le dit Cap^{ne} lui a répondu n'avoir aucuns engagemens ny rien fournis d'aucune manière quelquonque, le dit Sr Corbie lui a représenté qu'il ne pouvoit relacher pour aucuns prétextes personne de son équipage, qu'au contraire il étoit obligé par les ordres *Du Roy* de reclamer et même prendre tous les sujets de Sa Majesté qui se trouveroient détenus ou abandonnés dans les païs étrangers et qu'à raison de la g^{de} détresse et situation facheuse du dit P^{re} Laîné, il le reservoit à son bord tant comme œuvre de charité, devoir d'humanité, que comme Francois et exacte observance des loix de la justice et de la raison, et ce a quoy le Cap^{ne} hollandois a enfin consentie après quelques débats.

Pendant la nuit le tems a été orageux avec pluye et froid. Au point du jour il est venu plusieurs pirogues pour traiter dans lesquelles il y a toujours quelques nègres qui parlent un peu de françois anglois ou hollandois. On a traité quelque peu de poudre d'or qui devient de plus en plus très rare et on passe en traite :

Deux pièces de mouchoirs à l'once	Traité une dent de morphil
Un baril de 30^l de poudre une once	Six onces Pez^t 72, Scavoir
3000 pierres à fusil une once	2^{pces} mouchoirs 1^{on}
un boucanier et 1000 pierres, une once	2 B^{ls} de poudre 2
Six fusils sans bayonnete une once	3000 pierres à fusils 1
Un boucanier seul, six acqui en or	1 boucanier 1000 P^o 1
	Six fusils sans <u>bynete</u> 1
Les vivres dit'on sont fort cher.	6 ^{onces}

Les pirogues sont mal faites mais très légères sur l'eau. Ce sont des arbres extremement a pointe par le bout d'en avant et creusé de manière a laisser 4 pouce d'epaisseur du font et venant toujours en diminuant d'epaisseur jusqu'au bord supérieur. Leurs pagailles sont [...]* elles portent assez communement 8, 10 et 11 hommes.

Le jeudy 11 février, le navire mettait à la voile pour aller en direction de Chama. Comme il y a fond partout, la marche en sera plus aisée et plus rapide. Le 14, ayant laissé derrière lui le Cap Appolonie, le *Roy Dahomet*

---

* un blanc dans le texte.

est en vue du Cap des Trois Pointes. Il peut dès lors se rapprocher de la terre, guidé en cela par les forts hollandais qui dominent le rivage.

Du Jeudy 11ᵉ au vendredy 12ᵉ fevᵉʳ 1773

A une heure après midy nous avons commencé à virer sur notre ancre et appareillez toutes voilles dehors. A 3 heures les vents de la partie du SO, petit frais, gouvernant au E ¼ SE du compas. A 5 heures ½ relevé les navires de la rade du Cap Lahou a O ¼ NO et ONO distᶜᵉ deux lieus; à 8 heures sondez 15 brasses, alors gouverné à l'ESE pour nous entretenir de 20 à 25 brasses, à 10 heures 17 brasses, à minuit 24 bˢᵉˢ. Repris à ESE ½ Sud. A 2 heures 27 bˢᵉˢ, à 4h, 30 bˢᵉˢ et enfin point de fond à 50 brasses, ce qui nous met à l'abime sans fond, mais les géographes sont mal instruit, il y a fond partout mais à la vérité plus bas et par 70, 80 et même 90 brasses. D'aillieurs il y a mouillage par toute la Cote par 20 et 25 bˢᵉˢ. On est un peu plus proche de terre mais assez loin cepandᵗ pour n'avoir rien à craindre. La terre d'aillieurs est uniforme, plate médiocremᵗ et basse, bien boisée et doit faire un très beau pais. On voit aussi un village nommé Corbie du même nom que notre Capitaine.

A midy quelques nuages nous ont privés de la hauteur.

Lattᵈᵉ arrivée estimée Nord …….5 g 4. Route le Est 3 g 30 Nᵈ par l'estime et par les plans le […]*

Longitude a estimée Ouest ……...4 g 48.

Du Vendredy 12ᵉ au Samedy 13 du dit

Pandᵗ ces 24 heures les vents ont reigné de la partie du SO petit frais. Nous avons gouverné toutes voilles hors de l'Est ¼ SE au SE estimant 15 g de wariation NO et élongant la coste environ 3 lieus de distance qui est assez conforme à celle de la veille, au point du jour après nous être entretenus toute la nuit par 25, 36, 49 bˢᵉˢ à peine la voyons-nous, ce qui nous a fait mettre le cap à l'Est pour l'aller rejoindre. A 8 heures celle que nous pouvions distinguer le plus à l'Est restoit à l'E ¼ SE et l'oposée au N ¼ NO. A midy reconnus le Cap Apolonie et observé la lattᵈᵉ Nord 4 g 45.

La route m a valus le E ¼ SE …...3 g Sud.

---

* un blanc dans le texte.

Chemin 25 lieux ;
Longitude arrivée Corrigée O,…..3 g 49.

Du Samedy 13 au Dimanche 14e février 1773

Les vents ont assez constament reigné du Ouest au ONO, petit frais, pand^t ces 24 heures affraîchant seulement un peu plus dans la nuit de douze à 4 du matin, puis ils calment, à 8h, il est calme tout plat qu'il y a une suspension qui dure quelque fois jusqu'à 10h, ensuite vient la brisse du large qui augmente par degrés et soufle assez communément bon frais vers les deux heures en se rangant plus au NO. Nous avons gouverné de midy a 4 heures toutes voilles dehors bonnettes haut et bas tribord et babord, à l'Est et E ¼ SE du compas, estimant toujours NO 15 g W^{on}, cotoyant à 2$^{l.}$ ½ environs et une terre qui paroist tant soit peu plus basse que celle de la veille, mais non d'une diff^{ce} bien sensible, et ensuite comme depuis ce matin elle est plus montagneuse, plus inégale que vers le Cap Appolonie. Nous avons pand^t la nuit entretenus la sonde de 26, 27, 35 brasses fond de sable noir et vazar, ce qui nous a fait prendre la route plus à l'Est, gouvern^t à l'Est ¼ SE, mais au point du jour nous ne pouvions plus distinguer la terre, alors mis le cap au NNE et   N ¼ NE pour la venir chercher. A 11 heures nous l'avons apperçue au NO et reconnus peu après pour le Cap des Trois Pointes qui nous restoit au NO ¼ N, la terre la plus à l'Est au NE ayant alors le cap au N ¼ NE et Nord, sondez 26 brasses.

A midy point de latt^{de} observée, mais notre latt^{de} estimée est 5 g W assez conforme avec la terre que nous voyons et le plan dont nous nous servons, ainsi que la longitude A. qui est de 3 g 9.

Du Dimanche 14e au Lundy 15e fev^{er}.

A midy le vent étant de la partie du SO, jolis frais et ayant le cap au NNE toutes voilles dehors pour venir reconnoître la terre, nous avons vu un fort que nous avons reconnu être de Badeimstem qui restoit au NNO, il appartient aux Hollandois, alors mis le Cap au NE et découvert ensuite un autre nommé Seconda qui est très bien placé étant sur un petit mornet très régulier qu'on diroit être un islet étant éloigné d'une certaine distance mais qui est seulement au bord de la mer, il avoit pavillon hollandois.

4 – L'escale à Chama

Ayant doublé, comme on a vu, le Cap des Trois Pointes, le 14 février, le *Roy Dahomet* va se présenter dans le milieu du jour devant la rade de Chama où il fera une escale technique dont on saisira sans peine l'importance pour la suite de l'expédition. De fait, tout autant que celle des piroguiers africains, la coopération des autorités hollandaises de l'endroit ne fera pas défaut au Capitaine Corby qui descend à terre le 15 février, avec plusieurs officiers pour y rencontrer le gouverneur du fort.

Pour sa part Crassous qui n'est jamais avare de commentaires suivra pour l'heure tractations et opérations depuis le pont du navire :

Suite du Dimanche 14ᵉ au Lundy 15ᵉ fev.

Et peu après a paru un autre fort très proche de Seconda qui semble être un peu plus en terre mais pas éloigné de ce dernier d'une portée d'un canon de 4 livres de balle ; il portoit pavillon anglois, nous les avons accosté et rangés à 3 quarts de lieux à une lieue de distance. La cote est saine et on peut entretenir 18 à 20 brasses, à 3 heures avons découvert un nʳᵉ mouillé dans la rade de Sama ou Chama sur lequel nous avons fait porter, à 4h ½ découvert le fort et à 5 heures mouillé au dit lieu par 9 brasses, fond de vaze un peu molle, on dit même que la tenue n'y est pas trop bonne. Salué après être mouillé le fort ou la terre de 7 coups de canons qui nous ont été rendus coup pour coup. Relevé le Fort de Chama au NO ¼ N, l'entrée de la rivière qui est très remarquable au NNO, le Fort de Seconda SO ¼ O, la Pointe de Cominge à l'E ¼ NE, le récif au NO.

Dès que nous avons été mouillé avons mis chaloupe et canot à la mer et parez le navire. Il a fait très beau dans la nuit. Le nʳᵉ mouillé dans cette rade est hollandois et en traite par un accord ou Police particulière avec le Fort qui s'oblige de lui fournir sa carguaison sous tant de jours de planches.

Au point du jour du lundy matin, la chaloupe est allez à terre à l'entrée de la rivière pour faire de l'eau avec 9 à 10 tiersons et 2 pièces de barres et l'on a équipé le canot pour porter le Capⁿ à terre où il a descendu vers les 7h.

J'estime que nous avons fait 9 lieux depuis midy jusqu'au moment que nous avons mouillé sur la route du NE du compas et que Chama est par la latt^{de} Nord de (sans) g et (sans) g minutes de longitude Ouest.

Il est venus à bord plusieurs pirogues de terre pour vendre du poissons, elles sont joliment contournées et baucoup plus élégantes et plus fortes que celles du Cap La Hou ou rivière de St André. Il y a ordinairement 3 hommes dans chaque dont un enfan un jeune homme et un homme, qui paroissent tous forts et bien constitués, ils sont bons pêcheurs et on leur voit assez joliment de poisson quoy qu'elles soient en grand nombre.

Suite du Dimanche 14e au Lundy 15e fev^{er} 1773

Voilà une idée de la figure de ces pirogues, elles sont de bois de mapou et assez conforme a la représentation cy-contre, elles vont rarem^t à la voile on en voit pourtant quelques unes, mais alors c'est une chose hardie de leur part, car ceux cy ressemblent assez à tous les nègres, c'est à dire sont laches, peureux, voleurs et par concéquent poltrons, quoy qu'on en dise quelque chose de plus favorable, les faisant plus laborieux et plus entrepren^{ts} que les autres, mais de bonne foi on ne peut en juger sur l'apparence, elle diffère trop peu.

Du Lundy15^e au Mardy 16e du dit

Cet après-midi a été très beau, la brisse a été du OSO le tems sec. Notre canot a rapporté sur le soir tous nos messieurs et notre chaloupe 9 tiercons pleins ce qui compose à peu près un voyage.

On donne une bouteille d'eau de vie par voyage au nègres qui vont dans la rivière pour faire de l'eau, et deux s'ils font deux voy^{es} le même jour, ce qui est fort rare.

Le bois se paye 4 acqui la corde qui a 5 pieds de long sur 5 pieds de haut et les morceaux de bois qui sont du mangle ont assez commun^t 1 pied a 2 pieds de long et l'on vous en volle le plus possible, aussi faut-il y voir par soi-même et y avoir un officier, encore ils ont des subtilités innattendues dont il faut se défier.

Du mardy 16ᵉ au Mercredy 17ᵉ

Après midy de même que la veille la chaloupe est revenue à bord avec du bois et de l'eau.
On a arresté de prix et de condition a terre pour une pirogue et 17 canotiers indispensable besoin dans ces voyages pour franchir la barre qui est tout le long de la cote où nous devons aller faire notre traitte, nos chaloupes et canots ne pouvant absolument pas le faire, ce qui peine grandement et coute baucoup, on préfère assez communément ces piroguiers cy, ils ont la réputation d'être meilleurs, plus hardis et plus courageux ; on fait avec eux les conditions suivantes … . Scavoir.

Nous reproduisons ci-après la page du *Journal* que Crassous a rédigée à cet effet. Il s'agit d'un état estimatif. Le coût de l'opération s'élevait à 63,7 onces, compte tenu de la rémunération des piroguiers, de la location des pirogues, des coutumes indispensables en la matière. S'y ajoutait l'acquisition d'articles comme le bois pour l'aménagement des parcs de captifs dans l'entrepont ou des vivres, ici le maïs pour l'alimentation de ces derniers. En contrepartie, des marchandises devaient être livrées aux autorités du fort hollandais et aux piroguiers, pour un total de 65,4 onces.

En note, les précisions suivantes nous étaient marquées :

On a pris deux pirogues par précaution attendu que celle convenable pour le service étoit vieille et fendue et faute d'autres la seconde étoit plus faible il est vray mais pouvoit suppléer dans un besoin et on a en outre la précaution de les cintrer avec 4 à 5 cercles de fer et autant de bandes qui se crochent en dedans et traversent la pirogue par les hauts en dedans pour empêcher qu'elles ne s'ouvre.
Ces pirogues ont environ 33 à 36 pieds de long, 3 à 3 ½ de large en haut, 4 en bas à leur plus fort. Du reste ne diffèrent guère de celles de pêche. Vont à la voille.

Du Mardy 16 au Mercredy 17.

do Chama. Conditions pour la pirogue &a

deux Pirogues a huit mens chaque 16
deux Saboras a .... 3. y. 6   52. —
quinze Ranokara a 2. 1. 30,

Prix et Payés et les articles s[t]
Conthones pour de l'eau 1,
f[t] le Maitre de port Negre .... — . 12
Charpentier Negre .... — . 12
Grampia 300 .... — . 10   11. 7
taytes de Pirogues 9 .... 2. s
Vingt Cordes de Bois a s[t] s[u] .... 5. —
deux Mille fris de Mahipa a 6 l[t] 1/2 .... — . 12
un forgeron .... — . s

Payable en ce qui Suit. Sravoir.   63

40 Pieces Mauchoir chaillet .... 15. —
12 .... f[t] Guinée 6,
14 .... f[t] Cayulapeaux 7,
14 .... f[t] Mouchoirpeaux 7,
30 .... fufils a un bayonnette 9,   654
12 .... Barrecs d'eau-de-vie 9,
6 Bariles fondre de .... 30 l[t] .... s.
10 idem d[o] .... de .... 15 .... s,
2 Pieces d'arabas .... — . 8,
2 idem Ginga sour le qui con .... — . 1. —
l'Ancre d'eau de viop la g[t] de la Pirogue .... — . 12,

Suite du Mercredy 17ᵉ fév 1773. Remarques

On a coutume d'agir un peu politiquement dans la conduite qu'on tient avec ces nègres canotiers et patrons, vu le besoin indispensable qu'on en a car il est à observer que toute la carguaison du nʳᵉ leur passe par les mains et qu'ils peuvent vous faire soufrir de grande pertes auxquelles on ne peut remédier étant meme a l'abri du moindre reproche, leur étant très facile de faire remplir leurs pirogues a volonté et même de faire gribou sur la barre s'ils avoient absolument resolus la perte d'un Capⁿ qui les auroit molesté, battus ou frappé, on a des exemples de toutes ces choses, d'ailleurs ils ne dépendent que d'eux mêmes, on en a vu qui pour de légers mécontentements ont abandonné le nʳᵉ au milieu de sa traite et se sont retiré amenant avec eux la pirogue : qu'on juge de l'embaras de ceux a qui cela est arrivé. Nous avons actuellement quelques capitaines qui exigent qu'un des canotiers reste continuellement à bord de leur nʳᵉ pour les empêcher par ce moyen de partir à l'improviste, espérant qu'ils ne laisseront pas là leur camarade, cecy peut avoir son avantage mais ne leur ote pas le moyen de faire baucoup de mal, aussi prudemᵗ a-t-on des égards pour eux comme de leur faire des avances dans le cours de la traite pour les mettre à même de faire quelque négoce qu'ils entendent fort bien, pour des paignes [pagnes] et tapis qu'ils portent chez eux, ce qui se déduit sur le payement total ; quand la traite est finie et le Capitaine de retour à bord de son navire, on munit leur pirogue de quelques barils ou ancre vide pour mettre de l'eau, on leur donne aussi assez communément une ancre d'eau de vie, pour se retirer, en outre et ce qui est de droit on leur donne un grapin, un cabelot, et un mat quelques amarages et on les met par ce moyen a même de se rendre chez eux, il ont assez la coutume d'aller à Popo faire leurs vivres.

Enfin il est à remarquer d'avoir de la complaisance pour eux et quelques petites amorces à propos leur mettent le cœur au vent, comme un bonet ou chapeau aux deux patrons, une paigne [pagne], de menus marchandises, un coup à boire d'eau-de-vie quand les patrons viennent le soir au comptoir faire leur rapport au Capitaine pour savoir ce que l'on aura à faire le lendemain, surtout chose essentielle à remarquer, de bien exactement leur donner ce qu'on leur promet, mieux ne rien offrir que de refuser ensuite et leur faire tous les dimanches leur payemᵗ très exact.

C'est le mercredi 17 février que Crassous pourra à son tour descendre du *Roy Dahomet* pour se rendre au fort hollandais de Chama et visiter les villages africains circonvoisins. De ce premier séjour à terre il n'aura gardé qu'un souvenir mitigé. Tout au long des pages qu'il a consacrées à un compte-rendu particulièrement édifiant de sa visite des lieux, l'ironie mordante le dispute à l'indignation d'une part et de l'autre, la compassion à la condescendance.

Aux descriptions parfois hautes en couleur de scènes prises sur le vif à l'intérieur du fort s'ajoutent des considérations sur les mœurs des autochtones qu'il a côtoyés. Du fort lui-même, il nous a laissé, outre une description, un croquis d'une étonnante fidélité — croquis que nous reproduisons plus loin.

Néanmoins, il est à souligner que la date de 1670 qu'il avance n'est en aucun cas celle de la première construction par les Portugais du fort de São Sebastião, laquelle fut entreprise entre 1558 et 1564 par ces derniers. Après un intense bombardement, il fut conquis en 1637 par les Hollandais qui s'employèrent alors à le reconstruire[45].

Du Mercredy 17 au Jeudy 18ᵉ fevᵉ 1773

Le tems très beau et la mer douce, la chaloupe est allez faire de l'eau et du bois, tandis que l'on travaille à terre après la pirogue qui doit nous accompagner.
J'ay aujourd'huy descendus à terre (en habit) car sans cella on n'a point droit d'entrée en lisse dans le fort et l'on n y seroit point admis a la table du gouverneur (quelle pitié ! Orgueil, orgueil, tu reignes partout). L'abord de terre est assez dificille pour peu que la mer soit grosse parce qu'il faut passer une espece de Barre. Cepandᵗ avec une légère embarquation on en vient assez facillement a bout dans les tems médiocremᵗ beaux et pour cella on oppère ainsi du mouillage ordinaire ou sont les navires, on gouverne sur le fort en le laissant fort peu sur babord jusqu'à paroitre en etre éloigné d'une bonne portée de mousquet qu'on voit alors une pointe de roches qui lui font face sur laquelle la mer brisse (brise) et dont grand nombre de têtes sont hors de l'eau. On voit aussi alors un peu plus loin en avent ou un peu sur tribord de l'embarquation la lame de cette soit

⁴⁵ Gigi Pezzoli et Danila Brena, *Forti e Castelli di tratta*... Centro Studi Archeologia Africana, Milan, 1990, p.32.

disante barre creuser et se déployer. Sans avoir rien à craindre on laisse courir a venir prendre les premières lames en laissant a babord portée de pistolet les roches dont nous avons parlé jusqu'à ce que on appercoive aussi sur babord une assez large ouverture qui se présente entre elles et offre a une petite distance un espèce de petit bassin ou d'abri ou la mer est assez tranquille. Pour lors on fait donner un coup de rame de force et l'on franchit effectivement une petite barre en venant tout à coup sur babord et rang¹ les rochers qui s'y trouvent tandis que l'autre portion reste a tribord, on mouille alors dans cet espece de bassin ou des pirogues de terre viennent vous prendre et vous débarquent, tandis que le canot est toujours amaré a flot. La raison de ce nouveau transport vient de ce que c'est sur un grand platin ou on débarque et qu'il faudroit se mettre à l'eau pour le faire, d'aillieurs assez communement la mer roulle sur le sable et endommageroit les canots..../....

Suite du Mercredy 17ᵉ au Jeudy 18ᵉ fév. 1773

En debarquant , on trouve une espece de grand village divissé en deux parties par un fort éloigné du bord de la mer de 30 toisses environ qui appartient aux Hollandois et qui fut bati l'an 1670 par les Portuguais auxquels ceux cy l'ont usurpés ou acquis par je ne sais quel traité en XXX.

Toute la partie du village située à l'Ouest du fort n'est occupée que par les nègres, canotiers, piroguiers ou pêcheurs, tandis que l'autre qui est située au NE du même fort n'est habitée que par ceux qui cultivent la terre ou employent d'autres ressources que celle de la navigation. Il reigne depuis longtems entre ce peuple qui vraiment en fait deux une haine dificile à détruire, fruit de l'Ignorance et de la Vanité. Prétendant etre plus estimable, plus vaillans et plus brave l'un que l'autre de manière que dans leur frénésie ils ont la cruauté et la folie de se déclarer la guerre, d'en venir aux mains et de s'entretuer. Une pareille extravagance s'étoit passée la semaine avant notre arrivée, les laboureur avoient eu l'avantage sur les piroguiers, ceux cy ayant eu 6 hommes de tué et repoussé, et leurs adversaires n'en ayant perdus que deux, mais le fort ayant tiré sur les uns et les autres avoit obligé les vainqueurs de se retirer a leur tour. Les Hollandois ne paroissent pas éloignez d'entretenir ces petites guerres civiles qui leur font vendre baucoup de poudre, d'eau de vie, fusils et autres marchandises en outre des coups de canons que le fort tire dans de pareilles occasions toujours en doublant le prix du premier qui est fixé à tant. Qu'il est surprenant de voir des hommes vendre leurs libertés, leurs vies, leurs concitoyens aussi étourdiment que font tous ces malheureux Noirs. Passions, Passions, Ignorance ! que de mal vous faites au genre humain.

Qu'il nous soit permis d'ouvrir ici une parenthèse pour souligner combien, à peine débarqué, Crassous semble reprendre l'un des plus anciens poncifs sur le mode de production des captifs africains. On le retrouve par exemple sous la plume du bachelier Martin Fernández de Enciso qui affirmait en son temps, s'agissant de la Côte de Guinée « qu'en cette terre les hommes capturent leurs propres frères et les vendent. Les parents vendent également leurs enfants à ceux qui veulent les acheter et les échangent sur les navires contre des draps de couleur, des manilles de cuivre et d'autres objets encore »[46]. Il y a là une constance. Au reste, dans un ouvrage qui fait autorité, Elikia M' Bokolo a montré qu'il n'était pas moins de dix-sept façons de devenir esclave dans les sociétés africaines jusqu'au milieu du XIXème siècle suivant des règles établies[47].

Mais ces dispositions spécifiques qui généraient un esclavage *sui generis* auraient-elles suffi à satisfaire le marché extérieur ? Le système ne sera-t-il pas parfaitement subverti par endroits et les mécanismes dévoyés par l'appât du gain ? De fait, l'affrontement de villages rivaux auquel Crassous fait référence ou même les guerres bonnes pourvoyeuses par définition de prisonniers susceptibles d'alimenter la traite transatlantique ont été bel et bien relayés par des « raids organisés par des équipes officielles ou privées bien entraînées contre des villages peu ou mal défendus, contre des individus en petits groupes ou isolés ». Autant dire que « le commerce esclavagiste crée à son tour une offre d'esclaves à l'intention des sociétés africaines voisines des zones de capture »[48]. En somme, l'offre africaine latente a été avilie et décuplée par l'insatiable

---

[46] *Suma de Geographia, op.cit.*, p.189.
[47] *Afrique noire, Histoire et Civilisations*, jusqu'au XVIII° siècle, Hatier-AUPELF-UREF, Paris, 1995, t.1, p.111.
[48] François Renault et Serge Daget, *Les traites négrières en Afrique, Paris, Karthala, 1985, p.104* et Claude Meillassoux, *Anthropologie de l'esclavage*, PUF, Paris 1986, p.235.

demande européenne. Bref, ici et là des états négriers ont vu le jour, on ne l'ignore pas.

Crassous qui est franc-maçon aura donc beau jeu de blâmer le comportement inconséquent à ses yeux des Africains ou de vilipender ce qui relève à son sens de l'ignominie. Mais, il ne renoncera pas pour autant à son statut de négrier. Nous retrouvons ici l'un des paradoxes du Siècle des Lumières européennes où le culte de la Raison et son corollaire, l'omniprésente sensiblerie, ne conduisaient pas nécessairement en tout lieu à la philanthropie ! Est à l'œuvre l'un des effets marquants de l'ethnocentrisme : la responsabilité en matière de commerce négrier ne se partage pas, elle échoit au seul vendeur-producteur. Elle est soi-disant inhérente à la barbarie de l'Autre. Pour clore ce propos, faisons nôtre la conclusion de João Rocha Pinto :

> "Convenons que, malgré sa bonne volonté en quelques cas, l'Européen manifesta une immense et indépassable incapacité pour maîtriser intellectuellement le phénomène matérialisé par les cultures archaïques ou primitives (ou froides, comme le dirait Lévi-Strauss)"[49].

La suite du récit de Crassous consacrée à la vie matérielle et spirituelle des gens du village qui se trouvait tout contre le fort de Chama est parfaitement révélatrice à cet égard, encore qu'on n'y retrouve pas l'expression des préjugés racistes de l'époque fondés sur des prétentions pseudo-scientifiques et qu'il avait repris à son compte deux jours plus tôt. Qu'on en juge :

Je n'ay d'ailleurs rien vu de vraiment curieux. C'est un tas de maisons mal propres, mal baties, irrégulières et resemblant dans leur ensemble a un espece de labirinthe. Le tout peut bien contenir 500 personnes dont grand nombre de femmes et enfans, fort peu de viellards.

Ils sont idolatres et n'ont de vray aucune adoration réelle, mais seulement certaines coutumes religieuses plus d'immitation machinale que de connoissance judicieuse ou d'établissement polityque qu'ils suivent avec plus ou moins d'exactitude, les uns adoptent une chose, d'autre une autre telle que une tête de cabrit, tel

---

[49] "Impressions d'Afrique", in *Lisbonne hors les murs 1415-1580. L'invention du monde par les navigateurs portugais*, dirigé par Michel Chandeigne, Editions Autrement – Séries Mémoires, n°1, Paris, 1990, p.137.

poisson, tel animal ou tel oiseaux. Alors qu'ils ont adopté ces sortes de divinités tutélaires pour je ne scai quoy faire ou en esperer, ils n'en mangent plus de la chair et en ramassent les os qu'ils déposent devant leur maisons ou aux environs et vont tous les jours leurs offrir quelque chose à manger, particulièrement des œufs qu'ils mettent dans le lieu préposé en disant quelques mots et puis se retirent ayant soin de bien baillier (balayer) la place aux environs, de laisser de l'eau dans une couverture de pot faite presque uniquement pour cella. Il y en a qui y font un petit toit de figure conique au dessus comme pour la garentir de la pluye, en certains jours des fêtes plus particulières qui sont déterminées par la récolte des grains, le tems des pluyes ou ils offrent pour holocoste à ce qu'ils appelent leurs fétiches des bouges qui est un grand présent, des poules cuites, d'autres crues et font des libations dessus le tout avec de l'eau de vie et en versant d'abord avec la bouteille ou le flacon, mais assez commun^t ils finissent par en mettre dans leur bouche et l'envoyent comme une rosée sur la fétiche. Ce culte-là paroit ridicule à bien du monde mais un peu plus sérieusement examiné en soi on voit qu'il est l'effet d'un sentiment innée dans le cœur de tous les hommes pour reconnoitre une Divinité suprême, l'adorer et la reveler (réverer) mais leurs idées trop foibles ne leurs permettent pas d'élever leurs esprits jusqu'au G^d Etre. Ils respectent baucoup mutuellement leur fétiche et sont très peureux et superstitieux, aussi croyent-ils bien que s'ils dérangoient tant soit peu la fétiche d'un autre, il leur arrivera du mal dans peu. Ils ont aussi des espèces d'hommes fétiches ou vieux druides qui se mellent quelque fois de prophétiser. On les craint baucoup car assez communém^t ils connoissent des secrets et des plantes avec lesquels pour établir leur crédit ils font baucoup de mal. La mort d'un ennemi n'est pas un grand crime, aussi que de seleratesse, d'enlèvement, de ventes, que de malheureuses victimes, si un homme meurt on enterre avec lui toutes ces fétiches et on fait baucoup de bruit, de cris, de pleurs, de gongons. Il faut voir tout cela.

A mon arrivée je fus introduis dans le fort par un Caporal ou Sergent qui me parut être francois, la garde d'entrée me parut être composée de deux hommes mulatres d'une assez maigre encolure y joint deux petits mulatres d'environ 12 à 14 ans qui en uniforme bleu avec parement rouge, un grand fusil et un baucoup plus grand chapeaux offroient sous une figure sévère et guerrière quelque chose de bien risible. Le second Com^{dant} à qui je fus présenté me parut aussi carteron et j'ay sus depuis qu'il étoit né à la Cote, il nous a fort bien recu d'ailleurs. Le Comm^t en chef étoit pour lors absent et à la Mine chef lieu des Hollandois sur la Cote de Guinée pour les interest de la Compagnie où avoient été rassemblés les Comd^{ts} de plusieurs forts pour quelque réforme et avis particuliers. En me promenant dans le fort, j'apercus sur une porte cette marque gravée sur une plaque de cuivre W.I.C.1670[*], il avoit été dédié à St Sébastien par les Portugais et les Hollandois lui ont conservé le même nom.

C'est une forteresse antique d'une régularité gothique, assez compliquez et fort bien entendue pour un pays comme cellui cy où il faut réunir plusieurs forces dans un petit espace ; elle est batie d'une espece de moilon qui est voisin avec de la terre du pays qui fait un mortier très dur et il se calcine et vient dur comme la pierre avec une couche de chaux qui lui donne de l'aspect de loin et feroit croire que c'est de la pierre de taille, mais l'illusion se disipe en y entrant.

On nous y servit un diner à la hollandoise et à même de faire connoitre qu'avec de l'adresse on peut se procurer des aisances et joliment garnir une table, il y a toujours baucoup de poissons car par un règlement avec les Nègres, tous sont obligez d'apporter au Fort la dicième partie de leurs produits, récoltes et pêches. Aussi à midy que la Brise afraîche du large qui est ici le OSO toutes les pirogues de pêche retournent à terre, le Caporal resoit la taxe et on partage le tout par la moitié dont partie pour le gouverneur et l'autre pour la garnison. Il est risible de voir avec quelle dureté et de quelle manière 6 à 7 hommes bons que douteux (sic) traitent tous ces nègres et les mènent la houssine à la main.

Sur le soir je fus faire un tour dans le village qui nous mena peu à peu à une forge assez curieuse et que j'ay été bien aise de voir. Dans une petite casse [case] séparée des autres et fort basse étoit deux forgerons à l'ouvrage qui battoient le fer après l'avoir fait rougir à une forge d'un nouveau gout et servoient d'une espèce d'enclume qui paroissoit venue d'Europe.../...

---

[*] W.I.C. : la West Indishe Companie avait été créée en 1621. Elle avait le monopole de la traite hollandaise.

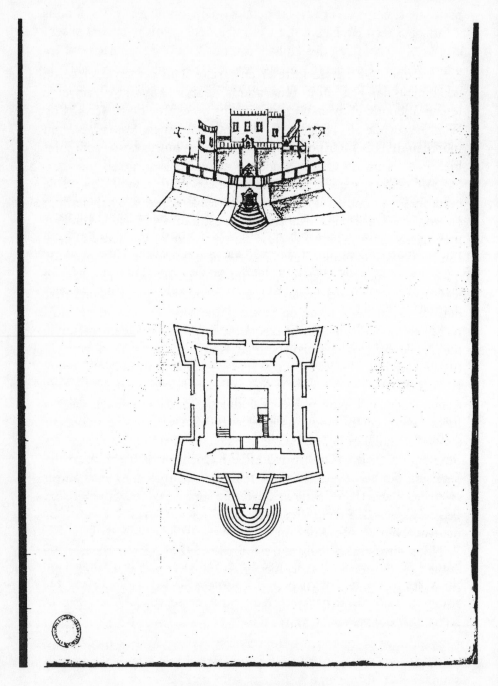

DESSIN : FORTERESSE

Suite du 18e fév^{er}

La forge était ras de terre et en arrière d'un petit mur elevé de deux pieds au plus étoit deux autres nègres l'un contre l'autre se tenant à jenoux et ayant à chaque mains un espèce de caillecadet de la grosseur de 6 pouces de diamètre auxquels est adapté un morceau de bois pour poignée, tandis que les autres bouts sont joint bien juste à un tuyau qui conduit à cellui de la forge. Il y a dans chacun de ces caillecadets deux clapets pour retenir l'air et le comprimer à contre l'un de l'autre de manière que la machine mise en train en tems opposé l'un à l'autre c'est à dire que quand l'un lève une mains pour aspirer de l'air nouveau en même tems il peze l'autre pour comprimer l'air nouvellement introduit au moyen de quoy l'expérience et l'adresse des maneuvres est assez régulière et fort vive et de cette manière il se fait quatre compressions d'air dans le tuyau de la forge en moins d'une seconde, ce qui fait qu'il n'y a pas un moment perdu et que la forge est grandement servie mais cella est très fatiguant pour les soufleurs et ils n'y pourroient resister longtems ; cepand^t c'est ingénieusement imaginé et j'ignore si c'est là leur invention ou quelque Européens qui leur en aura donné l'idée. Il y avoit plusieurs femmes et enfans répendus dans la même case, plutôt pour dissiper leur oisiveté naturelle que pour servir la moindre chose si ce n'est pour chanter et mettre les ouvriers en train, ce qui forme effectivement un concert bizarre et amusant, ajouter à tout cella une mine de cyclopes dans leurs antres et peints dans toute la force du terme aux deux yeux près qu'ont ceux cy avec des dents très blanches – et une mauv^{se} Paigne [un mauvais pagne] autour des reins.

Nous vimes aussi dans notre tournée les Pirogues pêcheuses qui étoient rangez au bord de la mer en avent de la partie du village qui est à l'Ouest du fort. Elles sont très bien entretenues et ils ont la coutume après être de retour de la pêche de les mettre à sec à 30 pieds environs hors du bord et de les suspendre sur quatre pieux fixés en terre et joints par deux traverses et ellevés de 1 pieds ½ à 2 pieds de terre. Ce coup d'œil a quelque chose d'agréable dans sa simplicité et forme une variation amusante, à cause des diverses couleurs et de la régularité.

5 – De Chama à Juda

Crassous qui était descendu à terre le jeudi 18 février au matin semble n'être revenu à bord du *Roy Dahomet* que le samedi au milieu du jour. La veille, il avait pu assister au tout premier achat d'un captif par le second capitaine comme il le note dans le *Journal de bord*. Nous en savons plus grâce au *Journal de traite* où, à la date du 20 février, on peut lire les mentions suivantes :

Traitte à bord p^r Mr Belleville

Un nègre Etampé sur le sein droit

1 Ancre d'eau de vie		1 once
4 Pièces Mouchoirs cholet		2 "
5 Pièces de Néganepeaux		2 ½ "
1 Pièce de Guinée	0,8}	1 "
2 Pièces Anabas	0,8}	
4 Barres de fer		1 "
1 Baril poudre de 30 livres		1 "
4 Fusils		½

9 onces

Nous avons là tout à la fois une première indication du coût d'un captif — ici un homme — et plus encore un échantillon des marchandises de troc nécessaires à son acquisition.

Toujours en date du 20 février sont indiquées de façon exhaustive dans ce même *Journal de traite* les opérations comptables réalisées à Chama. Ainsi, s'agissant en l'occurrence de l'enrôlement des piroguiers et de la location de deux de leurs embarcations, certains détails de la tractation y figurent qui n'apparaissent pas dans la note du 17 février du *Journal de bord*, sous le titre « conditions pour la pirogue », comme on l'a vu. De surcroît, les coûts estimés sont inférieurs aux débours. Il vaut donc de reproduire l'état qu'on y trouve :

Chama 20 février 1773

Payé au fort hollandais ce qui suit

40 pièces mouchoir cholet passé à 6$^\omega$	20 onces
12 pièces de garas bleu	6
14 bajutapéaux	7
14 néganepeaux	7
36 fusils	9
12 ancres d'eau de vie passés à 12$^\omega$	12
5 barils poudre de 30^l}	10
10 Idem de 15^l}	
2 pièces anabas	0, 8
1 Idem de guinga	0, 4

Le tout pour scavoir	71^{on} 12

2 pirogues à 8 onces pièces	16	
Avancé à 2 Patrons 3 onces chaque cy	6	
Idem à 15 piroguiers 2 onces	30	
Coutume pour l'eau	1	
Maître de port	0,	12
Au charpentier pour les courbes	0,	12
10 voyages de pirogue dans la rivière	2,	10
20 cordes de bois à 4$^\omega$ la corde	5	
2 milles épis de mahis à 6$^\omega$	0,	12
500 crampes pour la pirogue	0,	10
Façon de 4 crochet pour pirogue		4

	63^{on},	12

D$^{to.}$

Payez aux ci-après ce qui suit
aux piroguiers pour fétiche suiv^t l'usage

1 ancre d'eau de vie	1	
1 D$^{to.}$ pour les soldats du fort	1	
2 pièces de gingua aux garçons	1	
1 barre de fer pour crochets de la pirogue	0,	4
	3^{on},	4

L'équipage assisté de piroguiers africains, le navire va maintenant par étapes successives — la Mine, le Cap Coast, Anamabou, Appum, Waniba, Akra, Petit-Popo — faire voile vers Juda où auront lieu les opérations de traite :

Du Samedy 20 après midy au Dimanche 21^e

Ayant employez les deux jours précédents à faire de l'eau et du bois et en ayant une sufisante quantité pour les opérations on a équipé et expédié la chaloupe avec le second Cap^{ne} et quelque marchandises pour nous devancer et aller nous attendre au Fort de la Mine qui est le chef lieu des Hollandois sur ces Cotes et où demeure le général.

A 3 heures ½ après midy le canot est retourné de terre avec ordre de se tenir prêt à partir, que tout étoit finis à terre, aussitôt l'avons embarqué et peu après avons vu les deux pirogues de traite qui s'en venaient aussi avec le Cap^{ne} ; en avons mis une sur nos potences tandis que l'autre reste constament à la traine ou remorque avec un certains nombre de Noirs dedans qui sont pour l'ordinaire les inférieurs, car ils ont la manie dans le nombre de 17 qui forme tout l'équipage de se distinguer sous les noms de Cap^{ne} ou G^d Patron, deuxième Patron, Premier Lieut^t, second Lieuten^t, Major et Petit Patron, en cella ils nous copient et se piquent de distinction en même raison. Ces sortes de pirogues sont entierement construite de même que celles pour la pêche si non quelles ont de 30 à 35 pieds de longeur.

* on a hier traitté le Premier captif pour 9^{onces} cy un.

Laus Deo

Du Dimanche 21e au lundi 22e fev^{er} 1773

A 5 heures du matin le vent de la partie du NNO petit frais, nous avons appareillé de dedans le fort de St Sébastien de Chama et fait route le cap à l'Est du compas toutes voiles dehors, cepand^t comme le courant s'est trouvé remonter et que le vent a entièrement calmé, nous avons été portez à Ouest, mais à 11h ½ la Brisse ayant affraîché du O et OSO nous avons gouverné à E ¼ SE et ESE. Nous entreteniont à 1 lieux ou 1 ½ de la Coste. A midy le Fort de Cominge me restoit à l'E ¼ NE.

Du Dimanche 21e au Lundy 22e fév^{er} à midy

A deux heures nous avions entièrement doublé les dit fort de Cominges : ces deux forts sont très voisins à porté d'un bon boucanier, l'un appartient aux Anglois l'autre aux Hollandois, ils figurent de même, ce sont deux parallélogrames rectangles flanqué de quatre bastions élevée de 35 pieds à 40 jusqu'au parapet et peuvent avoir deux cent pieds de longeur dans toutes leurs faces.

Suite du Dimanche 21e au Lundy 22e fév^{er}

A quatre heures étant par le travers des navires mouillez en la rade de la Mine dont le fort ou citadelle me restoit à l'E ¼ NE notre chaloupe qui nous avoit devancée et avec laquelle nous avions des signaux de reconnoisance nous est venue joindre et nous ayant fait connoitre qu'il y avoit espoir de commercer avec un Portugais nouvellement arrivée, nous avons laissez tomber l'ancre et mouillez par 9 brasses fond de vaze molle, alors relevé le Cap Corse à l'E ¼ NE, le fort de la Mine au NO ¼ N, la pointe de Sama Ouest ½ Nord, j'estime qu'il y a entre Sama et le Fort de la Mine de 6 lieux à 9 lieux, avons passé la nuit dans cette rade et jusqu'au midy du lundy 22.

Du lundy 22e au Mardy 23e Aoust (Sic) 1773

Nous avons fait un peu de commerce dans ce lieu de la Mine avec un Portugais duquel nous avons tirez une cinquantaine de Rolles de tabac, pour du vin, quelque soiries et Bretagnes aussi quelques cadres en mignature et au pastel. Passé 10. Scavoir :

La Barique de vin de Bordeaux P^{ce}…....……   "
Idem Ditto de Saintonge………………….....   "
Bretagnes……………………………………   "
Portraits……………………………………....   "
Soieries. La P^{ce} , Scavoir. Acquitaines – satin noir …... "
Velours noir et cramoisy la P^{ce}……….....……   "

Comme il n'est pas permis aux Portugais de faire aucun com^{ce} avec les étrangers dans ce lieu nous avons laissé la chaloupe sous le prétexte apparent de prendre le payement d'une ou deux bariques de vin pour lequel article seulement il avoit obtenus de traiter avec nous. Il est inouis de voir les vezations qu'exercent les Hollandois envers les Portugais ; ceux cy avent de passer plus bas que la Rivière de Wolta sont obligé de payer le dixième effectif de leur carguaison sous peine d'être areté et confisqué, tandis qu'au Brésil avant leur départ on leur fait faire serment qu'ils ne toucheront pas à la Mine et encore moins qu'ils payeront rien aux Hollandois. L'appat du gain l'emporte et le papier m'arrête.

Nous avons heureusement un peu plus de précisions concernant ces échanges illicites entre le navire portugais et le *Roy Dahomet* dans le *Journal de traite* où nous trouvons la mention suivante :

Fév. 22

Traite d'un Capitaine portugais de La Mine
30 rolles de tabac
- 1 pièce velour noir 8^{on} ½................9
- 1 pièce Dto cramoisi 8^{on} ½................9
- 1 pièce valoize...... 4...... 4
- 2 pièces acquitaine 8...... ....$\underline{\ 8}$
30

Suite du Lundy 22e fev^{er} 1773 au Mardy 23^e

A 3 heures ½ après midy ayant entièrement finis avec le Portugais nous avons appareillé de la ditte rade de la Mine, le vent de la partie du SSO jolis frais et gouverné toutes voiles dehors à ESE du compas, à 6 heures relevé le fort du Cap Corse au NE, la terre la plus à l'Est au NE ½ Nord, le N^{re} de la rade mouillé le plus au large à l'E ¼ SE. A 7 heures avons mouillé dans la ditte rade par 16 brasses fond de sable vazar, après avoir rangez un vaisseau de ligne anglois qui y étoit, le fort étant mouillé nous restoit au Nord distance une lieux à 2/3 de L^x.

A 6 heures du matin portez nos lettres pour l'Europe à bord d'une petite frégate nommée La Dépêche qui devoit partir dans la semaine pour Londres, le Vaisseau se nommoit The Rainbow ou Arc-en-ciel de 50 canons.   Peu après nous avons appareillé de la

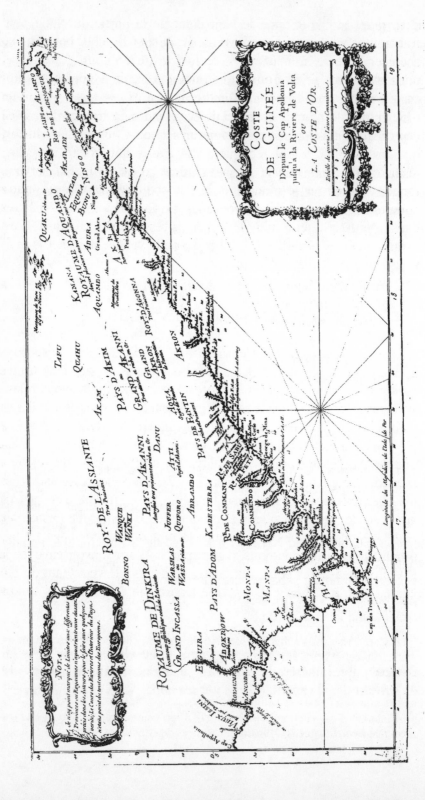

ditte rade du Cap Corse[+] le vent étant de la partie du NNO petit frais toutes voiles dehors gouvernant à l'Est et E ¼ NE pour un peu accoster la terre, à 7 heures ½ le fort a tiré un coup de canon et nous avons vu une pirogue qui ramoit à venir à bord ; aussitôt cargué et mis en [ill.] pour l'attendre. Il s'est trouvez qu'il y avoit un officier que le Comd[t] nous prioit de prendre et transporter[*] avec nous à Juda où il étoit envoyez pour second Commendant du fort que les Anglois y ont, ce que nous avons fait. Resté en calme jusqu'à 11 heures que la Brisse a affraîché du OSO fait servir à ranger et accoster le mouillage de Annebon (Annamabou)[++] autre comptoir anglais et où il y avoit aussi un fort. Il y avoit 14 navires dans la ditte rade et à midy le fort nous restoit droit au Nord. Il est venus quelques pirogues à bord pour nous vendre des captifs mais nous n'avons rien fait et continuez.

[*] M° Carless Irld[ais]

Du mardy 23e au Mercredy 24e fev[er] 1773

Le vent reignoit de la partie du SO, Petit frais, nous gouvernions à l'E ¼ SE demi Sud du compas et singlions toutes voiles dehors en élongeant la Cote. A 4 heures nous avons relevé le fort de Tamtansquina à E ¼ NE distance une lieux à une demie mais sans pouvoir parfaitement le distinguer, le Mont du Diable à E ¼ NE à la même heure ; gouverné à E ¼ SE. A 6 heures il y avoit grande apparence d'orage et de pluye ; le Fort d'Appum me restoit à la même heure à NNO une lieux ; à 7 ½ à 8 heures nous avons mouillez par onze B/sses fond de sable fin et melléz d'un peu de vaze et de petites cailles. Le mont del Diabolo me restoit au NO ¼ N, nous avons passé toute la nuit de ce mouillage jusqu'à 6 heures du matin que nous avons appareillé après avoir envoyez la g[de] pirogue à terre[*] pour traitter des pagailles ; le vent étant du NE laissé courir à petites voiles pour attendre leur retour et jetté pand.

[*] Résservé à bord un otage.

[+] Le Cap Corse est le chef lieu des Anglois sur la côte de Guinée comme la Mine est celui des Hollandois, il paroit que les Anglois y font un grand commerce avec le nombre des navires que nous y avons vu mouillé. Plus de 18 à 20 dont plusieurs à trois mats. Je n'ay point décendu mais cet officier nous assure que c'est une assez bonne fortification.

[++] Annamabou est un endroit qui paraît aussi fort commerçant, le fort en est bien avantageusement situé. J'estime 4 L. entre ces deux places.

la drague pour prendres des coquillages dont quelque uns sont assez curieux mais dès la seconde fois qu'on la misse (mise) dehors elle a malheureusem^t cassée et la pêche a été finie ; on a pris néanmoins quelques olives mais il y a lieu de croire qu'on pouroit avoir quelque chose de mieux dans ce parage. Le Fort où notre pirogue a été se nomme Wimba et appart^t aux Anglois mais paroit peu de chose et nous étions au moins à 2 lieux de terre, ce qui ne nous a pas permis de le bien distinguer.

A 8 heures fait servir, toutes voiles dehors à E ¼ SE mais le vent a calmé avec grande app^ce de grains et de pluye, ce qui nous a même obligée de carguer et amener jusqu'à nos huniers pour attendre le tems à se décider, enfin à 11h ½ environ le grain s'est décidé de la partie du SO, et a été très violent il nous a falu mettre à sec, le tout s'est peu à peu dissipé avec force pluye qui a même duré avec des vents variables jusqu'à 1h. J'estime 6 à 7 lieux depuis le mouillage.

Du Mercredy 24e au jeudy 25 février 1773

A midy nous étions à sec laissant passer le grain de la pluye venus du SO, qui pezoit joliment, mais quoy qu'il a été passé la pluye a toujours continué jusqu'à 4 heures et pand^t tout ce tems jusqu'à 6 heures ½ il a fait calme ou de petits soufles du NO du Nord et même de l'Ouest et qui se dissipoient en peu de tems.

J'ay au soleil couchant relevé le Fort de Wimba au NO ¼ N^d, la pointe à l'Ouest du Fort Barquiou au NE, la terre la plus à l'Est au NE ¼ E et ENE ; à 6h ½ le vent ayant souflé de la partie du Nord très petit frais, nous avons fait servir toutes voilles dehors le Cap au Est ; à 8 heures ayant sondé trouvez 15 brasses dans la nuit sondez de deux heures en deux heures trouvé de 17, 18, 20, 19, par lequel brassayage nous nous sommes entretenus toute la nuit. Au point du jour relevé le fort Barquiou au NNO, 5^m O, la terre en avant étoit fort embrumée et couverte de vapeur à faire croire qu'il avoit beaucoup plu à terre ou sur la Coste pend^t toute la nuit aussi n'avons-nous pus la relever que jusqu'au NE 2 L. environ. A midy le Fort de Barquiou nous restoit au NO ½ Nord et j'estime que nous avons fait depuis hier midy ou depuis le relevé du Fort de Wimba 10 lieux sur la route de E ¼ NE ½ Nord du compas.

Du jeudy 25ᵉ au vendredy 26ᵉ du dᵗ

Hier à midy le vent a été calme jusqu'à 3 heures qu'il a commencé à souffler au SO. Petit frais, nous avons gouverné du NE ¼ E, pour rallier la terre. A 4 heures relevé le Fort Barquiou au NO ½ O distance d'environ 3 L ½ et la terre qui paroissᵗ courir le plus à l'Est à E ¼ NE. Avant la nuit repris les mêmes relevés et trouvé le Fort de Barquiou au NO ¼ N la terre la plus à l'Est au NE ¼ E environ deux lieux. A 8 heures du soir ayant sondez nous avons trouvé 14 brasses fond de gros sable ; nous nous sommes entretenus toute la nuit de 12 à 14 ou 15. A 11 heures dans la nuit, la brise a affraiché du NNO ; fait servir tout dehors gouvernant à l'Est ¼ NE et ENE, à 2 heures estimant avoir fait sufisament de chemin pour ne pas dépasser Akra nous avons laissez courir sous les huniers. A 5 heures ou au point du jour n'étant pas aussi de l'Ouest que nous estimions, fait force de voille et découvert les nʳᵉˢ mouillez au dit lieu à 6 heures.

A 8 heures mouillez au dit lieu par 10 brasses fond de vaze brie et ayant le fort au NNO. On pert des ancres ; icy fait 14 à 15Lˣ.

Du Vendredy 26ᵉ au Samedy 27ᵉ février 1773

A 7 heures avons appareillé de la rade d'Akra avec la brisse de la partie du SO, joli frais, singlant toutes Vˡᵉˢ hors, le cap à l'E ¼ NE ; à 8 heures nous avons sondez par 9 brasses ½ et nous nous sommes entretenus pour la nuit 10 à 14 brasses ; de 12 à 4 le vent a un peu molli et passé au NO. Nous avons gouverné à l'Est. A 6 heures du matin nous avons relevé le Fort de Ningo au NO ¼ O environ 3Lˣ. De 8 heures à 12 gouverné de l'Est au SE en dépandᵗ à mesure que la Cote arrondissoit au Sud. A 11h avons découvert les brisans de la Rivière de Wolte qui nous restoient à l'E ¼ NE environ distans de deux lieux ayant alors 14 brasses. J'estime avoir fait depuis le momant de notre départ à aujᵈ midy 18 lieux à 19 L.

* Trouvé à Akra un navire de Nantes nommé le *Comte de Colbert* Capⁿᵉ Bertrant à la compagnie de Mᵉ David.

Du Samedy 27ᵉ au Dimanche 28ᵉ

Les vents reignant de la partie du SO jolis frais nous avons gouverné à E ¼ SE ½ E toutes voilles dehors. A 6 heures avons relevé le bois d'Aqueta au Nord et N ¼ NO ; au même moment vu un navire mouillé à Abeilla restant au NE et NE ¼ N. La terre courant le plus à l'Est restoit au NE. Il est aussi venus une grande pirogue de terre mais avec laquelle nous n'avons rien fait. De 6 à 8 gouverné au NE ½ Est pour ralier un peu la terre qui semble prendre plus au Nord et nous nous sommes entretenus par 10 et 15 Bses environs ; à 8 heures avons cargué la Miz^ne et les Peroquets ; à 9h. amené les huniers sur le ton. A minuit mis en travers tribord au vent cap ayant au sud et entretenant 12 brasses. A 5 heures le vent du ONO fait servir et gouverné du NE à l'Est jusqu'à 10 Bses que voyant très bien la Cote nous avons forcé de voilles et gouv^t à l'Est. A 11h mouillé dans la rade du Petit Popo par 10 Bses fond de sable roux, relevé la terre à l'Est à l'E ¼ SE, celle du Ouest au O ¼ NO, le village au NO ¼ N.

Trouvé un Anglois et deux Portugais.

Du Dimanche 28ᵉ au Lundy 1ᵉ mars 1773

Dans la nuit de minuit à 4 heures notre petit cable s'est rompus, nous avons beaucoup acosté un des navires portugais et avons été obligé de mouiller notre seconde ancre qui nous a fort bien tenus mais la mer était dure et nous fatiguions. Nous étions alors par 9 brasses et avons fillé 60 bses de cable.

Du Lundy premier mars au Mardi 2ᵉ mars 1773

Nous avons passé toute cette journée sur la rade de Popo pour faire quelque négoce avec les Portugais qui s'y trouvent mouillé et avons traité deux cent cinquante rolles de tabac avec un d'eux pour de commune platilles, grosses bouges, guinées et quelques soirie et environ 20 rolles avec l'autre pour corail gros.

Pour toutes les opérations que le Capitaine Corby a menées dans les différentes rades où le *Roy Dahomet* a mouillé, il est important de se reporter pour plus de détails au *Journal de traite* lui-même.

Ainsi, à la date du 24 février, à Waniba, pour ce qui est des pagaies, il nous en est précisé la quantité : deux douzaines et le coût de 0,8^{onces} négocié par une pièce de "garas bleu". De même, à Akra, le 26 février, Crassous passe sous silence dans son *Journal de bord* l'achat d'un nègre pour le compte du capitaine dont il est ainsi fait mention dans le *Journal de traite* :

Traite pour le compte du Capitaine
Un nègre, 12 onces :
7 filières corail de 4 à la Livre n°4 dont le dit Capitaine tiendra compte au Sieur Goguet si ainsi qu'il en est convenus ....7onces.

Enfin, les précisions que l'on trouve dans le *Journal de traite* sur les opérations d'achat de tabac à deux capitaines portugais complètent, quand elles ne les contredisent pas, la mention un peu rapide que nous en a laissée Crassous dans son *Journal de bord*. Qu'on en juge :

Petit Popo le 1er mars

Traite du Cap^{ne} Joseph Gonsalves Silva
Comd^{t} *La perle de la Baye*
177 rolles de tabac

60	600 pièces de grosses platilles à 10 par rolle	75
18	90 Bretagnes à 5 par rolle	22,8
44	308 cabèches de grosses bouges pezant ens.	
	5412 à 7 cabèches par rolle et 70 par once	77
	{ 79 guinées et garas }	
33	{ 5 bajutapeaux } 88 à 8 par rolle	44
	{ 4 néganepeaux }	
9	1 pièce velour cramoisy	9
3	1 pièce acquitaine	3
10	15 pièces toile Chollet blanc	12
177	rolles pour onces	242,8

D^{to}

Du Cap^{ne} Jouan Reslau 14 rolles pour
98 cabèches de grosses bouges pez^{t}
ensemble 1722 livres à 70 par once   24

6 – La traite à Juda : le mouillage

Le 2 mars 1773, le *Roy Dahomet* entre dans la rade de Juda (Ouidah) et mouille à la hauteur du fort français – le fort Saint Louis dont la toute première fondation, une chétive factorerie, à une lieue environ du rivage, tout contre un village africain d'une certaine importance, Gregoy, renvoie à l'année 1671. Il s'agissait d'ailleurs du seul établissement français sur toute l'étendue du golfe de Guinée[50]. Mais l'abondance des esclaves en cette côte bien nommée explique assez que dès 1682, les Anglais commencent à y construire le fort William, à l'est de l'établissement français. Plus tard, en 1721, les Portugais, de retour sur les lieux dès 1680, édifient celui de Saint Sébastien de Adjuda à l'Est de l'anglais[51]. Cet engouement à la fin du XVIIème siècle pour le territoire de Juda se comprend mieux quand on sait que les Européens voulurent s'affranchir des règles strictes que leur imposaient les souverains d'Allada plus au Nord – lesquels entendaient que le commerce des esclaves fût regardé comme monopole royal.

L'influence grandissante des Européens – Français et Anglais surtout – fut telle à Juda que les trois souverains qui occupèrent le trône entre 1670 et 1708, précise E. M' Bokolo, furent tous des protégés des négriers[52]. Toutefois cette situation d'exception avait pour le moins évolué au cours du XVIIIème siècle, les rôles parfaitement inversés au gré des circonstances, comme le constatera Crassous à qui il reviendra le mercredi 3 mars 1773 de se renseigner sur l'état du marché.

Au temps où le fort français appartenait à la Compagnie des Indes, un *Mémoire* anonyme nous renseigne en ces termes sur les pratiques établies à cet effet :

> "Lorsqu'un navire français arrive en rade, on lui envoie la pirogue du fort ; le capitaine écrit au directeur pour savoir la situation du commerce tant à Juda qu'à Epée, Porte-Nove et Badagry ; sur les avis que celui-ci lui donne, il se détermine à rester ou à aller faire son commerce plus bas ; lorsqu'il prend ce premier parti, il écrit

---

[50] Jean-Marie Deveau rappelle que « Juda fut le seul site de traite régulièrement fréquenté par les Rochelais de 1718 à 1784 », in *La traite... op. cit.*, p.207.
[51] Simone Berbain, *op. cit.*, p.51.
[52] Elikia M' Bokolo, *Afrique noire, histoire et civilisation...op. cit.*, t.1, p.351.

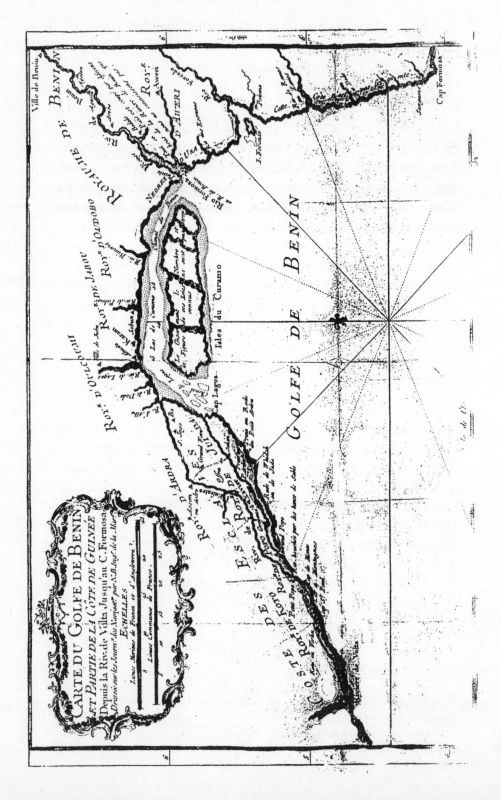

pour qu'on arrange ses coutumes ou droits de traite avec le gouverneur des nègres"[53].

La mission de Crassous

Monté sur l'une des deux pirogues que le Capitaine Corby avait emmenées avec lui, Crassous s'acquittera à sa manière de cette tâche, du mardi 2 au Vendredi 5 mars, parcourant plus de 100 kilomètres pour se rendre à Badagry en passant par Epée qui étaient des sites de traite réputés. La veille de son départ, il avait pris soin de noter dans le *Journal de Traite* qu'il avait été donné aux piroguiers pour aller à Badagry :

1 ancre d'eau-de-vie	1 once
35 l. grosses bouges	½
	1 ½

De son périple, il rendra compte avec un luxe de détails :

Du Mardy 2ᵉ Mars 1773

Environ trois heures du matin nous avons appareillé de la rade du Petit Popo, le vent de la partie du Ouest, bon frais, toutes voiles dehors gouvernant à l'ESE et Est ¼ SE et s'entreten[t] par 9 à 10 brasses fond de sable roux ; à 8 heures avons découvert les navires mouillé dans la rade de Juda où nous avons aussi mouillé à 10 heures par 10 brasses fond de sable roux et ou nous avons trouvé deux navires portugais et un navire francois de Nantes nommé Les trois Maries Capⁿᵉ le Sʳ. Thibaud. Relevé le fort francois au Nord et N ¼ NO distance une lieux ²/³, la pointe la plus à l'Ouest à Ouest et O ¼ NO, celle la plus à l'Est à l'E ¼ NE, affourché.

Du Mercredy 3ᵉ Mars 1773

Aussitôt après avoir diné j'ay partis avec la grande pirogue ayant été expédié pour aler au bas voir et informer dans quel état étoient les affaires, j'ay partis à 2 heures avec la brise de la partie…/…

---

[53] *Mémoire sur le Fort de Juda, Côte d'Afrique (s.d.)* reproduit par S. Berbain, *op. cit.*, p.97.

Suite du Mercredy 3ᵉ Mars 1773

.../... du OSO jolis frais mais 4 heures le vent a sauté par un grain au SE avec force pluye. Il nous a falus demater et nager de force pour attraper Epée où je n'ay arrivé qu'à 7 heures du soir bien mouillé et où j'ay trouvé deux navires anglois et deux portugais avec la corvette de Mᵉ Thibaud à bord de laquelle j'ay été et où j'ay trouvé environ 25 captifs dont quelquuns traité avec un Portugais de Badagri pour des platilles à 8 à l'once. Les Anglois font de mauvaises affaires, l'un d'eux brigantin est là depuis 6 mois et n'a point 100 captifs, l'autre à trois mats est plus avancé en traite, mais n'a point de vivres pour finir et se propose de partir pour l'Isle de Prince pour en aller chercher et de là retourner sur la Côte finir sa traitte ; pour les Portugais, il y en a un fort avancé qui compte partir dans un mois au plus tard, l'autre n'est là que depuis 13 jours.

Du Jeudy 4ᵉ dudit

Je suis partis d'Epée à minuit pour decendre à Badagaris où j'ay arrivé au point du jour et où j'ay trouvé deux Portugais. J'ay d'abord été sur la barre avec pavillon pour demander à parler et j'ay écrit à terre à Mᵒ Mauby qui est cellui qui semble gouverner le pais depuis la disgrace de Quinquin, quoy qu'à parler vray, ils soient plusieurs qui se disputent le commandement, ce qui occasionne des querelles et est / devient très nuisible au commerce, ce petit désordre retenant les marchands et les empêchant d'aller chercher des captifs dans les marché, de sorte que ce pais cy menace une très prochaine révolution ; cepandant il y a des captifs dans les troncs et l'un des Portugais qui est ici en traite partira dans peu, l'autre qui est de Pernanbouck a déjà 90 captifs à son bord. Cepandant le trouble qui reigne à terre n'est point engageant pour déterminer à se venir fixer dans ce port.

Ma lettre demandoit réponce pour le lendemain – que je la prendrois en repassant – les vivres sont très rares à terre, on ne peut absolument s'en procurer.

Suite du Jeudy 4ᵉ mars 1773

Je suis partis de Badagry et a midy j'ay fait route pour le Cap blanc ou je suis arrivée à 3 heures et ou je n'ay trouvez qu'un seul navire francois nommé *La Noton* Capⁿᵉ Mʳ Dosset de Nantes a bord du quel j'ay été et qui m a parus avoir 400,50 à 500 captifs qui ont médiocre mine car il m a parus et qu'il y avoit baucoup de vieillesse, peu de bonne femme et baucoup d'enfans. J'ay aussitot mon arrivée été jetter une lettre sur la barre pour prier Mʳ Dosset de me faire connoitre les intentions du Roy Sainsou et me donner l'état des coutumes qu'il payoit. J'ay attendu jusqu'au soir sans avoir aucunes reponces, cepandant comme il me paroissoit extremement necessaire d'etre informé des usages de ce nouveau port, j'ay cru convenable d'attendre et j'ay demeuré pour cette nuit a bord du dit navire La Noton.

Du Vendredy 5ᵉ mars 1773

J'ay ce matin recu reponse de Mᵉ Dosset, par laquelle il me mande que j'aille a decendre a terre pour traitter de mes coutumes avec le Prince Sainsou, que je ne doit point hapréhender de le faire qu'il me donne sa parole d'honneur comme quoy je puis et je dois même le faire pour le bien du navire, ce a quoy j'ay aderé et suis decendus, j'ay eu tout de suite audience du dit Prince Sainsou qui m a meme fait honneté et politesse et m a remis a ce soir de l'apres midy qu'il se rendroit au comptoir de Mʳ Dosset et que là il regleroit entierement avec moi. J'ay cepandant été très mortifié d'avoir decendus, ayant appercus au premier abord que j'avois affaire à un homme fain, rusé et grand politique et commencé à voir mais trop tard de quelle importance il était a un homme chargé de pareille mission de ne pas decendre dans de semblables pays.

Ce soir le dit Prince s'est transporté suivant sa promesse au comptoir francois et apres quelques questions indiferentes m a donné l'état des coutumes qu'il exigoit, dont j'ay pris copie :

Coutumes proposées par le Prince Sainsou du Cap blanc. Scavoir : Dix captifs dont 7 de droits 2 de marque, un pour permission de faire de l'eau.

Les dits captifs payable a 6 onces, en Pipes, Poudre, fusils, barre et autres marchandises…………………………………………60 ^{onces}.

Present au Roy

Une pièce de satin
Une paigne idem p^r Prince qu'il n'a point nommé
Un chapeau bordé en or, et deux plumets
Un quart de bœuf
Quatres dames Jeannes dont 2 de vin et 2 de Bierre
Un jambon – point de farine
Pour Battre le gongon une once cy ………………………1^{once}
Pour Papagaille et baraque un captif …………………6
(Dont 1 marmiton) Six garçons de comptoir a 2 toques p^r jour.
Sept tangoniers a 2 toques par jour et 3 toques par tiercons
Point de garcon de baraque
Deux courtiers 2 chapeaux
Deux conducteurs a 2 galines p^r voyage
Deux chapeaux pour le garcon du Roy
Une porteuse d'eau a 2 toques par jour
Une blanchiseuse a 2 toques par jour

$$\overline{\qquad\qquad}$$
67 ^{onces}

Dernières coutumes

Pour le magazin un captif……………………………6^{onces}
Pour le thronc un captif………………………………6 "
Pour le thronquier 3^{onces} …………………………..3 "
Six garçons de comptoir a 3^{onces} …………………18 "
Sept tangoniers a 3^{onces} ……………………………21 "
Deux courtiers, deux captifs a 6^{onces} …………………12 "
Deux conducteurs a 3^{onces} …………………………6 "
Une blanchiseuse a 3^{onces}……………………………3 "
Une porteuse d'eau a 3^{onces}……………………………3 "

$$\overline{\qquad\qquad}$$
Prix – onces   78

Hommes – au prince – 11 au camp   10
Femmes ………………9 Idem   8

Comme il en apparaît, c'est avec le Prince Sainsou que Crassous, passablement irrité, prit langue pour arrêter avec ce dernier les modalités de la traite qu'allait entreprendre deux jours plus tard le capitaine Corby. Nous avons là, sous sa plume, un tout premier aperçu de la gestion de l'offre des captifs par les négriers noirs et la régulation de leur distribution aux négriers blancs !

En fait, dans le *Journal de traite*, on verra que l'ensemble des débours en redevances diverses, coutumes ou services — le tout lié à un système africain de redistribution et aux pratiques d'intéressement ou de participation du personnel européen résident — sera assez éloigné de ce que Crassous avait transcrit dans le *Journal de bord*, sous la dictée du très habile Prince Sainsou, agissant au nom de son souverain, le roi du Dahomey.

Le contexte

Il n'est pas indifférent de rappeler à cet endroit que, suivant la tradition, le Royaume d'Abomey avait été fondé en 1625, dans l'intérieur, à la suite d'une dispute entre héritiers présomptifs au sein de la famille royale d'Allada (ou Ardre), du nom de l'Etat côtier qui avait vu le jour en 1575. Soulignons au passage le rôle qu'a joué la question de la traite négrière dans la genèse de cette sécession au-delà de la querelle de succession somme toute classique entre les deux fils du roi défunt — les dissidents ayant pris, en effet, le parti de limiter les effets du commerce extérieur en s'éloignant considérablement de la côte. C'est ainsi que les premiers souverains du nouvel Etat mirent un point d'honneur à entraver, pour ne pas dire plus, les affaires des trafiquants d'esclaves en provenance ou en direction d'Allada qui s'aventuraient sur leur territoire[54].

Mieux, on sait qu'au début du XVIIIème siècle et dans un dessein qui ne fait pas mystère, le roi Agaja (1708-1740) s'était emparé des deux royaumes côtiers d'Allada (1724) et de Ouidah (1727-1729) pour s'assurer le contrôle du commerce des esclaves particulièrement florissant[55] — allant jusqu'à expulser de Ouidah les Hollandais et mettre au

---

[54] Sur l'irruption et la politique du Royaume du Dahomey, Elikia M' Bokolo, *Afrique noire... op. cit.*, t.1, pp.350 à 352.
[55] Robert et Marianne Cornevin, *Histoire de l'Afrique des origines à la 2ème Guerre Mondiale*, 4° Edit., revue et mise à jour, Paris 1974, p. 221.

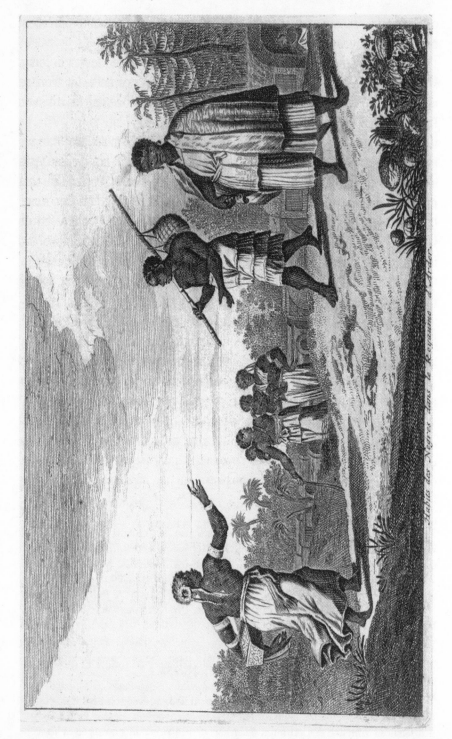

Habits portés dans le royaume d'ardre

pas les gouverneurs des forts français et anglais, ce dernier proprement exécuté pour avoir soutenu l'ex-roi de Juda[56].

Certes, il s'ensuivit une longue période d'instabilité due tout à la fois à la résistance des Judaïques vaincus et à la menace constante des troupes montées du puissant royaume voisin à l'Est d'Oyo auquel les rois du Dahomey paient tribut : Crassous lui-même aura vent, en 1773, de troubles et à tout le moins de tensions vives dans toute la région. Mais les résidents européens des forts et comptoirs de la côte n'en vécurent pas moins sous les lois du vainqueur dahoméen, les Portugais tout particulièrement, même après le décès d'Agaja[57]. En tout état de cause, fort de ses conquêtes, le Dahomey s'était érigé au XVIIIème siècle en un véritable "Etat national" pour reprendre l'expression de E. M' Bokolo[58]. Il fut très certainement un Etat de type nouveau, cosmopolite en raison de l'afflux de fugitifs qui avaient échappé aux razzias ou encore de la multitude des populations locales assimilées, militarisées – des femmes, les fameuses amazones y constituaient un corps d'élite[59] – centralisé, totalitaire même, pour parler comme Hubert Deschamps[60], eu égard au contrôle pointilleux qu'exerçaient les fonctionnaires du Roi, auquel s'ajoutait l'œuvre sourde dont s'acquittaient avec beaucoup de zèle un corps d'espions voués à ce dernier.

Dans ces conditions, dès les années 1740, l'ex-royaume de Juda était devenu une colonie administrée par un chef de guerre nommé par le Roi et un autre haut fonctionnaire, le Yovogand ("ministre des Blancs") chargé du Commerce[61]. En 1773 cet administrateur de haut rang n'était autre

---

[56] Jean-Marie Deveau, « La présence française à Ouidah, principal centre négrier à destination des Antilles au XVIII° siècle », in *l'Espace Caraïbe : théâtre et enjeu des luttes impériales, XVI°-XIX° siècles*. Maison des Pays Ibériques, Bordeaux, 1996 (P. Butel et B. Lavallé Edit.),.p.209.

[57] Pierre Verger, *Flux et reflux de la traite des nègres entre le golfe de Bénin et Bahia de todos os Santos du dix-septième au dix-huitième siècle*, Paris 1968, pp. 165-200.

[58] *Afrique noire... op. cit.*, t.1, p.352.

[59] Boniface I. Obichere, "Women and Slavery in the Kingdom of Dahomey", in *Rev. Fr. d'Hist. d'Outre-Mer*, t. LXV (1978), N° 238, p.6.

[60] Hubert deschamps, *L'Afrique noire précoloniale*, PUF, Paris 1962, p.68.

[61] Elikia M' Bokolo, *Afrique noire... op. cit.* p.353. F. Renault et S. Daget, *Les traites négrières, op.cit.*, soutiennent que le « Yovogand » est à la fois « chef des Blancs, ministre des Affaires étrangères, ministre du Commerce et souvent considéré comme un vice-roi ».

que le Prince Sainsou avec lequel Crassous était entré en contact et qui était tout à la fois au commerce et aux affaires étrangères[62].

L'installation du comptoir

Crassous revenu à bord le samedi 6 mars, c'est au capitaine Corby, habitué de la carrière africaine qu'il reviendra maintenant d'œuvrer à terre, compte-tenu des premières indications que lui avaient fournies son lieutenant…. Dans le *Journal de bord*, il est un saut de pages qui correspond à la durée des opérations de traite que mène Corby entre le 7 mars et le 29 mai : Crassous qui les suit jour après jour en a consigné les résultats les plus marquants ou les faits les plus notoires, avec toujours beaucoup d'exactitude, à la fois dans le *Journal de traite* et dans la *Note au voyage*…à la rubrique « payement ». Il convient partant de se reporter à ces deux documents comptables pour se pénétrer des différentes étapes de l'entreprise autant que des conditions de son déroulement.

Pour se rendre à terre le 7 mars, le capitaine Corby dut à son tour employer les dix-sept piroguiers qu'il avait engagés, à bon escient, à Chama. Le coût de la descente sera de 3 onces, à savoir :

> 1 ancre d'eau-de-vie
> 17 chapeaux à nègres
> 2 pièces de guingua pour la confection de pagnes
> 1 pièce de néganepeau pour le même usage

Les premières démarches du Capitaine, à son arrivée, s'accompliront selon le rituel établi. Sur le rivage, il est accueilli par les gens du "Yovogand" qui depuis le passage de Crassous guettaient sa venue. Là, instruit comme on a vu par ce dernier, Corby leur offre plusieurs présents pour un total inférieur à 2 onces, comme il en apparaît dans les comptes de la façon suivante :

---

[62] On retrouve sous la plume de Dewarel, directeur du fort français de Ouidah, dans une correspondance au Ministre des Colonies en date du 1° novembre 1776 « un nommé Sessou, capitaine de guerre et premier marchand à Badagry... ». Il est décrit comme un personnage « intrigant et hardi », Pierre Verger, *Flux et reflux… op.cit.,* p.212.

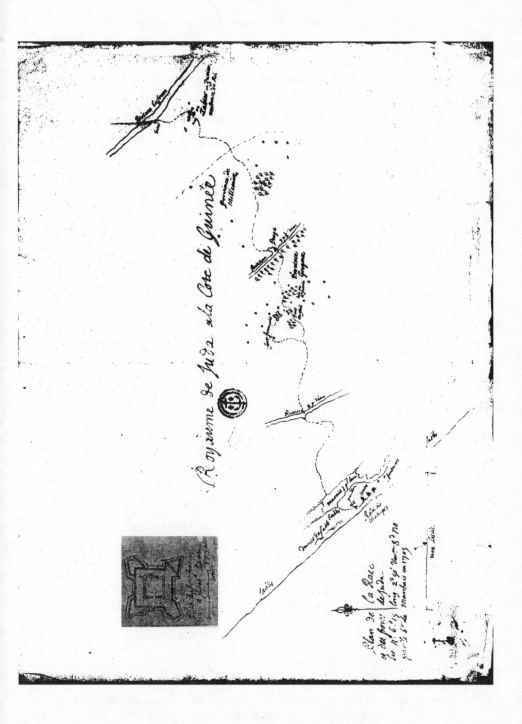

Plan de la rade et des forts de Juda

Aux gens du Yovogand pour être venus au devant du capitaine :

1 ancre et 2 flacons	1^{once}
11 Livres bouges au bateur du gongon et au garçon qui va complimenter le Roi de la part du capitaine	0,4
6 flacons à tous ces gens-là	0,4
	1^{once} 8

Ces formalités remplies, Corby gagne ce même jour le Fort Saint Louis de Juda où il est accueilli par le directeur Dewarel(1774-1776) – lequel avait mis à son service des porteurs africains qui l'y transportent en hamac, comme c'était l'usage en pareil cas.

De fait, il appartenait au directeur du fort d'apporter aide et assistance aux capitaines de navires négriers français ancrés dans la rade de Juda : les héberger à leur demande ou les secourir en cas de besoin, leur faciliter les moyens pour l'installation de leur comptoir, les conseiller en matière de négociations avec le ministre africain du commerce, telles étaient pour l'essentiel leurs obligations.

On sait qu'après la suppression de la Compagnie des Indes en 1767 le fort de Juda avait été placé sous le contrôle direct du Ministère de la Marine, son administration relevant dès 1770 du Bureau des Colonies d'Amérique et d'Afrique. Par son nombre et ses fonctions le personnel qui y était affecté sera à peu près le même avant et après 1767 : soit 11 Européens au total[63]. De la garnison qui existait jusqu'en 1722 et qui représentait alors plus de la moitié des résidents français (19 personnes sur 30) ne subsistait qu'un aide-canonnier – évolution toute significative.

Par contre, le personnel africain n'avait cessé d'augmenter, à commencer par les « acquérats », esclaves du fort, tout à la fois porteurs, gardes, ouvriers. Il y avaient à ce titre leurs quartiers mais aussi leurs cases respectives dans le village voisin de Grégoy pour y héberger leur famille.

---

[63] Renseignements tirés de S. Berbain, *Le comptoir français de Juda...op. cit.*, pp.56-57. Au nombre des 11 résidents français, on trouvait : 1 directeur, 1 sous-directeur, 1 teneur de livres, 2 commis aux écritures, 1 aumônier, 1 chirurgien, 1 aide-canonnier, 1 menuisier charpentier, 1 maçon, 1 ouvrier taillandier.

Dès le lendemain, Corby qui a passé la nuit au fort et qui a eu tout le temps de deviser avec le directeur rencontre le Yovogand. Ce dernier, agissant au nom de son souverain en résidence à Abomey, au Nord, reçoit comme prévu des mains du capitaine un certain nombre de marchandises de qualité au titre des coutumes pour avoir accès en quelque sorte au marché des esclaves. A savoir, toujours suivant le *Journal de traite* et pour un total de 74,4 onces :

24 ancres d'eau-de-vie pleine	24^{onces}
2 dont sous l'ouillage	2 "
615 livres de bouges	15 "
10 pièces mouchoirs Chollet	5 "
4 pièces siamoises de 10 aunes }	
3 pièces toiles à robes 1 caisse }	5 "
12 barils poudre de 30 l. 2 caisses	12 "
25 fusils sans bayonette	6, 4
40 platilles	5 "
	$74,^{onces} 4$

Remarquons au passage que nous avons là la seconde mais de toutes la plus importante livraison de fusils : on imagine sans peine à qui et pour quels usages ces armes étaient destinées. En échange de tous ces présents, le Roi avait arrêté que l'on remît au capitaine deux négrittes. Dans sa *Note*, Crassous ne manque pas de souligner qu'il s'agissait de « deux captifs fort petits et fort maigres » !

A cette première rencontre assistaient deux autres personnages officiels, Mehou et Tamigan, qui n'étaient autres que des ministres du Roi et à qui il convenait d'offrir deux canevettes d'eau-de-vie et un chapeau bordé d'Espagne. Le coût en était de 3 onces.

Pour sa part, "le Yovogand" aura, toujours au titre des coutumes :

1 chapeau bordé en or	
1 pièce satin pour sa pagne	...............2^{onces}
4 pièce de mouchoir pour	
remplir un baril de farine	.... 2°

Ce n'était pas tout : Corby dut aussi lui louer une baraque sur la « praye », au bord de mer, pour y entreposer les marchandises que les piroguiers africains en parfaits auxiliaires lui apporteront sous l'œil vigilant de Crassous. De là, ces débours de 2 onces supplémentaires, soit :

> 41 livres de bouges
> 1 ancre d'eau-de-vie
> 1 baril de bœuf

Ces marchandises seront par la suite transportées au comptoir que Corby ouvrira à Grégoy à côté du fort, comme on sait, pour les opérations de traite proprement dites. Là aussi, ce sont des dépenses incompressibles de fonctionnement en termes de rémunération du personnel africain mis à sa disposition par le "Yovogand" et pour l'approvisionnement en eau à la charge des tangonniers.

Cette rétribution s'opère suivant tout un système de conversion qui nous est indiqué. A savoir :

> « 41 livres de bouges ou 16.000 valent une once ou 4 cabèches
> 4.000 valent une cabèche ou 20 galines
> 200 valent une galine ou 5 toques
> 40 valent une toque ».

De la sorte, Crassous avait pu établir un état prévisionnel des dépenses « par semaine » qui est comme suit :

> « deux courtiers à qui on donne 2 toques par jour et 1 flacon le dimanche ;
> - un conducteur à qui on paye 3 toques par voyage et 1 flacon le dimanche ;
> - deux garçons à qui on donne 2 toques par jour et une bouteille ;
> - un portier à qui on donne 2 toques par jour et point d'eau-de-vie;
> - un garçon de baraque, 2 toques sèches ;
> - une blanchisseuse, 2 toques, une bouteille ;
> - six tangonniers, 2 toques et une bouteille d'eau-de-vie ;
> - un tronquier, 1 bouteille et point de bouge ;
> On paye en outre, pour l'eau 2 toques par tierçons et 3 toques par barriques ».

A côté de ces frais fixes dont les montants par prestations avaient d'ailleurs été notifiés à Crassous lors de son entrevue du 5 mars avec le prince Sainsou, il en est d'autres liés au convoyage des marchandises et au transport(en hamac) de Corby et des siens en terre africaine. Les prix pratiqués étaient les suivants :

« Un voyage au comptoir se paye 3 toques ou 120 bouges
Un portage de hamac au comptoir se paye une bouteille
d'eau-de- vie ».

Ces transbordements et portages occuperont au demeurant tout le mois de mars et sans doute le début d'avril. Un premier indice nous est fourni par une note de Crassous dans le *Journal de traite* où apparaît en date du 29 mars le coût et le contenu des effets qui ont été remis en manière de gratification aux deux courtiers et garçons de comptoir que le Yovogand a mis au service de Corby, à savoir :

« 3 pièces mouchoirs façon Indes $1,8^{onces}$
3 chapeaux à nègres » $0,6$ »

A ces marchandises s'ajoutaient :

« 2 ancres d'eau-de-vie payé au fort Français pour frais de
réception : 2^{once} ».

Mieux, le 5 avril, le Yovogand reçoit à nouveau :

« 2 ancres d'eau-de-vie, 2 onces pour présent extraordinaire
pour le bien des affaires ».

Dans ces conditions, on peut conjecturer qu'au fur et à mesure que les cales du navire étaient vidées de la cargaison de troc, les deux charpentiers, Pierre Petit et François Suire, s'affairaient à les mettre en condition pour recevoir les captifs négociés par leur capitaine. Nous aurons à revenir sur les conditions de leur enfermement

Les opérations de traite

De fait, dès le 8 mars, les opérations d'acquisition de ces derniers avaient commencé à Juda, Corby s'étant fait assister d'au moins l'un des deux chirurgiens, François Bertrand ou Louis Auret, à des fins d'expertise de la marchandise !

De la sorte, au premier captif obtenu le 20 février à Chama, s'en ajouteront 423 autres. A partir de l'analyse du *Journal de traite* de Crassous, nous avons présenté ci-après sous forme de tableaux le détail de ces opérations, compte-tenu des dates d'acquisition et des prix des captifs que nous avons répartis suivant les critères d'usage de l'époque. Il reste bien entendu que les quatre enfants en bas âge qui y figurent ne sont pas comptabilisés puisque vendus avec leurs mères.

Chronologie de la traite

Chama

Date	Hommes	Femmes	Négrillons	Négrittes	Enfants en bas âge	Total	Prix en onces
20 février	1					1	9

Juda

Date	Hommes	Femmes	Négrillons	Négrittes	Enfants en bas âge	Total	Prix en onces
8 mars				2	Présent du Roi		Don
8 mars			1	1		2	17
9 mars	1	1				2	17
10 mars	1					1	10
12 mars			1	1		2	13
12 mars		1				1	7
14 mars		2				2	14
15 mars		4				4	32
15 mars				1		1	6
15 mars	1					1	10
17 mars	2	1				3	27
18 mars		1				1	7
18 mars	1	1				2	17
19 mars			1 (fort)			1	9
19 mars		1				1	7
19 mars		1				1	7
20 mars	1	1	1	1 (don)		4	29
22 mars	1					1	11
24 mars	1					1	11
25 mars	1	1				2	19
25 mars	1	1			1	2	19
26 mars	1					1	11
27 mars	1	1				2	19
27 mars		1				1	8
28 mars		1				1	8
29 mars	1					1	11
29 mars	10	10				20	210
29 mars		1				1	8
30 mars	2					2	22
30 mars		1				1	8
31 mars		1				1	8
31 mars	1					1	11
31 mars				2		2	12
2 avril		1				1	8
2 avril		1		1		2	14

Date	Hommes	Femmes	Négrillons	Négrittes	Enfants en bas âge	Total	Prix
2 avril	1					1	11
2 avril	4	4	2			10	91,8
2 avril	1					1	11
3 avril		1				1	8
4 avril	1					1	11
4 avril	1					1	11
4 avril		1				1	8
6 avril	4	4				8	76
6 avril	1					1	11
6 avril	1					1	11
6 avril				1 (forte)		1	7
6 avril	1	1				2	19
7 avril		1				1	8
7 avril	1					1	11
9 avril			1			1	6
9 avril		1				1	8
10 avril		2				2	16
10 avril		1				1	8
10 avril			1 (fort)			1	9 ½
12 avril	1					1	11
12 avril	1	1				2	19
13 avril		1				1	8
13 avril	1	1				2	19
14 avril		1				1	8
15 avril		1		1		2	14 ½
15 avril		2				2	16
15 avril	1					1	11
15 avril	2	1				3	30
15 avril	3					3	33
16 avril	1					1	11
16 avril		1				1	8
16 avril	1	3		1		5	47
16 avril		2				2	16
17 avril	1					1	11
18 avril		1				1	8
18 avril	1	2				3	27
19 avril	1					1	11
19 avril	1	1				2	19
20 avril			1			1	9
20 avril	1	1			+1	2	19
21 avril	2					2	23
21 avril				2		2	14
22 avril		1	1	1		3	21
23 avril		1				1	8
24 avril	1					1	11
24 avril	1	1				2	19
25 avril		1				1	8
25 avril	1					1	11
25 avril		1				1	8
26 avril	1	2				3	29
26 avril		1		1 (forte)		2	16

Date	Hommes	Femmes	Négrillons	Négrittes	Enfants en bas âge	Total	Prix
27 avril	1					1	11
28 avril	1					1	11
29 avril		1				1	8
30 avril	3	7		2 (fortes)		12	115
3 mai	4	3	3			10	92º (+3½ Dach
3 mai	61	5				66	777
4 mai		1				1	8
5 mai	1	1				2	19 ½
6 mai	1					1	11
8 mai		1		1		2	14 ½
9 mai	1	1				2	19
9 mai		1				1	9
9 mai	1					1	11
9 mai	1					1	11
10 mai	1	1				2	19
10 mai	1					1	11
11 mai		1				1	8
13 mai	3	1	1	1		6	62
13 mai	1					1	11
13 mai		1				1	8 (nourric
13 mai	1	1				2	19
13 mai		1			+1	1	8½ (nourri
14 mai			1 (fort)	1		2	16 ½
14 mai		1				1	8
15 mai		1				1	8 (boiteus
15 mai			1 (fort)			1	11 ¾
15 mai	5	3	1	1		10	106 ½
15 mai		2				2	16
15 mai	1					1	11
16 mai	1					1	11
17 mai	2					2	22
18 mai		1				1	8
18 mai		2				2	16
18 mai	1					1	11
18 mai	2	1				3	30 ½
18 mai		1				1	11
19 mai		1				1	8 ½
19 mai		1			+1	1	11
20 mai	1					1	11 ½
20 mai		1				1	8 ½
20 mai	1		1			2	18 ½
20 mai		1				1	8
22 mai	1					1	11 ½
22 mai		1				1	8 ½
23 mai	1		1	1		3	26
23 mai	1	1				2	19 ½
23 mai		1				1	8
24 mai	9	14	1			24	243
24 mai	32	22		1		55	604 ½
25 mai	7	7				14	170
25 mai	1					1	1 ancre de 75

Au total, ces 424 captifs se répartissaient de la façon suivante :

Hommes :   214

Femmes :   166

Négrillons :   20

Négrittes :   24

Il est ici une première interrogation. On peut se demander en effet si, eu égard au nombre des captifs obtenus, le temps de traite du *Roy Dahomet* n'a pas été relativement court — 79 jours seulement — alors que pas moins de sept autres navires, comme l'a montré Crassous, se trouvaient également au mouillage entre Juda et Badagry.

Certes, on ne peut parler ici de performance dans l'absolu. Néanmoins, il suffit à notre propos de remarquer par exemple que le navire la *Bonne Société*[64] qui, sous la conduite du capitaine David, commence sa traite le 21 novembre 1783, à Louango, où l'offre était plus importante, ne la termine que le 9 mai 1784, avec un résultat identique à celui du *Roy Dahomet*, à savoir : 425 captifs, soit :

174 hommes

102 femmes

94 négrillons

55 négrittes

En fait, une bonne traite durait généralement de deux à six mois : "De deux à quatre, elle est rapide et heureuse, nous dit Gaston-Martin, de quatre à six, elle est normale encore ; au dessus de six, elle devient difficile et se solde souvent par un déchet plus grand..."[65].

Globalement Corby aurait recueilli en moyenne 5 à 6 captifs par jour. La réalité est plus complexe comme le montrent les tableaux :

- Jusqu'au 28 mars, il n'obtient quotidiennement que 2 à 4 individus tout sexe et âge confondus au gré de l'arrivée des captifs sur le marché ou de l'offre que lui proposent une vingtaine de trafiquants de tout ordre, vendeurs ou revendeurs.

---

[64] Médiathèque Michel Crépeau…, Ms. 2290, « Journal de traite de la *Bonne Société* ».

[65] *L'ère des négriers 1714-1774*, Ed. Karthala, Paris 1992, p.87.

- A la fin de mars et tout au long du mois d'avril où Corby dispose de toute sa cargaison de troc dans sa propre factorerie, des maxima de 15 à 20 sont atteints grâce au zèle du personnel que le Yovogand a mis à son service.

- Enfin, au mois de mai où la tendance se maintient, il va hâter la fin de sa traite en se procurant en deux occasions des stocks de 50 à 60 captifs dans des conditions que nous serons amené à préciser. De la sorte, en une vingtaine de jours, il aura obtenu autant de captifs que pendant les deux mois précédents.

Les captifs du Roy Dahomet

Sur l'état sanitaire ou la complexion des 424 captifs qui constitueront la cargaison humaine du premier voyage du *Roy Dahomet,* les comptes de Crassous ne fournissent que quelques indications sommaires. Ne nous est signalée qu'une infirme : la mention "boiteuse" apparaît en effet pour une femme acquise le 25 mai. Par contre sont affublés du qualificatif "fort" ou "forte" pas moins de huit négrillons et négrittes : gageons qu'ils seront vendus aux Antilles comme pièces d'Inde au sens anthropométrique et marchand du terme. Par ailleurs, deux femmes sont avantageusement signalées comme nourrices, avec un enfant au sein. Certes, les chirurgiens qui assistent Corby ont eu tout le temps pour opérer une sélection. Mais leur science était limitée et l'habileté des courtiers africains légendaire : l'épreuve de la traversée à venir sera édifiante !

La répartition des captifs par sexe et par classe d'âge retient notre attention. Au-delà des critères objectifs ou des circonstances qui ont déterminé la physionomie de la cargaison, on peut avancer que Corby, en bon connaisseur du marché antillais, s'est efforcé de parvenir à une manière d'équilibre dans l'assortiment des 424 captifs, les plus nombreux étant les hommes comme de raison. Il étaient en effet recherchés, comme on sait, pour des travaux des champs, en particulier dans les habitations sucrières : là, de surcroît le secteur industriel de la production exigeait une main-d'œuvre robuste, surtout au moment de la roulaison. Ainsi pas moins de 90 % des nouveaux — ou bossals — prenaient la route des plantations. La plupart devenaient esclaves de jardin, un petit nombre, ouvriers ou "esclaves de case", c'est-à-dire domestiques.

Le nombre relativement important de femmes ouvre d'autres perspectives : elles faisaient toujours partie intégrante de l'offre des marchands. Il pouvait s'agir d'esclaves de condition ou de survivantes des raids meurtriers des capteurs : l'iconographie disponible nous montre souvent à cet égard des caravanes de femmes captives en route vers la côte.

Sans s'y attarder, on peut glisser ici que la présence nombreuse de femmes dans la cargaison humaine n'était pas pour déplaire aux hommes de l'équipage des navires négriers comme d'aucuns l'ont souligné à l'envi[66]. Au-delà, ne faut-il pas voir ici le résultat d'un bon calcul ? Au bout du voyage était toute une clientèle à la recherche de domestiques en zone urbaine comme en zone rurale. De même, dans les habitations-caféières, la main-d'œuvre féminine, moins chère à l'achat, était réellement appréciée. Elle pouvait intervenir avec efficacité dans les différentes phases de la production moins épuisantes que dans les sucreries et qui vont de la cueillette des cerises de café à leur transformation en grains marchands. On ne saurait oublier ici qu'au lendemain de la Guerre de Sept Ans, l'on assiste à un réel essor des habitations-caféières qui gagnent les mornes encore boisés de la partie française de Saint-Domingue et qui assureront le bien-être sinon la fortune d'un grand nombre de propriétaires dans le rang desquels étaient des mulâtres, ces libres de couleur dont le pouvoir économique allait croissant.

En dernier lieu, faut-il voir ici le reflet d'une préoccupation de type populationniste qui se faisait jour dans la seconde moitié du XVIIIème siècle ? Augmenter le nombre des femmes esclaves constituerait l'une des issues au drame que les membres de la Chambre de Commerce de Guyenne dénonçaient en ces termes le 7 octobre 1786 :

> « Enfin nous dirons deux mots du commerce de Guinée :
> il faut prévoir que la côte d'Afrique s'épuisera et il est essentiel que le Gouvernement établisse un régime plus conservatoire des nègres car la mortalité de cette espèce est quelque chose d'affreux et il est étonnant que toutes ces races d'hommes aillent s'engloutir sans presque laisser de rejetons »[67].

---

[66] Gaston-Martin a rapporté sur cette affaire, *op. cit.*, p.117 et note 1.
[67] A.D.G., C 4266. Lettre au Député de la Chambre de Commerce de Guyenne, 7 octobre 1786.

Caravane de femmes

Las, le résultat de tous les efforts en ce domaine seront décevants : en 1787, note G. Debien, il y eut encore à Saint-Domingue 3.556 naissances d'esclaves en face de 6.166 décès[68].

Aussi l'importation constante d'enfants peut-elle être considérée ici comme une parade aux effets de la dénatalité et ce d'autant plus que les naissances étaient encore plus rares chez les esclaves nouvelles comme le constataient les colons... Quoi qu'il en soit , en petit nombre, comme toujours au XVIIIème siècle, les négrillons et négrittes de la cargaison du *Roy Dahomet* trouveraient acquéreurs. Forcément. Certes, leur mise à disposition, à plein temps, en particulier pour le travail de plantation, sera différée. Mais leur acculturation, autant dire leur créolisation, sera plus rapide, l'investissement rentabilisé en fin de compte. D'ailleurs, de leur rang émergeront des "nègres à talents", comme on disait, versés dans le secteur industriel de l'habitation, aux côtés des cadres blancs ou bien encore des domestiques zélés, qui, faits au pays, jouiraient même de la confiance de leurs maîtres.

A l'achat en Afrique comme à la vente aux Antilles le prix des captifs différait sensiblement, qu'il se fût agi d'un homme, d'une femme ou d'un adolescent. Le coût des uns et des autres était évalué en onces, tout comme les marchandises de troc, on l'a vu pour l'armement, contre lesquelles ils étaient échangés. Ainsi, avec le premier achat effectué à Chama, le 20 février, par le second capitaine M. de Belleville, il nous avait été fourni une première indication des prix — 9 onces pour un homme et un premier exemple d'échantillon des marchandises que représentait cette somme.

A Juda, où Corby traite les 423 autres captifs, les prix fluctuent considérablement comme le montrent les tableaux, soit :

- 9, 10, 11 et souvent 12 onces pour 1 homme
- 7, 8, 8 ½ , 9 et même 11 onces pour 1 femme
- 7, 9 ½ et dans un cas 11 ¾ onces pour 1 négrillon
- 6, 7, 8 onces pour 1 négritte

---

[68] Gabriel Debien, *Les esclaves aux Antilles françaises (XVIIe-XVIIIe siècles)*, Basse-Terre et Fort de France, 1974, p.556.

L'offre et la demande

Ces variations des prix s'entendent par la qualité du produit, si l'on ose écrire, mais aussi et surtout par l'identité des vendeurs ou revendeurs avec lesquels Corby avait traité. A cet égard, des réponses nous sont fournies par l'examen des comptes du *Journal de Traite* où apparaissent les noms et parfois la condition de ces derniers, sinon leur raison sociale ainsi que l'assortiment des marchandises qu'il ont reçues en contre-partie.

Pour une meilleure intelligence de ces ensembles, il convient de rappeler que dès 1767, c'est-à-dire lors de la suppression du monopole de la Compagnie des Indes, les résidents du fort français furent autorisés à faire commerce des nègres pour leur propre compte. Plus « l'once de préférence » : tout captif qu'ils vendraient leur serait payé une once de plus que celui qui aurait été acquis auprès des courtiers noirs.

Tirant parti, en son temps, des documents d'archives coloniales et de *Mémoires*, comme celui de l'Abbé Bullet qui fut aumônier du fort, Simone Berbain décrit en ces termes le trafic auquel le personnel du fort s'adonna en la matière :

> « ... du directeur aux acquérats, tous le pratiquent et la captiverie du fort comme les simples cases du village noir français renferment des esclaves ; des marchés se passent aussi avec les employés des forts, chacun trouvant bon de faire fructifier son traitement.
>
> Au lieu de faciliter la traite des navires négriers, ils attirent chez eux les courtiers noirs ; tandis que le capitaine cherche à écouler dès l'arrivée les marchandises les moins bonnes, ils renchérissent sur les prix, font le marché et revendent ensuite plus cher les esclaves ainsi acquis ; ils vont même jusqu'à s'entendre avec le courtier noir et partager avec lui l'once de préférence »[69].

En réponse à ces agissements, les capitaines des navires négriers employèrent à leur tour toute leur industrie à lier partie, le cas échéant, avec les directeurs des forts anglais et portugais de l'endroit : les comptes d'acquisition de captifs que nous a transmis Crassous en administrent la preuve.   De ce point de vue, et pour en faciliter l'analyse, nous avons cru bon de présenter à nouveau sous forme de tableaux les opérations de

---

[69] Simone Berbain, *op. cit.*, p.65.

Marche d'esclaves sur la côte

traite réalisées entre le 8 mars et le 25 mai. Cette fois, l'accent a été mis moins sur la chronologie, mentionnée néanmoins à dessein, que sur l'identité des vendeurs, le type et la valeur en onces des marchandises contre lesquelles ont été échangés les captifs dont le nombre et le genre sont rappelés également. Pour l'intelligence de la nomenclature desdites marchandises, une codification s'imposait. Elle est comme suit :

A = Alcool (eau-de-vie) 1 ancre = 1 once
                              2 canevettes = 1 once
C = Cauris (ou bouges) - 41 livres de cauris = 1 once
CH = Chapeaux (offerts en "Dachi", cadeau)
CO = Corail, selon grosseur des filières
FE = Fer - 4 barres = 1 once
FU = Fusils - 4 fusils = 1 once
PO = Poudre, le baril, en moyenne = 1 once
P = Pipes - 1 coffret = 3 onces
TBC = Tabac − 1 Rolle = 1 once
T = Textiles*. Soit, pour le détail :
  TPL : Platilles − 8 platilles = 1 once
  TAR : Toile à robe − 1 pièce = 1 once
  TA : Anabas − 4 pièces = 1 once
  TC : Coutil − 1 pièce = 1 once
  TI : Indienne − 2 pièces = 1 once
  TG : Guingan ou Zingua − 4 pièces = 1 once
  TS : Siamoise − 1 pièce = 1 once
  TMC : Mouchoirs Cholet − 2 pièces = 1 once
  TMI : Mouchoirs façon des Indes − 2 pièces = 1 once
  TMR : Mouchoirs Rouen − 2 pièces = 1 once
  S : Soieries (velours, satin, etc.) − pièce de 1 à 2 onces.

---

* Pour des raisons d'opportunité, ces 11 sortes de textiles selon la nomenclature du temps qui apparaissent dans le détail des ventes sous des sigles particuliers les identifiant (TPL = platilles etc.) ont été regroupés dans le total de chaque vendeur sous le sigle T.

Détail des opérations de traite à Juda

Vendeurs	Dates	Valeur en once des Marchandises de troc	H (P.U)	F (P.U)	N^{on} (P.U)	N^{te} (P.U)	Prix Total
YOVOGAN	8-3	4A 10C 3TPL	1(11)	1(8)	1	1	17
	25-3	2A 3C 12P 1TPL 1FE		1(8)			19
	7-4	4A 2C 2TPL 1CH N	1(11)	1(8)			8
	24-4	1A 1C 6P 2TPL 9TBC		1			19
	26-4	4A 2C 3P 1TPL 6TBC				1 forte	16
	28-4	2A 1C 1TPL 7TBC	1(11)				11
	5-5	3A 3C 1TI 3,8TMI 4TPL 5TBC	1	1			19 ½
	13-5	4A 8C 4TPL 1TMR 2TI	1(11)	1(8)			19
	14-5	4A 2C 1TPL 1TMC		1(8)			8
15 captifs	9 jours	28A 32C 21P 27½ T 1FE 27TBC 1CH	5	7	1	2	136 ½
NEMO Ou NEMOU	9-3	6A 5C 2TMC 2TAR 1TS 1TPL	1	1			17
	19-3	2A 2C 2TPL 1TAR		1(7)			7
	31-3	3A 4C 2TS 2TPL	1(11)				11
	4-4	3A 4FE 1TPL 1CH.N		1(8)			8
	15-4	4A 5C 21CO 2TS 2CH.N	3(11)				33
	17-4	3A 4C 1TBC		1(8)			8
	27-4	3A 3C 5TBC 1CH.N	1(11)				11
	18-5	6A 7C 2TPL 1TC		2(8)			16
	20-5	4A 5C 1TPL 1TMC ½FE	1(11, ½)				11 ½
13 captifs	9 jours	34A 35C 21CO 22T 4½FE 6TBC 4CH	7	6			122 ½

Vendeurs	Dates	Valeur en once des Marchandises de troc	H (P.U)	F (P.U)	N^{on} (P.U)	N^{te} (P.U)	Prix Total
YAPONNEAU	10-3	4A 3C 2TPL 1FE	1(10)				10
	12-3	5A 3C 1TPL 2TMC 2TAR			1	1	13
	6-4	4A 4C 1TMC 1TAR 1FE CH	1(11)				11
4 captifs	3 jours	13A 10C 9T 2FE 1CH	2		1	1	34
CAPO	12-3	2A 2C 2TPL 1TMC		1(7)			7
1 captif	1 jour	2A 2C 3T		1			7
GOUAYA	14-3	5A 5C 4TPL		2(7)			14
Ou	4-4	4A 3C 2TPL 2TBC 1CH.N	1(11)				11
GOYA	6-4	4A 1C 1TMC 1TAR 1CH.N				1(7)	7
	24-4	1A 5C 5TBC 1CH.N	1(11)				11
	18-5	4A 4FE		1(8)			8
	23-5	3A 4C 2TPL 1TI 1TAR ½TMR 8FE	1	1			19 ½
8 captifs	6 jours	21A 18C 12½T 7TBC 12FE 3CH	3	4		1	70 ½
Gouverneur Portugais	15-3	8A 10C 6TPL 2TS 2TAR 4TMC		4(8)			32
4 captifs	1 jour	8A 10C 14T		4			32
COCQ	15-3	3A 2C 1TPL	1(11)			1(6)	6
	10-5	6A 4C 2TPL 2TMC 5FE		1(8)			19
3 captifs	2 jours	9A 6C 5T 5FE	1	1		1	25

Vendeurs	Dates	Valeur en once des Marchandises de troc	H (P.U)	F (P.U)	N^on (P.U)	N^te (P.U)	Prix Total
COCO	9-5	3A 3C 1TPL 2TMC 2TI 1CH	1(11)				11
1 captif	1 jour	3A 3C 5T 1CH 1CH	1				11
NION	15-3	2A 5C 1TPL 2TS	1(10)				10
1 captif	1 jour	2A 5C 3T	1				10
Navire *L'AFFRICAIN*	18-3	3A 2C 3TPL 2TS 1TI 5S 1FE	1	1			17
	24-3	2A 2C 2TPL 1TS 1FE 3TBC	1(11)				11
	27-3	2A 2C 1TPL 1TS 2TBC		1(8)			8
	9-4	2A 4C 1TS 1TBC		1(8)			8
	15-4	1A 4C 17CO 4TPL 2TS 2TBC 3CH	2(11)	1(8)			30
	17-4	3A 4C 1TS 2TMC 6TBC		2(8)			16
	19-4	9C 2TS	1(11)				11
	29-4	4A 1C 2TPL 1TMC		1(8)			8
	9-5	3A 4C 2TPL 1TC 1TI 8FU 1CH	1(11)	1(8)			19
	10-5	2A 3C 3P 2TPL 1TC 1CH	1(11)				11
	19-5	4A 3C 1TPL ½TMC		1(8½)			8½
	20-5	3A 4C 1TPL ½TMR		1(8½)			8½
17 captifs	12 jours	29A 42C 17CO 2FE 8FU 3P 41T 14TBC 5CH	7	10			156

Vendeurs	Dates	Valeur en once des Marchandises de troc	H (P.U)	F (P.U)	N^{on} (P.U)	N^{te} (P.U)	Prix Total
BOUCAUD	17-3	9A 6C 4TPL 2TMC 2TAR 4TBC	2	1			27
	19-3	2A 2C 1FE 2TBC		1(7)			7
	20-3	6A 6C 7TAR 7TMC 3TS	1	1	1	1 (don)	29
	27-3	7A 6C 1TI 5TBC	1(11)	1(8)			19
	28-3	1A 2C 4TBC 1TMC		1(8)			8
	29-3	3A 3C 1TI ½TMC ½TMI 3TBC	1				11
	29-3	1A 2C 5TBC		1(8)			8
	2-4	9A 6C 58CO 17S 1TPL ½TMC	4	4	2		91½
	5-4	75CO ½TS ½TMI	4(11)	4(8)			76
	18-4	1A 5C 2TS		1(8)			8
	19-4	16A 3P 1CH	1(11)	1(8)			19
	26-4	27A 2C	1	2			29
	3-5	23A 33C 1TPL 11TS 8TAR	4(11)	3(8)	3(8)		95½*
		10TMC 1½S 8TBC					
	9-5	1A 8TAR		1(9)			9
	15-5	8A 8FE		2(8)			16
	20-5	11A 1C 3TPL 3TMC ½TD	1		1		18½
51 captifs 1 don	16 jours	125A C74 133CO 3P 9FE 96½T 31TBC 1CH	20	24	7	1	471½
MENIET	18-3	2A 2C 2TPL 1TMC		1			7
1 captif	1 jour	2A 2C 3T		1			7

* 92 onces et 3½ d'achy.

Vendeurs	Dates	Valeur en once des Marchandises de troc	H (P.U)	F (P.U)	N^{on} (P.U)	N^{te} (P.U)	Prix Total
DEZOUGA	19-3	3A 2C 2TPL ½TMC ½FE 1TAR	1		1		9
	25-3	6A 5C 2FE 2TPL 1TMC 3TBC	1	1**			19
	12-4	6A 6C 2TPL 1TMC ½TI 1½FE 2TBC		1	1		19
	20-4	3A 3C 2TPL 1FE					9
	25-4	3A 2C 1TPL 1TMC 1FE		1			8
7 captifs	5 jours	21A 18C 14T 6FE 5TBC	2	3	2		64
ZIBEAU	23-3	4A 1C 2TPL 4TBC	1	1			11
	31-3	3A 3C 2TBE 1CHAP pour dachi					8
2 captifs	2 jours	7A 4C 2T 6TBC 1CH	1	1			19
MESNIER	26-3	6A 3TAR 2FE	1				11
	25-4	5A 3C 1TPL 1TMC 1TAR 1CHAP	1				11
2 captifs	2 jours	11A 3C 6T 2FE 1CH	2				22

** 1 femme et son enfant, ce dernier non comptabilisé

Vendeurs	Dates	Valeur en once des Marchandises de troc	H (P.U)	F (P.U)	N^{on} (P.U)	N^{te} (P.U)	Prix Total
BEAUDUCHIRON	29-3	50A 65C 50TPL 12TS 6TAR 6TMC 3TG 12TBC 6FE	10(12)	10(9)			210
	13-5	11A 15C 8TPL 4TC 20CO 2S 2TBC	3(12)	1(9)	1	1	62
	24-5	78A 80C 35TPL 3TS 6TC 10TMC 8TAR 10TI 4TG 9FE 6CH	9(12)	14(9)	1(9)		243
	25-5	1A 55C 12,6TPL 5TAR 5TI 11TMC 9,12TMR 6TC 2TG 0,8TA 6P 12TBC 17CH 44½FE	7	7			170*
64 captifs	4 jours	140A 215C 234T 20CO 44FE 6P 26TBC 23CH	29	32	2	1	685
JEANNOT	30-3	4A 4C 4TPL 10TBC	2(11)				22
	17-4	14A 3C 5TPL 5TBC	1	2			27
5 captifs	2 jours	18A 7C 9T 15TBC	3	2			49
DANBOUARY	30-3	2A 1TPL 5TBC		1(8)			8
1 captif	1 jour	2A 1T 5TBC		1			8
OUNIOUADAN	2-4	3A 2TPL 3TBC		1(8)			8
1 captif	1 jour	3A 2T 3TBC		1			8
MEJERECAN	31-3	4A 3C 2TMC 2TAR 1TPL		1**		2	12
	15-5	4A 4TAR					8
3 captifs	2 jours	8A 3C 9T		1		2	20

* Quelques marchandises avariées (cannevettes d'eau-de-vie cassées, guingan et mouchoir Rouen avariés).

** 1 femme boiteuse.

Vendeurs	Dates	Valeur en once des Marchandises de troc	H (P.U)	F (P.U)	N^{on} (P.U)	N^{te} (P.U)	Prix Total
BOUSSOU ou BOSSOU	2-4	5A 2C 2FE ½TMC 1½TMI 3TBC 1CH dachi	1(11)	1(8)		1(6)	14
	4-4	2A 2TMI 7TBC	1(11)				11
	16-5	3A 4C 1TPL 3TBC 2CH	1(11)				11
	22-5	4A 4C 2TPL 1FE ½TMC	1(11½)				11½
							11
5 captifs	4 jours	14A 10C 3FE 7½T 13TBC 3CH	3	1		1	47½
COSSA Ou GOSSA	2-4	2A 3C 2TPL 4TBC	1(11)				11
		2A 7C 2TPL	1(11)				11
2 captifs	2 jours	4A 10C 4T 4TBC	2				22
ZOUPOUX	2-4	2A 4C 2TPL 3TBC	1(11)				11
1 captif	1 jour	2A 4C 2T 3TBC	1				11
ONZY	3-4	2A 2C 4TBC 1CH dachi		1(8)			8
	9-4	4A 2TMC			1(6)		6
2 captifs	2 jours	6A 2C 4TBC 2T 1CH		1	1		14
CAZOU	6-4	3A 3C 5TBC	1(11)				11
1 captif	1 jour	3A 3C 5TBC	1				11
BOUILLON	6-4	3A 5C 4TPL 7TBC	1(11)	1(8)			19
	4-5	3A 3C 1TPL 1TMC		1(8)			8
3 captifs	2 jours	6A 8C 6T 7TBC	1	2			27
AYENOU ou HAYENO	7-4	2A 7C 2TPL 1CH	1(11)				11
	17-5	5A 9C 2TPL 2TMC 3P 1FE 2CH	2				22
3 captifs	2 jours	7A 16C 6T 3P 1FE 2CH	3				33

Vendeurs	Dates	Valeur en once des Marchandises de troc	H (P.U)	F (P.U)	N^{on} (P.U)	N^{te} (P.U)	Prix Total
DAUSSOU Ou DOSSOU	10-4	5A 4C 2TPL 1TS 2TAR 2TMC 1CH	1(11)	2(8)			16
	12-4	1A 3C 1TMI 6TBC 1CH dachi	1(11)				11
	16-4	1A 3C 2TPL 5TBC 1CH					11
	18-5	9A 10C 5TPL 2TMC 2TAR 2½FE	2	1			30 ½
7 captifs	4 jours	16A 20C 19T 11TBC 2½FE 3CH	4	3			68½
AHICHEAU	10-4	2A 2C 4TBC 1CH dachi		1(8)			8
HAYCHEAU	15-4	7A 1C 1TPL ½TMC 5TBC		1(8)		1(6½)	14½
AICHOU	25-4	2A 4C 2TPL 1CH		1(8)			8
HAYCHOU	8-5	3A 1TPL 1TMC 9P ½FE 1CH		1(8)		1(6½)	14½
6 captifs	4 jours	14A 7C 5½T 9P ½F 9TBC 3CH		4		2	45
M° DIANCOURT	10-4	2A 3C 2TPL 1FU 1½TMC			1(9½) fort		9½
	15-5	5A 3¾C 1TAR 1TPL 1TMC			1(11¾) fort		11¾
2 captifs	2 jours	7A 6¾C 6½T 1FU			2		21¼
ZINVAIS	13-4	3A 3C 1TPL 1TAR		1(8)			8
1 captif	1 jour	3A 3C 2T		1			8
JOLY	13-4	5A 4C 2TPL 1TMC 7TBC 1CH	1(11)	1(8)			19
	14-4	4S 2C 1TMC 1TMI 1CH		1(8)			8
	14-5	8A 2C 1½S 1TMC 1TAR 1TPL 2FE			1(10) fort	1(6½)	16½
	20-5	4A 4FE		1(8)			8
6 captifs	4 jours	17A 8C 13½T 6FE 7TBC 2CH	1	3	1	1	51½

Vendeurs	Dates	Valeur en once des Marchandises de troc	H (P.U)	F (P.U)	N^{on} (P.U)	N^{te} (P.U)	Prix Total
BEAUPE	15-4	4A 5C 3TPL 4TBC	1(11)	2(8)			16
	20-4	5A 3C 4TPL 7TBC	1(11)	1*(8)	1(8)		19
	23-5	13A 5C 2TPL ½TA ½TMC 1TAR 4FE				1(7)	26
7 captifs	3 jours	22A 13C 11T 4FE 11TBC	2	3	1	1	61
COLAQUE	15-4	2A 5C 2TPL 2TBC 1CH	1(11)				11
	21-4	5A 5C 3TPL 1TMI 1TI 1TS 7TBC	2			1(6)	23***
	22-4	9A 4C 2TPL 1TMC 1TMI 4FE 1CH		1(8)	1(7)		21
6 captifs	3 jours	16A 14C 12T 4FE 9TBC 2CH	3	1	1	1	55
M. LEFEBRE ET. DE LA SALLE	16-4	10A 10C 9TPL 4TS 2TG 2TMC 1TAR 1FE 8TBC	1(12)	3(9)		1(8)	47
MRS. LA SALLE ET LEFEBRE	30-4	25A 37C 25TPL 7TS 2TC 5TMC 3TI 1TA 10TBC	3(12)	7(9)		2(8)	115
MRS. LEFEBRE ET FAURES	15-5	29A 24½ 13TPL 6TAR 8TMC 2TI 3TC 18FE 3P	5(12)	3(9)	1(9½)	1(7)	106½***
27 captifs	3 jours	64A 71½ 93T 19FE 18TBC 3P	9	13	1	4	268½

* 1 femme et son enfant (ce dernier non comptabilisé).

** 1 ancre d'eau-de-vie (1 once) en dachi.

*** Le total présenté par Crassous dans le *Journal de Traite* (103½) présente un déficit de 3 onces puisque le total des marchandises de troc se monte à 106½ onces.

Vendeurs	Dates	Valeur en once des Marchandises de troc	H (P.U)	F (P.U)	Nᵒⁿ (P.U)	Nᵗᵉ (P.U)	Prix Total
VOUY	17-4	2 A 5C 3TPL 1 TBC 1CH	1(11)				11
	23-4	1A 1TPL 1TMC 5TBC 1CH donné		1(8)			8
2 ventes	2 jours	3A 5C 5T 6TBC 2CH	1	1			19
LENOUAY	21-4	6A 1C 2TMC 2TAR 3P				2(7)	14
2 captifs	1 jour	6A 1C 4T 3P				2	14
Mᵒ ABSON Gouverneur du fort Guillaume	3-5	154A 260C 100TPL 20TS 10TC 8TG 80TMC 80TAR 2TI 9CO 44TBC 10FE	61(12)	5(9)			777
	24-5	149A 234C 102TPL 10TS 9¼TA (7¾)TG 16TMC 15TMR 11TAR 6TC 2TI 12S 4FU 21PO 6TBC	32(12)	22(9)		1(8)	604½*
121 captifs	2 jours	303A 494 C 490½T 50TBC 4FU 21PO 10FE	93	27		1	1381½
GRAND BOSSI	9-5	3A 5C 3TPL	1(11)				11
1 captif	1 jour	3A 5C 3T	1				11
BOQUE	13-5	3A 5C 2TPL 1TAR	1				11
1 captif	1 jour	3A 5C 3T	1				11
SESPE	11-5	4A 2C 1TPL 1FE 1CH		1(8)			8
	15-5	5A 3C 1TPL 1TMC 1FE 1CH	1(11)				11
2 captifs	2 jours	9A 5C 3T 2FE 2CH	1	1			19
PETIT BEAUPE	15-5	A3 3C 1TPL 1TMC ½FE 1CH		1**			8½
	18-5	3A 4C 2TPL 1TMR 1TI	1(11)				11
2 captifs	2 jours	6A 7C 6T ½FE 1CH	1	1			19½

* le total de Crassous présente un déficit de 14½ onces, car le total des marchandises de troc se monte à 604½ onces au lieu de 590 onces.

** 1 femme nourrice avec un grand enfant.

Vendeurs	Dates	Valeur en once des Marchandises de troc	H (P.U)	F (P.U)	N^{on} (P.U)	N^{te} (P.U)	Prix Total
Sᵗ PASCAL	13-5	3A 2C 1TPL 1TMC 1TAR		1*			8
	18-5	2A 1C 2TPL ½TA 3FE		1(8½)			8½
2 captifs	2 jours	5A 3C 5½T 3FE		2			16½
Mᵉ FAURES**	18-5	8A 1 coffre de pipes avariées = 3P		1(11)			11
1 captif	1 jour	8A 3P		1			11
HIACNEAU	19-5	4A 4½C 1TPL 1TMC		1***			10½
1 captif	1 jour	4A 4½C 2T		1			10½
LE MONPIA	23-5	2A 3C 1TPL 1TMC 1FE		1(8)			8
1 captif	1 jour	2A 3C 2T 1FE		1			8
Capitaine Gonzales	25-5	Traité pour une ancre de 750 l.	1				
			213 +1 à Chama 214 H	166 166 F	20 20 Nᵒⁿˢ	22 + 2 présent du Roi 24 Nᵗᵉˢ	4223¾ onces

---

* 1 femme nourrice.

** On l'avait trouvé en association avec Lefebre le 15-5 (cf supra).

*** 1 femme avec son enfant grand.

De la toute première analyse de ces tableaux, il ressort que les résidents des forts européens ont tous bénéficié de l'once de préférence, si l'on excepte Médérecan, employé du fort anglais , et ce quel que soit le captif vendu ou la variation des prix par unité dans la courte période qui va du 8 mars au 25 mai : l'indicateur le plus sûr étant ici le coût de 12 onces pour un homme qui est fixe ; celui de la femme passant de 8 à 9. A l'inverse, les autres vendeurs ou revendeurs de toutes sortes n'y ont strictement pas droit.

Face à cette situation de fait, Corby semble avoir opté pour une stratégie adaptée aux circonstances. Etant en quelque sorte leur obligé, il achète aux mains de ses compatriotes du fort français en plusieurs occasions, tardivement et de loin en loin de surcroît, entre la fin mars seulement et le milieu de mai. Au total 96 captifs :

> 38 hommes
> 48 femmes
> 5 négrillons
> 5 négrittes, "fortes" il est vrai.

Mais à y regarder de près, on constate que sur les six traitants, Beauduchiron se distingue, qui en quatre jours seulement cède jusqu'à 64 captifs, soit exactement les deux tiers de l'ensemble et pour une valeur de 685 onces (10,7 en moyenne). Les autres n'ont réalisé que de petites affaires étalées sur 8 jours, à savoir 32 captifs pour une valeur totale de moins de 320 onces. Par contre et pour un coût à l'unité moins élevé – 11 onces au maximum pour un homme – Corby peut acquérir pas moins de 180 captifs aux mains des vendeurs et revendeurs indépendants des forts, qu'il s'agisse d'Africains ou d'Européens, voire des noirs ou des mulâtres au patronyme portugais.

Il n'est nullement étonnant à cet égard que le tout premier vendeur auquel il se soit adressé ait été le Yovogand en personne et ce, dès le 8 mars. Ce dernier, outre les deux négrittes offertes au nom du Roi, comme on a vu, lui fournira jusqu'à 15 captifs en 9 jours pour la valeur de 136½ onces, soit 9 onces en moyenne.

Dès lors et tout au long des 79 jours de négoce, une quarantaine de vendeurs de toute catégorie et nation, agissant pour leur propre compte, ce semble, assiègent le comptoir de Corby : le zèle des courtiers et commis que le Yovogand avait mis à sa disposition y était pour beaucoup.

L'arrivée du *Roy Dahomet* avait fait du bruit ! Plusieurs de ces trafiquants, Français ou Africains n'étaient pourvus que d'un à trois captifs, en bas âge bien souvent pour certains, on l'aura remarqué. Et comment ne pas souligner ici que, selon des témoignages autorisés, des enfants de six à sept ans, avec ou sans leurs mères, ont dû, sous l'œil menaçant de capteurs impitoyables, emprunter la longue route qui, du village natal ravagé, menait à ces geôles exécrables des bourgs côtiers que l'on appelait « troncs » ou « barracons » sinon aux captiveries des forts européens qui n'étaient pas moins abominables ?

D'autres vendeurs plus nantis ont parfois une dizaine de captifs au choix. Ainsi, Némou qui se présente neuf fois au comptoir entre le 9 mars et le 20 mai en cédera treize, des adultes : 7 hommes et 6 femmes représentant un total de 122½ onces ; de là un revient de l'ordre de 9½ onces l'unité en moyenne. De tous, Boucaud est de loin le plus considérable, qui, à lui seul, cède 51 captifs en 15 jours, du 17 mars au 20 mai. Dans ce laps de temps, il peut procurer à Corby, à sa demande, un assortiment plus équilibré, il faut le souligner :

20 hommes, 24 femmes, 7 négrillons.

Et Boucaud offrira même en manière de don une négritte dès le 20 mars, ce qui porte son total à 52 captifs. Sensible à ce geste commercial, Corby lui accorde le 3 mai « 3½ onces en dachi ». La facture arrondie à 471½ onces, chacun des partenaires y avait trouvé son compte !

De son côté, en homme avisé, Corby s'était tourné très tôt, le 15 mars, vers le gouverneur portugais du fort Saint Sébastien de Juda. Ce dernier après avoir traité avec les navires de sa nation mouillés dans la rade, avait encore quelques infortunés Africains internés dans sa captiverie. Il s'agissait de femmes qui n'avaient pas trouvé preneur, puisque Corby peut en acquérir quatre à huit onces l'unité (once de préférence comprise), au lieu de 9 onces aux mains des résidents français.

Sur cette lancée, le 18 mars, tirant d'embarras le capitaine français du navire l'*Affricain* qui manque de marchandises de troc pour finir sa traite, Corby lui en fournit en douze occasions jusqu'au 20 mai et pour la valeur de 156 onces contre 17 captifs adultes qu'il lui reprend. Apparemment la transaction arrangeait les affaires de cet autre capitaine français victime de sa propre impéritie.

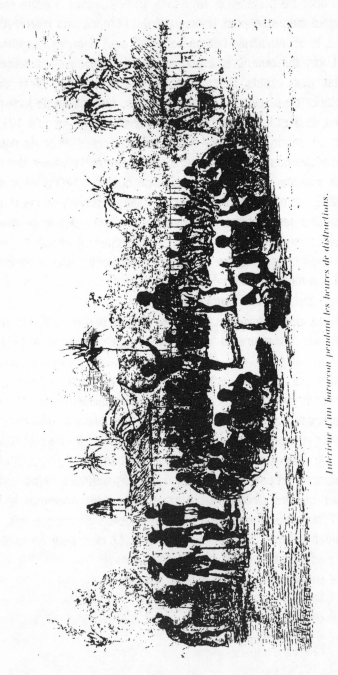

Intérieur d'un barracon pendant les heures de distractions.

Musée de la Marine Paris : le barracon

Enfin, dès le 31 mars, Corby avait pris langue avec cet employé du fort anglais du nom de Méderecan dont nous avons déjà dit qu'il ne bénéficiait pas de l'once de préférence. Non sans arrière-pensée à notre sens, il lui achète deux négrittes pour une valeur de 12 onces de marchandises et plus tard, le 15 mai, "une femme boiteuse" pour 8 onces. Gageons qu'en retour, Corby dut obtenir et à bon compte de précieuses renseignements sur l'état des captifs détenus dans le fort anglais. C'est donc en connaissance de cause qu'il se présentera au fort William de Juda en deux occasions, le 3 et le 24 mai, pour solliciter et obtenir jusqu'à 121 captifs au total, au prix fort il est vrai, l'once de préférence étant de rigueur ici. Mais le gouverneur Abson lui aura fourni contre la valeur de 1.381½ onces de marchandises une cargaison de qualité : 120 adultes dont 93 hommes, 27 femmes et une négritte — lesquels représentaient plus du quart du total des captifs acquis en terre africaine ! Dès le 24 mai, Corby avait bel et bien réussi sa traite. Le lendemain, il obtenait encore du capitaine portugais Gonzales un dernier captif contre une ancre qui faisait défaut à son navire. En tout 423 captifs avaient rejoint sur le *Roy Dahomet* le tout premier acquis à Chama comme on a vu....

Nous ne possédons pas de renseignements précis de la main de Crassous sur les moments où les 423 captifs obtenus à Juda furent embarqués sur le *Roy Dahomet*. Cependant plusieurs indices, à commencer par le va-et-vient des piroguiers de la "praye" au navire et plus encore le rythme d'acquisition des captifs, laissent entendre que dès lors que les marchandises propres à la traite avaient commencé à être débarquées et portées au comptoir (magasin) de Corby, l'opération inverse de transport de la cargaison humaine a pu s'effectuer simultanément et se poursuivre sans discontinuer. Ainsi on peut remarquer que les piroguiers qui avaient reçu des acomptes le 5 avril, puis le 7 mai sous forme de 2 ancres d'eau-de-vie chaque fois, le tout équivalant à 4 onces, obtiennent encore le 22 mai, pour un total de 18 onces :

4 pièces indienne	2	onces
4 bajutapeaux	2	"
4 pièces toile à robe	4	"
2 pièces mouchoir Cholet	1	"
7 ancres d'eau-de-vie	7	"
2 onces bouges	2	"

Ces sommes s'ajoutant aux 3 onces représentant le coût de la descente de Corby le 7 mars, on voit qu'au 22 mai, sur les 34 onces "prévues pour toute la traite" au chapitre des transports à Juda, les piroguiers en avaient déjà obtenu 25 en acompte. Force est donc de constater à la date indiquée l'étroite concordance entre le montant des avances qui leur avaient été consenties, à savoir 75% de ce qui leur était dû, et le nombre de captifs acquis, soit 323 qui représentaient les trois-quarts de la cargaison obtenue à Juda.

Les 100 derniers captifs seront embarqués entre le 23 et le 25 mai, selon ce que nous indiquent les documents comptables en date du 25 mai. Tout s'éclaire en effet lorsqu'on constate que ce jour-là le Yovogand reçoit 205 livres de bouges (5 onces) pour le « loyer du magasin ».

Il lui est encore payé pour « dernières coutumes » pour une valeur de 11½ onces, soit :

5 ancres d'eau-de-vie	5
10 pièces mouchoirs Cholet	5
1 pièce de toile à robe	1
1 pièce d'Indienne	1/2

pour les services de :

2 courtiers	3
2 garçons	1
1 portier	½
1 garçon de baraque	½
1 blanchisseuse et	
une porteuse d'eau	½
6 tangoniers	2 ½
1 tronquier	½
1 capitaine gongon	1 ½
à Cacraou, capitaine de La Pré	1 ½

Ce même jour, en guise de « gratifications aux courtiers, garçons de comptoir, tronquier et conducteur », leur sont livrés pour une valeur de 2 ¼ onces, :

1 pièce de toile à robe	1
2 pièces d'anabas	0, 8
3 pièces Zinga	0 ,12
2 coupons soieries avariées	

De tout cela, Crassous nous a tenu des comptes des plus fiables, puisqu'il s'est rendu lui-même sur les lieux le 25 mai, comme en atteste la mention suivante dans son *Journal de traite* :

"Pour mon passage à la Prée et portage de tous les ustensiles du magasin, payés aux soldats du fort anglais :

2 ancres d'eau-de-vie	2 onces
1 pièce de toile à robe	2
3 pièces Zinga	0,12
1 pièce d'anabas	0, 4
1 coupons soirie avariées"	

Le départ des piroguiers pour leurs foyers à Chama montre aussi que la traite était finie.

Pour recevoir les 424 captifs à bord du navire, les charpentiers s'étaient employés dès qu'ils l'avaient pu à aménager les parcs prévus à cet effet entre la cale et le pont supérieur dans l'entrepont dont la hauteur devait être de 1,60 m environ. Ces parcs se trouvaient séparés par une solide cloison qui était en fait la rambarde, laquelle prenait assise sur le plancher de l'entrepont pour s'élever sur le pont lui-même à des fins de défense en cas de révolte des captifs. A l'avant était le parc des hommes, à l'arrière celui des femmes : plus loin, dans le *Journal de Bord*, Crassous indique à la date du jeudi 2 septembre qu'il se trouvait 211 hommes devant et 206 femmes à l'arrière. Nous y reviendrons....

Comme le *Roy Dahomet* jaugeait 230 tonneaux, le taux d'entassement était de 1,8, compte-tenu du nombre de captifs indiqué au 25 mai, soit près de 2 par tonneau de jauge brute[70]. Pour les armateurs du XVIIIème siècle, c'était là une proportion raisonnable, comme l'a rappelé Gaston-Martin[71] !

Toutefois on ne sait si, sous l'empire de la nécessité, les charpentiers avaient été amenés à construire, à l'intérieur de l'entrepont, à mi-hauteur et latéralement, un faux pont ou échafaud, pour augmenter la surface utile

---

[70] Le volume réel ou d'encombrement offert par un tonneau de jauge était de 1,44 m^3 : théoriquement, 8 adultes pouvaient y être confinés. Dans la pratique, de 5 à 2. Voir Serge Daget, *La traite des noirs... op. cit.*, p.156.

[71] *L'ère des négriers, op. cit.*, p.113.

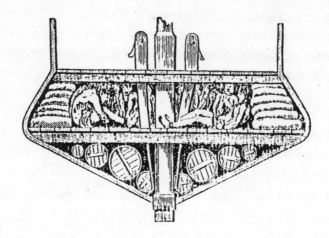

FERS EMPLOYÉS POUR LA TRAITE DES NOIRS.

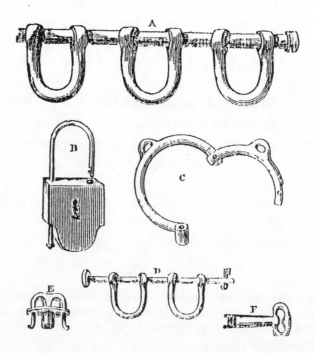

de logement des captifs[72]. L'opération aurait obligé ces derniers à se tenir couchés sur le côté, chaque corps aurait occupé 0,34 m² puisque la hauteur de ce faux-pont n'aurait guère été supérieure à 0,80 m[73]. On n'oublie pas ici qu'à Chama Corby avait acquis du bois en conséquence.... Ce bois avait-il été employé dans ce dessein ? Crassous ne le dira point, pas plus qu'il ne nous fera savoir s'il avait été procédé à l'étampage des captifs avant leur embarquement. Il ne reprend la rédaction du *Journal de Bord* que le 29 mai !

A propos des captifs entreposés dans les parcs du *Brookes*, Clarkson avait pu dire qu'ils avaient moins d'espace que dans un cercueil. Rien ne nous autorise à avancer qu'il en a été ainsi sur le *Roy Dahomet* au cours de son premier voyage. Mais quelles qu'elles aient été, les conditions d'enfermement des captifs, la plupart du temps les fers aux pieds, n'en ont pas moins constitué ici comme ailleurs une circonstance aggravante de la traversée.

---

[72] Le faux pont était, selon Jean Boudriot, " une obligation pour la traite", « Le navire négrier au XVIII° siècle », in *De la traite à l'esclavage... op. cit.*, p.163.
[73] Jean Boudriot, *Traite. Le négrier l'Aurore, navire de 280 tx. 1784*, Paris, coll. Archéologie navale, 1985, p.86.

7 – De Juda à São Thomé : la relâche

Le 29 mai, une fois l'ancre dûment remise au capitaine portugais pour les raisons que l'on sait, Corby fait mettre à la voile. Le *Roy Dahomet* prend alors la direction des îles du golfe de Guinée, au Sud-Est.

En effet, l'escale dans l'île du Prince (Principe) ou bien encore, plus au Sud, celle de Saint Thomé (São Tomé) était dite de "rafraîchissement" avant la longue traversée de l'Atlantique. Dans un *Mémoire* de 1777, à la question de savoir quelle était des deux îles celle qui était la plus avantageuse pour une relâche, la réponse était la suivante :

« L'île du Prince est préférable par rapport à son très beau port qui est susceptible de recevoir les plus grands vaisseaux et à son eau qui est infiniment meilleure qu'à Saint Thomé. D'ailleurs cette dernière n'a qu'un port où il ne peut rentrer que de moyens navires et où il n'y a que 15 pieds d'eau, de façon que les grands navires sont obligés de venir se mouiller sous le vent de l'îlet à Cabrique qui est devant le port et ne sont jamais qu'en rade foraine . Ces deux îles sont abondantes en vivres propres pour les noirs et pour les blancs »[74].

S'il en était ainsi, on comprend que c'est d'abord vers l'île du Prince que se dirige le navire quand Crassous reprend la plume le samedi 29, dans l'après-midi. Outre les indications de routine sur la marche du navire, apparaissent ici et là dans le *Journal de bord* les toutes premières annotations, en marge, relatives à la vie à bord des captifs….

Départ de la Rade de Juda P^r L'Isle du Prince

Du Samedy 29 May au Dimanche 30 d^{dt}

Toutes choses étant disposé comme j'ay dit cy devant et le monde envoyez dans la chaloupe a bord du N^{re} portugais de retour, nous avons virez et appareillez à 5h ½ toutes voilles dehors, le Cap au Sud et S ¼ SO, la Brisse de la partie du Ouest jolis frais, la mer belle, et le courant portant bas mais pas excesivem^t fort. A 6h ½ du soir avons relevée le N^{re} portugais qui étoit mouillée avec nous a

---

[74] A.D.L.A. C 738/60, *Mémoire anonyme*, 26 juin 1777. Voir également Dominique Gallet, *São Tomé et Príncipe, les îles du milieu du monde*, Paris, Kathala, 2001, pp.31-46.

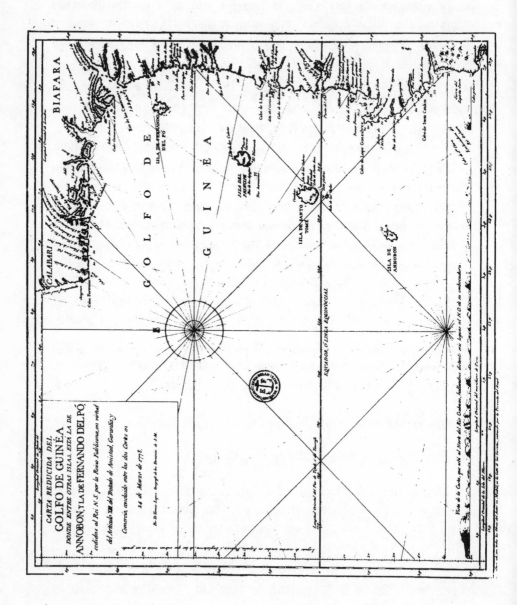

Juda au NO et NO ¼ N, dist^ce d'une lieue a une lieu 1/3 , la partie de la terre la plus à l'Ouest me restoit a ONO celle la plus à l'Est à l'Est et E ¼ SE. Pand^t la nuit il y a eu un tems a peu pres egal. A midy observée la latt^de N^d de 5 g 52 qui m a donné plusieurs minutes de diff^ce à l'Est mais que je crois pour avoir donnée baucoup plus de Drive qu'il y en avoit ou les courants ne portant pour bord si fort que nous l'avions estimés.

La route Corrigée m a valus le SSE, 3 g Sud Chemin 12^{1/3}
Longitude arrivée Est ....52 minutes Méridien de Paris

Du Dimanche 30e d^t au Lundy 31^e

Depuis hier midy a aujourd'huy meme heure, les vents ont toujours reigné de la Partie du Ouest v^ble au SO avec quelques petits grains, la mer belle, le tems un peu couvert, gouvernant toutes voiles dehors les amures à tribord, le Cap au Sud et SSE et meme jusqu'au SSO par tems. A midy observée la latt^de Nord de 4 g 45. Ce qui m a donné une g^de diff^ce avec l'estime étant de 1 g 7 mais que j'attribue la hauteur de hier qui étoit trop Nord, cette diff^ce m a fait valloir la route Corrigée le SE ¼ S 4 g Sud, chemin sur icelle 22 L^es à moins que les courants ne seroient extremement fort a l'Est.
Pris de grandes oreilles et apparence d'en prendre un plus g^d n^bre car il y en a un banc que se forme de plus en plus et nous a suivie dans la nuit.
Vu aussi quelques poissons vollans. Long^de A.E. – 1 g 24

De Juda à l'Isle de Prince

Du Lundy 31e may au Mardy 1e Juin1773

Depuis hier midy le vent été v^ble de la partie du SO à Ouest, avec grains et pluye abondament. Nous avons gouverné toutes voiles hors à quelques peroquets ou menues voilles les d'Etay près au plus près du vent, les amures à tribord, port^t du SE au SO selon que la brisse le permettoit, à midy point de hauteur, jay trouvé la route m a vallus depuis hier midy le SE 5 Sud, sur laquelle j'ay courus de Chemin estimée............21 lieux,
Latt^de a^vée Estimée N^d.......3 g 57
Long^de a. Estimée Est.......2 g 6.

Du mardy 1e Juin au Mercredy 2^e

De hier midy à la nuit le vent a été v^{ble} avec grenace et pluye du SO à Ouest et s'est enfin fixée au SO assez bon frais. Nous avons toujours gouverné au plus près, les amures a tribord, les peroquets et menues voilles serrés.

A midy observée la latt^{de} Nord de 3 g 52, ce qui me fait une assez grande diff^{ce} d'avec l'estime pour me faire croire que nous avons plus de drive ou que les courants portent bien plus rapidemment bas que je ne l'avois estimée.

La route corrigée m a vallus le E ¼ SE ½ Est

Chemin sur icelle de   17 lieux $^{1/3}$

Longitude A. C^{gée} Est de   2 g 58

Fait donner de l'eau de vie aux nègres hier au soir et ce matin pour les rejouir et rechauffer et fait parfumer.

Du Mercredy 2e Juin au Jeudy 3e d^t

Nous avons eu un temps très chargée et incertain pandt ces 24h. menacant de vous donner de l'orage mais qui n'a point eu lieu, les vent ont variées petit frais du SO à Ouest, la mer douce et ce matin un lit de courant qui a durez jusqu'à midy qui nous fait croire qu'ils remontent au SO par la rapidité dont ils passoient à cet air de D^e. A midy observé la latt^{de} N 3 g 26, qui me met fort juste avec l'Estime, la R^{te} Cgée m a valus le SE ¼ E 3 g S^d.

Chemin sur icelle 15 L. Longitude A. Cgée Est.....3 g 34

Fait raffraîchir les cables et mis au mouillage pour parrer à tout accid^t

Du Jeudy 3e juin 1773 au Vendredy 4e d^t.

Nous avons eu depuis hier midy a aujourdhuy même heure les vents variables du ONO au SSO presque calme, nous avons gouvernes toutes voilles dehors du SE au SSO mais ayant des remoux de marrées considérables qui paroissoient courir au SO et ce que la hauteur d'aujourdhuy nous a assez prouvé, ayant observée à midy la latt^{de} Nord de   2 g 51

Chemin Corrigée sur la d^{te} R^{te} 12 L½

Longitude arrivée Corrigée Est   3 g 48

Du Vendredy 4ᵉ au Samedy 5ᵉ dᵗ

A midy gouvernant toutes voiles dehors le cap au SE et SE ¼ E
le vent de la partie du Sud et SSO presque calme, nous avons virez
de bord, les amures a babord gouvernant à Ouest et O ¼ SO, la mer
très belle et tems nébuleux et couvert avec l'apparence d'orages qui
n'est jamais venu, mais à 3h½ avons repris les amures à tribord,
toujours même tems.

    A midy observée la latt^de Nord de   2 g 39

    Route Corrigée le ESE 2 g Est, chemin   11 L^x 2/3

    Longitude arrivée corrigée Est   4 g 21

On a coutume de donner du vinaigre et de l'eau à chaque nègres et négresses
pour se rincer la bouche chaque matin lorsqu'ils montent.

Du Samedy 5ᵉ dudit au Dimanche 6ᵉ

Depuis hier midi le vent a été presque calme de la partie du SO
et SSO v^ble à OSO. Nous avons toujours courus les amures a tribord
toutes voiles hors au plus près du vent, la mer douce et très belle
ce qu'on peut regarder comme un mauvais signe, car les courans
vont alors ordinairement comme le vent dans la même direction on
a peu près, ce que la hauteur de midy ne nous a que trop confirmé,
ayant observé la latt^de Nord de ….2 g 31 qui ne donne de diff^ce en
latt^de Nord que 8 minutes Sud. Route Corrigée le E ¼ SE….2 g Est,
Chemin idem 15 Lieux
Longitude A. Corrigée Est …..5 g 5.

Le navire qui depuis le vendredi 4 juin avait pris la direction SE et SE¼ E
n'est pas loin au bout de huit jours de navigation de découvrir une terre
qui ne pouvait être en aucun cas l'île du Prince selon ce que nous en dit
Crassous mais bien la terre ferme, en continent :

Du dimanche 6ᵉ au lundy 7ᵉ juin 1773

Depuis hier midi nous avons eu un tems couvert et très chargée
annonçant d'ailleurs la proximité d'une côte avec des vents moux et
variables du O à OSO et SO. Avons gouverné toutes voiles dehors
au SE et SE ¼ S.

    Au point du jour ne portᵗ le cap qu'à l'Est ¼ SE viré de bord et
pris les amures à babord, le Cap à O et O¼ SO jusqu'à 8 heures que

nous avons rangez les amures à tribord. A midy observée la latt^{de}
Nord de 2 g 22 qui me donne 9 minutes de diff^{ce} Sud.
Chemin idem sur la route de E ¼ SE …2 g Est……..17 L$^{x\ 1/3}$
Longitude A. Corrigée Est …………………………....5 g 56

Du Lundy 7e au Mardy 8e D^t

A midy les vents reignant de la partie du OSO jolis frais nous
courions toutes voilles dehors le cap au Sud et S ¼ SE lorsqu'à 2
heurese nous avons vus la terre qui nous restoit au ESE mais pas
assez distinctement pour décider que ce fut telle ou telle endroit,
seulement par la hauteur de midy nous estimions être *San Banita* :
c'est une terre assez égalle et d'une médiocre hauteur. A 4h ½ nous
avons eu la sonde par 25 B. qui a diminué fort vite de sorte qu'à 6h
nous ne trouvions que 6 à 8 brasses. A 6h ½ étant sur l'autre bord
on a résolu de mouiller, ce que nous avons fait par 17 brasses
environs fond de sable fin et vazar et argille au dessous. A 10h ½ le
vent commencant à renvoyer au SSO nous avons levé l'ancre et
appareillé le cap a Ouest et O ¼ SO, le tems couvert et pluvieux et
même inquiétant ; laissé courir sur le même bord jusqu'au jour que
nous avons revirez les amures à tribord, le cap au SE mais peu
après repris a babord, le vent l'exig^t .
A midy observée la latt^{de} N^d …2 g 18 qui ne me donne que
4 minutes de Diff^{ce} Sud, Route Corrigée le SO
        Chemin 1 L$^{1/3}$
        Longitude A. Corrigée …5 g 52, ce qui donne 16 lieux selon
le plan plus O. que la coste.
*A 9h. perdu le p^t de sonde la ligne ayant été coupé au fond.

Dans la matinée du mardi 8, toujours à la recherche maintenant
incertaine de l'île du Prince, le *Roy Dahomet* connaîtra quelques difficultés
selon Crassous : « des vents forts variables, écrit-il, qui nous ont fait virer
de bord de différentes fois, la mer étant clapoteuse sur la borde du large
et le navire fatiguant baucoup pour le tangage ».
Mais à cinq heures du soir voilà que la terre est à nouveau en vue :
« une terre, poursuit Crassous, que nous avons reconnue pour être la
même que hier au NE et NE ¼ E ». Le lendemain entre midi et deux
heures, « les vents étant de la partie du SO variables a OSO », le *Roy
Dahomet* qui avait couru « à l'Ouest ½ Nord » et « à deux heures viré de

bord le cap sur ¼ SE et Sud, la mer belle », s'était considérablement rapproché de ladite terre aperçue la veille. En pleine nuit, Corby prend alors le parti de mouiller par 25 brasses de fond. La suite nous est rapportée en ces termes édifiants :

"Au jour nous nous sommes vu à l'entré d'une rivière dont l'embouchure paroissoit grande et bien ouverte et qui nous restoit au SSE d'ou le courant sortoit fort rapidement. A 8h nous avons appareillé et peu après perdu le fond avec le calme qui a duré jusqu'à midi. De sorte que dans cette intervalle le courant nous a porté au NNO 1 L ½ a 2 L^x, la mer étoit fort épaisse et verdâtre".

Le jeudi 10 juin à une heure et demie de l'après-midi, la terre ferme toujours en vue, le navire met le cap successivement sur le **Sud** et le **Sud ¼ SO**. Une rencontre fort opportune aurait pu abréger en quelque sorte sa longue errance, si l'on en croit Crassous. Il n'en fut rien. Qu'on en juge :

"Nous trouvant par 14 brasses, nous avons cargué et mouillé environ deux lieux au vent de la même rivière que nous avions vue le matin et nous est venue une pirogue a bord avec 9 hommes mais à qui nous n'avons pus nous faire entendre ; à 4h du matin le vent étant au Sud, nous avons appareillé toutes voiles dehors le cap au O ¼ SO et OSO…"

Dans la nuit du vendredi 11, « nous avons reviré plusieurs bords à différentes reprises » note-t-il encore, toujours à la recherche de l'île du Prince que l'équipage en grand émoi croit apercevoir le dimanche 13 au soir mais en pure perte : « le tout paraît plus imaginaire que réel » tranche Crassous avec beaucoup d'ironie. Pour autant, il ne laisse pas de consigner dans le *Journal* qu'après maintes manœuvres, la terre leur est apparue le lundi à 7 heures du matin « mais tellement embrumée, précisait-il, que nous n'avons pas pu la reconnaître ». De la sorte, toute la journée du lundi et partie de celle du mardi seront employées à l'approcher avec d'infinies précisions : de jour on sonde de deux heures en deux heures, de nuit de demi-heure en demi-heure et lorsqu'il n'est plus que 14 brasses de fond, on préfère s'en éloigner.

Le mercredi 16, tout s'éclaire : le navire se trouve au travers du Cap Saint-Jean dans le territoire de la Guinée équatoriale d'aujourd'hui, alors terre portugaise cédée à l'Espagne cinq ans plus tard. « Ce cap, atteste Crassous, est fort remarquable et bien marqué sur la carte de Mr Bellin », carte dont il n'a pas toujours dit le plus grand bien :

"C'est une terre et une pointe qu'on peut pour quelque chose comparer à la pointe du Ras des Sains, tant pour la coupe et [illisible] de la pointe que pour la hauteur apparente du dessus de l'eau et formant le costé de babord d'une grande baye puisqu'a cette distance on ne peut voir l'autre bord de la baye dont il faut exactement se défier a cause d'une isle au milieu noyez et nommé Corisco".

Durant la nuit, la sonde en action continuellement, le *Roy Dahomet* poursuit sa route à quelque 5 à 8 lieues environ de la terre aperçue et à plus de 40 brasses de fond. Le jeudi matin, comme le beau temps se poursuit et que les courants sont favorables, la marche du navire augmente. Il passe au large de la baie d'Eslivand comme le constate Crassous qui a entre les mains la carte que l'on sait : « elle y est bien marquée, reconnaît-il, et assez bien figurée ».

Dès lors l'objectif ne pouvait être que de gagner l'île de São Tomé : « nous avons gouverné toutes voilles dehors au bordé les plus avantageuses et avons couru hier au soir le cap au Sud et S ¼ O », lit-on dans le *Journal de bord*. Dans ces conditions, le *Roy Dahomet* atteint l'Equateur le vendredi 18 : « Aujourd'huy, remarque Crassous avec beaucoup d'allant, nous avons eu la lattitude 00 g 00, chose assez remarquable d'être justement sous la ligne à l'heure de midy… ».

Cependant, il avait pris soin d'inscrire :

« Hier au soir il est mort et on a jetté à la mer une négresse qui était agonisante depuis près de huit jours ».

Dans l'après-midi et la soirée du 18 juin, l'approche de l'île de São Tomé se poursuit. Mais si l'on en croit Crassous, rien ne sera obtenu durant la nuit. Encore à midi le samedi 19 et malgré le chemin parcouru à l'Ouest, il constate que le navire n'est toujours pas en vue de l'île désirée alors qu'elle se situe à 4 lieues tout au plus. Une conclusion s'impose : elle est marquée trop à l'Est sur la carte. La suite des événements ne peut que conforter cette appréciation puisqu'à 5 heures du soir l'île se dérobait toujours à la vue de l'équipage tout entier.

Au petit jour tout change, le navire, ayant pris la direction NE ¼ O, se trouve à 6 heures à deux lieues et demie tout au plus de l'île des Rolles, au Sud de São Tomé, que Crassous décrit en ces termes :

> "L'îsle des Rolles est une isle d'environ 3 lieux de tour et qui et quand on l'attaque par le SO à a peu près cette forme[*].
> Les 7 frères sont des Rochers entre les quels il y a grand passage de 2 L ½ à 3 au moins et qui sont assez élevé pour être très remarquable. St Thomé d'ailliers est une haute terre fort hachée et sur laquelle certains mornes ont des figures fort remarquables".

En note marginale en haut du texte on trouve la mention :
❀ mort un homme nègre et jetté hier au soir à 7 heures.

En définitive, c'est le dimanche 20 juin que le *Roy Dahomet* rejoint l'île de São Tomé en lieu et place de l'île au Prince qui était sa destination première. Dans ces possessions insulaires portugaises situées providentiellement le long du continent africain sur la route des Deux Indes, on allait au ravitaillement — vivres frais, volailles, bétail, provision suffisante d'eau et de bois à feu — pour mener à bien l'entreprise de la traversée. Le temps de l'escale, on pouvait également, le cas échéant, employer l'équipage à radouber le navire ou à parfaire les ouvrages conçus pour l'enfermement des captifs que l'on débarquait à dessein. S'agissant de ceux du *Roy Dahomet*, l'opération était des plus salutaires. De fait, nous ne sommes nullement certain qu'ils aient pu monter quotidiennement sur le pont du navire durant les vingt-deux jours de navigation depuis la rade de Juda. Ils avaient dû vivre très certainement des moments difficiles confinés dans l'entrepont lorsque le temps n'était pas précisément au beau ou la mer calme, comme on a vu : Crassous n'avait-il pas mentionné deux décès déjà ?

Une fois à terre pour être rafraîchis, les captifs n'avaient guère la possibilité de s'enfuir. Certes, il y eut des précédents mais le recours à des

---

[*] ici figure en bas de page un petit croquis particulièrement réussi représentant ladite île.

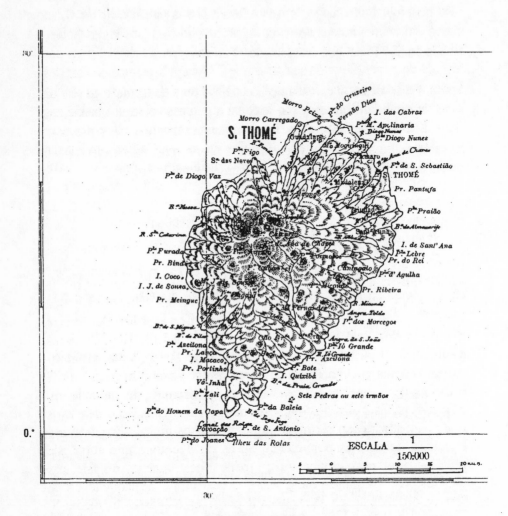

ILE DE SAO TOME

enclos appropriés vint ajouter à la vigilance des gardiens de métier de l'endroit. L'escale dans les îles que commandait l'intérêt n'était pas pour autant sans risques pour l'entreprise dans la mesure où les révoltes étaient plus fréquentes au départ de l'Afrique que durant la traversée...

Plus libres de leurs mouvements, les matelots pouvaient fort bien déserter pour des motifs des plus divers et que par là même, il n'est pas aisé de discerner. C'est ce qu'il advint, le 27 juin, à São Tomé où François Vivien, natif de Libourne, manque à l'appel si l'on s'en rapporte au rôle de désarmement du *Roy Dahomet* – incident que Crassous ne mentionne pas dans le *Journal de bord* et qu'il convient maintenant de transcrire pour toute la durée de l'escale, à commencer par la remarquable description qu'il a faite de l'île que le navire avait approchée par le Sud-Est.

Du Dimanche 20ᵉ juin 1773

A midy le vent étant de la partie du SO jolis frais nous étions E ¼ NE des Islets nommés les 7 frères gouvernant toutes voiles dehors au NE ¼ N et NNE et ayant un peu par le Bossoir de Babord une petite islet nommé St Anne ou Anne Charau mais mal marqué sur le plan, et par ce moyen a environ une lieu de la terre que nous élongions et ou il paroit y avoir plusieurs Bayes et bons mouillages. A 4 heures après avoir doublé l'Islet cy dessus nous avons arondis un peu plus au Nord pour venir ranger à 8 et 9 brasses d'eau une pointe basse et à l'extremité de laquelle on découvre trois Palmistes qui offrent la vray perspective des trois mats d'un navire qui seroit désarmez avec ses hunes sans garniture et amaré derrière la pointe. Peu après on découvre une autre isle plus haute et plus grande qu'on apelle Les Mamelles ou Isle aux chevres. On voit une pointe basse à l'extrémité de laquelle est le fort qu'on accoste en s'entretenant par 7 et 6 brasses et même 5. Lorsque le fort est doublé et qu'on l'a amené au Sud et S ¼ E qu'on découvre pleinement La Ville, la Baye et le mouillage ou nous avons laissé tomber l'ancre a 6 heures ½ par 4 brasses fond de rocailles molles et pouries. Nous avons trouvé un navire portugais qui sortoit de faire sa traite au même fort que nous et en étoit partis un mois a un mois ½ avant. Relevé le fort au SE ¼ S, les Mamelles au (*), la chapelle au milieu de la Baye a tribord et qui est seule au bord de la mer Baye a tribord et qui est seule au bord de la mer au (*) *(en blanc dans le texte).

Du Lundy 21ᵉ Dᵗ

Au point du jour le tems calme et ne nous trouvant pas mouillé comme il faut, nous avons sondé la Baye pour chercher un meillieure mouillage ou nous nous sommes hallé avec des aussières et nos embarquations et ou nous avons affourché à 8 heures NNE et SSO fond rocailles mais plus molles et plus chargé de sable et vaze.

Dégarni les Peroquets et désarimé la calle, vuidé l'eau salée.

✚ un nègre mort dans la nuit et jetté dehors avant le jour un peu au large de la rade. C'est le cinquième en tout .Icy 5.

Séjour à St Thommé

Du Mardy 22ᵉ Juin 1773

On a commencé à faire faire un repas de vivres fraix aux captifs, comme ignames et bananes, a raison de 300 ignames pour 400 captifs et 1200 bananes pour idem.

On a aussi continué l'arrimage de la calle pour commencer a faire de l'eau et du bois qu'on traite et négocie a terre pandᵗ ce tems. Il a fait très beau tout le jour.

Du Mercredy 23ᵉ du dit

Continué les opérations de la veille, ainsi que les vivres frais aux captifs, qui sont assez abondant dans ce pays.

Gratez une partie du navire et goudronné…

Du Jeudy 24ᵉ du dit

Continué les opérations de la veille et fait une 50ᵉ de Bariqˢ d'eau ainsi que plusieurs vivres comme Cocos, Bananes, Ignames, poullés… Ce dernier article est fort commun et coute peu.

✚ {un homme
2 {une femme
mort a terre dans la nuit
cy 7 en tout

Du Vendredy 25ᵉ du dit

Continué à faire de l'eau, bois et vivres fraix. On traite avec les gens du pays des petites periches fort jolies ainsi qu'une espece de petites maquaques qu'on a pour de vieilles hardes et a très bon comptes mais qui sont fort dificiles à conserver.

Du Samedy 26ᵉ du dit

Même opérations que les jours précédents.
Pris au long de bord une très grande quantité de petits poissons comme ceux qu'on apelle a La Rochelle de la Santé avec lesquels on en prend de plus gros comme caranques, Bonites, etc. Il y en a baucoup.

Du Dimanche 27ᵉ juin 1773

Toute la matinée a été occupée à faire de l'eau et du bois. Sur le soir on a donné relais aux équipages, j'ay decendus a terre voir le pays, qui ne m a point parus etre florisant, bien au contraire les apparences tracent la misère et la pauvreté, et tout ce que peut un gouvernmᵗ portugais.

Du Lundi 28ᵉ du dit

On a finis de bonder et remplir la calle, visiter et parer la garniture ainsi que remplacer les vivres que la consommation journalière emportent. Une partie du bagage qu'on avait porté à terre pour le service du magazin, des captifs et tonneliers a commencé à retourner a bord.

Du Mardi 29ᵉ du dit

Nous avons ce jour finis de rembarquer tous les effets qui étoient à terre, ainsi que les malades au nombre de 33, y compris les serviteurs. Le Capitaine est aussi revenus a bord avec tout son monde et nous nous disposons a partir et parons le navire a ce faire.

Du Mercredy 30ᵉ du dit

Au point du jour on a armé le canot pour aller avec un officier au large voir et observer la direction des courants mais peu après son départ ayant dématé de son mats de mizaine il a retourné à bord ou on la regreiez et respédié. A son retour vers les 11 heures, il nous a raporté que les courans portoient au Nord et au NO.

Il n'y a eu daillieurs rien de remarquable sinon tous les vivres frais qu'on consomme ainsi que l'eau qu'on a tres exactement soin de remplacer chaque jour.

✝ un homme mort dans la nuit il était hydropique et un de ceux revenus de terre. On lui a tiré deux bonnes pintes d'eau au ventre. Cy...8 en tout.

Du Jeudy Pᵉʳ juillet

Envoyez le canot en croisière, la brise a été très forte de la partie du SO, avec un tems couvert et la terre extremement chargée de vapeurs et meme tous les matins mais particulièrement aujourdhuy, il s'en exsale une très mauvaise odeur, notre canot a son retour nous a raporté que les courans portoient au NO et violament.

Du Vendredy 2ᵉ du dit

Dans l'attente d'une favorable révolution de courans nous continuons a remplacer l'eau et les vivres et nous disposons au départ qui ne doit pas tarder, les courans étant étales dehors par le raport des pecheurs. On a traité ce jour un homme a terre pour 5 onces ½ d'or et entierement finis toute affaires avec les Portugais.

En fin de page, Crassous avait inscrit également : « A St Thomé, nous avons embarqué les vivres suivants, scavoir... ». En réalité on ne trouve rien à la suite de ces lignes dans le *Journal de bord*. Pour connaître l'ensemble des débours durant l'escale à São Tomé, il convient de se reporter au *Journal de traite* où l'on trouve un compte particulier intitulé :

"Fraix faits à la relâche de l'Isle de St-Thomé depuis le 20 de juin jusqu'au 2 juillet pour vivres et ancrages"

D'abord pour les vivres on peut y lire :

	Livres
8300 ignames à 2 livres le $^0/_0$.	166
26000 bananes à 5 livres le $^{00}/_{00}$.	130
380 alquiers de farine à 6 par l.	152
4 alquiers de noix	4
2 barils huile de palme	10
4200 cocos à 8 L. le milier	33
3500 petites buches à 8 L. le mille	28
2000 épis de mahys	4
12 journées de Pirogue pour l'eau à 2 L ½ par jour	30
Pour 8 jours de magasins à ½ L.	4
Pour 10 jours de guardienage ¼ L.	2 ½

Ensuite pour les frais d'ancrage :

Ancrage :		
au gouverneur payé	33 L}	
au fiscal	8 }	
au sous-fiscal	8 }	62
au capitaine du fort	4 }	
aux 2 écrivains de la douane	8 }	
à l'officier de la mer	1	
un bœuf	12 L }	
un cochon	4 }	16
		_____
		641½

Ces frais qui s'élevaient à 641½ livres, comme on voit, ont été couverts par les marchandises suivantes :

Payé en ce qui suit :

	Livres	Onces
10 ancres d'eau-de-vie à 5 L.	50	10
50 barres de fer à 2	100	18,8
67 platilles dont 61 à I L ½ et 6 avariés à I L	97 ½	8,6

4 pièces toille à robe à 12 L	48	4
4 pièces indienne à 6 L	24	2
11 guinguand à 2 L	22	2,6
13 pièces zinga à 4 L	52	3,4
17 neganepeaux à 6 L	102	8,8
10 Bajutapeaux à 6 L	60	6
24 anabas à 2 L ½	60	6
15 douzaines de couteaux à 20 p. 1 L		9
I coupon de drap rouge		5

641 ½

A la fin de ces comptes on trouve encore :

« Pour herbages, œufs, citrons, giromons, pimands, poules etc... 85 douzaines de couteaux ».

Le *Roy Dahomet* avait fait le plein de vivres propres aux captifs si l'on en analyse la composition et le nombre[75]. On en verra l'utilisation, chemin faisant, puisque le navire quitte São Tomé à l'aube du samedi 3 juillet pour gagner les Antilles.

Départ de St Thomé

Du Samedy 3 juillet 1773

A 4 heures du matin le vent étant de la partie du SO V^{ble} au SSO jolis frais, nous avons désafourché et viré a pic du cable de babord ou du large, a 6 heures drapé et appareillé toutes voilles dehors gouvernant au NNE pour arrondir et doubler les Mamelles, a 7 heures mis en panne babord au vent pour embarquer le canot, et fait servir sitôt qu'il a été a bord en gouvern^t sous la meme voilure au NNE et N ¼ NE accostant les dites Mamelles ou Isle aux Chevres a porté d'un Canon de 4 l. Ensuite on les arrondit tout a fait pour revenir sur la g^{de} terre de St Thomé sans cepand^t trop l'accoster car

---

[75] Remarquons ici la présence du maïs qui était "la principale céréale" dans les régions d'où venaient les captifs embarqués sur le *Roy Dahomet*, voir Dominique Juhe-Beaulaton, « la diffusion du maïs sur les côtes de l'or et des esclaves aux XVIIe et XVIIIe siècles » in *Rev. Franç. d'hist. d'Outre-mer*, t. LXXVII (1990), n°287, pp.177 à 198.

assez communement depuis 10 heures du matin jusqu'a la nuit on se trouve tout a fait en calme et ce qui nous est arrivée, le fond est très bon sous les Mamelles et on peut s'y mouiller avec confiance, c'est de la vaze très noire mellé avec de gros sable.

A midy relevé les Mamelles au milieu au SE ¼ E, la pointe la plus au NO de l'isle a OSO.Nous avions alors par notre travers une pointe au bout de laquelle est un espece d'islet qui paroit briller assez au large.

Les Portugais assurent que quand la Pointe du fort brille dans la nuit avec bruit et espece de mugissement les courans portent haut. J'estime la remarque bonne car ils ne portent pas bas et sont au moins étalles.

Du Samedy 3e au Dimanche 4e du dit

Nous avons été presque toujours en calme depuis midy a 4 heures du matin si non quelques petites bouffées de vent très variables et très foible, mais a 4 heures le vent a pris au SO et SSO peu a peu a nous faire serrer les peroquets que nous avons remis dehors vers les 10h., gouvernant les amures a babord, le cap a Ouest et O ¼ NO, à 7 heures du matin relevé la pointe du Nord de St Thomé au S ¼ SE d'ou jay pris mon point de départ par

la latt^{de} Nord de .... 00 g 30 minutes
longitude d^{te} E   4 g Méridien Paris

La route jusqu'à midy m'a valus le Ouest. Chemin 4 lieux ce qui me donne de longitude arrivée Est..........3 g 50.

- ✝ un homme mort dans la nuit et jetté dehors ce matin. C'est le 9e en tout
- parlé a un navire anglois brigantin venant de la peche et ayant quitté le Cap de Lopez depuis 2 jours. Il nous a quitté avant la nuit.

8 – La traversée : l'arrivée au Cap Français

Si l'on excepte la désertion d'un matelot dont il a déjà été question, la relâche à São Tomé s'est effectuée sans incident notable et le départ du *Roy Dahomet* sans encombres majeurs, on l'a vu. Durant les huit jours d'escale proprement dite, les trente-trois malades que l'on avait débarqués avaient dû être soignés en conséquence. Les deux chirurgiens y avaient pourvu : il n'y eut qu'un seul décès. Aucun incident, ce semble, ne vint troubler les opérations et manœuvres de départ. En tout cas rien de fâcheux pour les intérêts du commerce ne transparaît dans les lignes que nous a laissées Crassous. C'est que, en vieux routier, le capitaine Corby avait pris ses précautions. Il fallait certes user d'autorité mais avec doigté car il n'était qu'un marin pour dix captifs : ces derniers n'avaient-ils pas regagné en bon ordre leurs parcs respectifs ? La docilité de la cargaison humaine peut surprendre ici. Mais on ne sait au juste quelles avaient été les mesures prises en l'occurrence pour calmer l'angoisse ou encore atténuer la détresse de ceux et celles qui, à tout jamais, allaient perdre de vue des paysages qui leur étaient familiers et au surplus abandonner la terre qui les avait vus naître. Témoin de plume autorisé, Crassous ne pouvait en aucune manière tout dire pour autant. On le sait…

Parti de São Tomé le 3 juillet, le *Roy Dahomet* n'arrivera à sa destination antillaise que le 3 septembre. Il était dans les temps, somme toute, puisque la moyenne en l'espèce était de quarante jours. Tout au long de ces deux mois de traversée Crassous aura, avec ponctualité, poursuivi la rédaction du *Journal de bord*. Pour notre part, si pour les premiers jours de juillet notamment, nous nous sommes efforcé de transcrire dans leur intégralité plusieurs pages dudit *Journal*, il nous a paru opportun, par la suite, d'en extraire les moments les plus marquants de la vie à bord des captifs au détriment des indications d'usage relatives à la marche du navire ou à l'état de la mer ou le type de temps rencontré. Ce choix s'imposait de lui-même dans la mesure où Crassous s'est attaché à nous renseigner par de nombreuses annotations en marge du texte sur les différentes sortes de repas qui étaient fournis aux captifs ou quelques-unes des recettes éprouvées pour amenuiser leur mélancolie pour ne pas dire plus. De même, il a comptabilisé avec une certaine régularité les décès survenus dans leurs rangs. La portée du *Journal de bord* n'en est que plus grande et son authenticité par là-même confirmée. C'est sous le titre révélateur *De la relâche à Saint-Domingue* que s'amorce, le dimanche 4 juillet, la relation de la traversée qui, depuis l'Afrique, constituait le second segment du voyage circuiteux. Dès le départ de São Tomé, le 4 juillet, le cap avait été mis sur l'**Ouest** et l'**Ouest ¼ Nord Ouest** pour remonter vers les Antilles depuis la ligne de l'Equateur :

Du Dimanche 4 au Lundy 5^e

Depuis hier midy a aujourdhuy même heure les vents ont reigné de la partie du SSO. Nous avons gouverné au Ouest et O ¼ NO toutes voiles dehors les amures a babord, la mer clapoteuse et grosse, le tems couvert. A midy nous avons observé la latt^{de} Nord de 24 minutes qui donne 6 minutes de diff^{ce} en latt^{de} depuis hier ce qui me confirme assez que les courants ne nous ont point été contraire puisque la route estimé est le Ouest 3 g Sud Chemin 24 lieux, ce qui est conforme a la route corrigée.
Longitude a. et corrigée Est ....2 g 38.

Du Lundy 5e au Mardy 6e 1773

Très beau tems pand^t ces 24 heures quoyque froid. Les vents ont reigné de la partie du Sud V^{ble} au SSO jolis frais, avons gouverné les amures a babord toutes voiles dehors, le cap a O ¼ SO et OSO. A midy observée la latt^{de} N^d de 00 g 00 qui m a donné la route du O ¼ SO ½ Sud, Chemin ...26 L^x.
Longitude A. Corrigée Est.....1 g 25

Du Mardy 6e au Mercredy 7^e

Nous avons eu un tems assez beau quoique le vent fut un peu calme et égal et avons gouverné au O ¼ SO et OSO du compas toutes voiles dehors ; a midy observé la latt^{de} Sud de 34 minutes, ce qui me donne une petite diff^{ce} en latt^{de} Sud que j'attribue aux courant qui doivent cependant être très foible, la route corrigée m a valus le OSO ½ Sud, Chemin id. ....23 L^x.
                    Longitude A. corrigée Est ....25 minutes
L'eau paroit verte et semble annoncer quelques haut fond.

Du Mercredi 7 au jeudi 8 juillet 1773

Depuis hier midy jusqu'à 4h. il a venté de la partie du Sud assez jolis frais. Nous avons gouverné toutes voiles dehors le cap à Ouest. A 4 heure trouvant toujours l'eau extrèmement changé et verdâtre, nous avons cargué et amenez les menues voiles et mis en panne pour sonder, fillé près de 150 brasses point de fond. Remis en route et fait servir, les vents ont été très moux et vazillant du S au SSO, le tems clair et sans aucun nuage et l'horizon singulièrement bronze a la hauteur de 16 g puis enflamé et se perdant insensiblement a   24 g a 30 de hauteur. A midi observé la latt^{de} Sud de 55^m qui ne me donne presque point de diff^e d'avec l'estime et me fait valoir la route le OSO ….4 g Sud, Chemin 16 lieux.
Cependant je crois que les courants portent un peu au Sud ou SO
Longitude A. Corrigée Est de ……g 20^m Est.

Du Jeudy 8e au Vendredy 9e Du dit

Nous avons eu un temps à peu près comme la veille, c'est-à-dire très beau, la mer belle et bluâtre mais le vent moux et petit frais de la partie Sud v^{ble} au SSE et gouvernant au Ouest toutes voiles dehors […]. Hier au soir a 4 heures nous avons coupé une ligne d'eau chargé de particules rares et a nous inconnues resemblantes assez a des oursins flotans mais plus petits et dont nous n'avons pus prendre aucun, a 4h ½ il n'en paroiss^t aucun.…
A midy observé la latt^{de} Sud de 1 g 6 minutes et qui ne donne que 2 minutes de diff^{ce} d'avec l'estime ce qui me fait croire qu'il y a eu très peu de courants. Route corrigée le O ¼ SO, 19 degrés
Longitude A. Corrigée O g 36 minutes.

Du vendredy 9e au Samedy 10e juillet

Les vents ont reigné de la partie du Sud et SSE presque calme ou très petit frais. Si non de 4 heures du soir à 3h quils ont souflé un peu plus fort, mais aussi calmé peu à peu de manière qu'aujourd'huy 10 à midi, ils étaient presque tout calme, nous avons cargué la grande voile et l'artimon et porté les bonnettes haut et bord en avant, à midi j'ai observé la lattitude Sud de …1 g 19, ce

qui me fait valoir la route le OSO, Chemin 21 L$^{1/3}$ et me donne 5 minutes plus au Sud que l'Estime que j'attribue aux courants.
Longitude A. Corrigée Ouest,   1 g 36.

Du Samedy 10e au Dimanche 11^e

Depuis hier midy nous avons eu les vents presque calme de la partie du SE v^{ble} à l'ESE, jolis frais [...]. La mer très belle et l'eau un peu verdatre mais qui a repris ce matin sa couleur naturelle tirant un peu du bleu du ciel extrement clair [...]. A midy observé la latt^{de} Sud, 1 g 20 qui me donne 5^m plus Sud que l'Estime.
Route Corrigée le Ouest, Chemin 16 lieues.
Longitude A. Corrigée O ...2 g 23.

Du Dimanche 11e au Lundy 12^e

Depuis hier très beau tems avec une bonne brise du SE v^{ble} au SSO, porté bonnettes haut et bas et toutes voilles le cap au ONO du compas. A midy observé la latt^{de} Sud, 1 g 4 qui m a donnée une minute de diff^{ce} d'avec l'estime et m a fait valoir la route le O ¼ SO, 3 g 30 Ouest. Chemin 31 L$^{1/3}$
Longitude A. Corrigée Ouest .....3 g 57
♀ Un homme mort dans la nuit. Passe pour 10.

C'est, comme on le voit, à partir du dimanche 11 juillet qu'apparaissent en marge du *Journal* les annotations relatives à la vie et à la mort des captifs au cours de la traversée. Autant dire que c'est à compter de cette date qu'il convient de condenser quelque peu la transcription que nous avons entreprise pour mettre en valeur des faits d'ordre sociologique que nous serons amené à analyser plus loin...

Du Lundy 12e au Mardy 13e J^{lt} 1773

Nous avons eu assez beau tems depuis hier au vent pres qui a été un peu trop calme, on a gouverné a ONO toutes voilles dehors [...] Sur le soir voyant la mer courante du SO au NE par grosses lames rondes... et l'eau d'un bleu de ciel fort clair, nous avons sondé fillé 160 brasses environ sans fond [...].

Lattitude Sud de 36 minutes […] les courants portent au NO ce qui m a donnée la route de NO ½ O.
Chemin 14 lieux, Longitude A. Corrigée Ouest …4 g 30.
✠ mort un enfant a la mamelle – Néant.

Du Mardy 13ᵉ au Mercredyᵉ 14 dᵗ

Depuis hier midy le vent a été assez constament du SSE au SE très petit frais, nous avons gouverné au O ¼ NO toutes voilles dehors […]
La lattᵉ Sud de….31 minutes […]. La Route Corrigée le Ouest 20 minutes Nord, Chemin ydem… 15 L²ᐟ³
Longitude arrivée Corrigée Ouest …5 g 15

Du Mercredy 14ᵉ au Jeudy 15ᵉ dᵗ 1773

Depuis hier tres beau tems mais presque calme […] gouverné au O ½ NO […] la lattᵈᵉ Sud de 32 m […]
la route le Ouest   30ᵐNO, Chemin… 15 L²ᐟ³.
Longitude A. Corrigée Ouest ……………6 g 2
Pris sufisament de poisson pour en faire manger aux nègres de devant, c'est-à-dire aux hommes.

Du Jeudy 15ᵉ au Vendredy 16ᵉ juilᵗ

Toujours a peu pres le même tems mais le vent petit frais quoyque bon et reignant de la partie du SE vᵇˡᵉ parfois au ESE, le ciel un peu plus couvert annoncant du frais […]
La lattᵉ Sud de …35 m
Route le Ouest …3 g Sud
Chemin ………24 lieux
Longitude Corrigée Ouest …7 g 15
✠ une négrite morte ce matin et que l'on ne jettera a la mer qu'à la nuit. Idem 11.
* Poisson en abondance comme bonnites, tons, grandes oreilles etc.. dont on a donné un repas aux négresses avec de la farine et cocos a 3 des dits par plats.

Du Vendredy 16ᵉ au Samedy 17ᵉ

Pendant ces 24 heures le vent a reigné du SSE vᵇˡᵉ au SE et Est petit frais portant toutes voilles dehors gouvernant au O ¼ NO […]
Lattᵉ observée a midy 15 m plus Nord que l'Estime […]

Route Corrigée le O ¼ NO …...2 g N
Chemin Cgé …....….........…20 L$^{1/3}$
Longitude A. Corrigée Ouest …8 g 14
♀ un négrillon mort dans la matinée et a jetter dehors ce soir. Idem 12.
* pris du poisson sufisament pour faire faire un repas aux négresses. Il a tombé un peu de pluye ce matin.

Du Samedy 17e au Dimanche 18e j^{let} 1773

Très beau tems ces 24 heures la mer douce le ciel serein et le vent un peu moux ; nous avons gouverné toutes voilles dehors au O ¼ NO du compas et à midy observé la latt^{de} de 16 minutes qui a donné 8 minutes de plus au Sud que l'estime et a fait valoir la route corrigée le Ouest …4 g Sud, chemin ….…24 lieux
Longitude A. Corrigée Ouest …9 g 25
Force poisson qui se trouve toujours très bon et n'incomode personne et se nomme grandes oreilles.

Du Dimanche 18e au Lundy 19e juillet 1773

Continuation du même tems, singlé toutes voilles hors pand^t ces 24h^{es} et gouverné au O ¼ NO […] chemin 19 lieux
Latt^{de} arrivée et observée Sud ….…....g 21^m
Longitude A. Corrigée Ouest de… 10 g 22^m
Toujours une grande quantité de poisson dont nous avons pris sufisament pour faire faire un repas à tous les captifs…

Du Lundy 19e au Mardy 20e juillet 1773

Depuis hier les vents ont reigné du SE a l'Est jolis frais, la mer avec une grosse lame du SE au Nord et NO d'ailleurs paroisant agité et clapoteuse à sa surface, nous avons gouverné au O ¼ NO et ONO du compas toutes voilles dehors [….] A midy par la hauteur nous nous sommes trouvé avoir 20 minutes plus Sud que hier et 15 plus Sud que l'estime ce qui joint a la conjonction de la lune qui arrive demain nous a fait croire que les courans portent au SE […].
Route corrigée le O ¼ SO …3 g 5
Chemin corrigée 26 L$^{1/3}$
Longitude A. Corrigée Ouest …11 g 39
Toujours baucoup de poissons, pris un superbe thons.

Du Mardy 20ᵉ au Mercredy 21ᵉ duᵗ

Les vents ont constament souflé du SE et ESE bonne brise nous avons gouverné au ONO et NO ¼ O [...] la mer grose batue et extrement agité [...]. Lattᵉ Sud de 55 minutes
Route corrigée le O ¼ SO...3 g Ouest, Chemin 36 Lᴵ/³
Longitude A. Corrigée O ...13 g 27
✝ un enfant mort dans la nuit qui était à la mamelle – Néant

Du Mercredy 21ᵉ au Jeudy 22ᵉ Juillet

Nous avons eu depuis hier les vents de SE variable à l'ESE jolis frais, avons portez le cap au NO du compas toutes voilles portante dehors [...].A midy nous avons eu encore une diffᶜᵉ considérable entre l'estime et la hauteur allant a 27 minutes plus du coté du Sud, ce qui nous a prouvé que les courants n'ont pas molies [...]
Lattᵈᵉ Sud 28 minutes qui fait valoir la route le ONO ½ O, 30 lieux
Longitude A. Corrigée O ...14 g 54
le poisson commence à nous quitter, et le ciel se charge de plus en plus de nuages fort épais.

Du Jeudy 22ᵉ Juillet 1773 au Vendredy 23ᵉ

Le vent toujours variable du SE au SSE jolis frais nous avons gouverné pandᵗ ces 24 heures au NO ¼ O afin de corriger la force des courans qui semble porter au SE ou SSE [...]
La lattᵈᵉ Nord de ...g 3. Il y a cepandᵗ lieu de croire aussi que les courans commencent a molir et ne sont pas si violent, peut être même qu'ils vont porter au NO et NNO [...] la mer n'est plus battue de cette grosse lame et moins clapoteuse, au contraire elle est fort douce et très unie ayant une couleur bleuatre.
Longitude A. Corrigée Ouest ...16 g 12.
les poissons ont aussi commencé à nous quitter...

Du Vendredy 23ᵉ au Samedy 24ᵉ juillet 1773

Depuis hier midy a aujourd'huy même heure les vents ont assez constament reigné du SE vᵇˡᵉ a l'ESE ou au Sud en molisant un peu sur le soir et pandant toute la nuit, nous avons courus avec toutes voilles dehors ou le plus possible selon le cas nécessaire sur la

route du O ¼ NO et a midy j'ai observée la latt^{de} Nord de 28^m […]
La route corrigée m a valu le ONO …2 g Ouest, Chemin 25 L
Longitude arrivée corrigée Ouest ….17 g 59

Du Samedy 24e au dimanche 25e juillet 1773

Nous avons eu pand^t ces 24 heures un assez beau tems, quoyque
un peu couvert et menacant meme de grains mais qui se sont touj^{rs}
assez promptement dissipés en entretenant les vents constament au
Sud variable au SSE, jolis frais, gouverné au Ouest du compas
toutes voilles dehors […].
Lattitude Nord de 33^m
Route corrigée le Ouest …3 g Nord
Chemin 32 L^x
Longitude A. Corrigée Ouest …18 g 54

Du Dimanche 25e juillet au Lundy 26^e

Pandant ces 24 heures les vents ont reigné de la partie du SE v^{ble}
SSE jolis frais, la mer belle, le ciel tant soit peu couvert, gouverné
au Ouest du compas jusqu'à ce matin 5 heures que nous avons
gouverné a ONO sortant toute la voillure possible. A midy observé
la Latt^e N de 58 min […]
La route le O ¼ NO …3 g N^d, Chemin 32 L^x
Longitude corrigée Ouest …20 g 36

Le mois de juillet tirant à sa fin, le temps se met au beau et dans la nuit
du jeudi 29 au vendredi 30, à l'approche des eaux tropicales voisines des
petites Antilles, c'est pour Crassous un éblouissement, qui note que « la
mer un peu clapoteuse mais très bleue et singulièrement lumineuse dans
la nuit par grosses bluetes très vives et bien détaché [qui] faisoit une
illumination assez agréable dans le sillage du navire ».
Au point du jour, il consigne en marge du *Journal* que le *Roy Dahomet*
croise « un navire qui courait au Nord », ce qui ne laisse pas de l'intriguer :
« il avait trois mats et nous n'avons pas pu lui parler ». A midi, il fait le
point comme d'habitude. Mais lorsque le soir tombe, il constate que le
temps se gâte soudain : des vents du Sud et du SSO soufflent, qui
charrient la pluie. Tout à ses instruments de mesure, Crassous nous livre
ses observations :

"le tems chargé couvert et quelque peu de pluye ce qui commence à nous faire croire que nous sommes plus Ouest que notre estime, nous continuons néanmoins de gouverner au NO ¼ O pour prendre du Nord davantage et nous tirer du parage de plusieurs vigies qui sont marquées sur la carte nous avons pourtant eu hauteur et trouvé la latt^{de} observée Nord de …3 g 54 […]
la route corrigée du NO ¼ O …1 g 30 minutes
          Longitude A. Corrigée Ouest …28 g 41   "

Il note en bas de page qu'il « paraît toujours quelques oiseaux et beaucoup de poissons volants ».

Lorsque s'ouvre le mois d'août, le *Roy Dahomet* naviguera durant une dizaine de jours au milieu de gros orages, le cap constamment sur le **NO**. Pluies et vents alterneront, il est vrai, avec des calmes plats. Mais la mer sera souvent grosse et de puissants courants porteront au **NNE**. Aux Antilles l'hivernage avait commencé. Et de fait, le mauvais temps atteindra son paroxysme dans la nuit du 9 au 10 août. On voudrait souligner d'ores et déjà les répercussions que ce mauvais temps lié à la saison des pluies en zone tropicale aura sur la vie à bord des captifs, enfermés dans leurs parcs respectifs. Crassous n'en dit mot, occupé qu'il était à suivre la marche du navire. Dès le 9 août, il est vrai, il s'était employé à indiquer le type de repas servis aux captifs et les quelques attentions dont ils étaient l'objet. Au demeurant, il n'a pas laissé de signaler ici et là les décès survenus parmi eux. En témoignent les notes en marge du compte-rendu de la période du samedi 7 au dimanche 8 et de celle du dimanche 8 au lundi 9 août :

✚ un homme, une Neg^{te} morts. Le premier hier soir et jetté dehors à la nuit, l'autre ce matin et jetté à la mer au jour. Cy-14.
✚ a 8h du soir mort un homme et jetté après a la mer. C'est le 15e.

Dans la journée du jeudi 12 la situation s'améliore, même si des raz-de-marée secouent le navire de loin en loin. Bref, le beau temps s'impose définitivement à partir du 15 août et jusqu'à la fin du voyage. Dès lors, Crassous a pu tourner son regard vers les captifs qui, et pour cause, occupent plus souvent ou plus longtemps le pont du *Roy Dahomet*. Dans ces conditions, il nous a été possible de réunir dans le tableau ci-après les observations qu'il nous a laissées.

Vie et mort des captifs à bord du Roy Dahomet
(9 août – 1 septembre 1773)

- Du lundi 9 au mardi 10 1773
Farine et cocos - 160 - quelque un pourris

- Du mardi 10 au mercredi dudit
Fèves le matin. Ignames le soir – 420

- Du mercredi 11 au jeudi 12 août
Fèves le matin et le soir. Vinaigre

- Du jeudi 12 au vendredi 13 dudit
Fèves à souper 26 gamelles. Idem à dîner

- Du vendredi 13 au samedi 14 dudit
A souper hier soir de la farine et des cocos 180 et fèves
ce matin 30 gamelles, 14 barrils de galère pour cuisson

- Du samedi 14 au dimanche 15 août 1773
Fèves le matin et le soir. Tabac aux femmes

- Du dimanche 15 au lundi 16 août 1773
Riz à souper, fèves ce matin. 32 gamelles et 14 de riz.
Pipes et tabac aux hommes

- Du lundi 16 au mardi 17 août 1773
A souper hier des ignames 410 – Ce matin des fèves à l'ordinaire

---

- Du mardi 17 au mercredi 18 août
Des fèves à souper hier au soir et idem ce matin à diner……
du tabac aux hommes et aux femmes

- Du mercredi 18 au jeudi 19 août 1773
Donné à souper de la farine de magnock 22 gamelles avec 180 cocos. Ce
matin des fèves. 26 gamelles et 14 barils de gallère pour l'un et l'autre

---

- Du jeudi 19 au vendredi 20 août 1773
Des fèves à souper et déjeûner comme d'usage

- Du samedi 21 au dimanche 22 août 1773
Des fèves hier a souper et ce matin à diner, du tabac et des pipes aux
hommes et aux femmes

- Du dimanche 22 au lundi 23 août

De la farine hier à souper 22 gamelles même quantité d'eau. 14 barils d'eau cocos 160. 12 pourris. Ce matin des fèves la même quantité

- Du lundi 23 au mardi 24 août 1773

♣ Un homme mort dans la nuit et jettez ce matin avant le jour. Cy 16^e
Hier à souper des fèves. Ce matin idem

- Du Mardi 24 au Mercredi 25 dudit

Donnez à souper et déjeûner des fèves

- Du Mecredi 25 au Jeudy 26 dudit

Donnez hier aux nègres de la farine et des cocos le même nombre, ce matin des fèves

- Du jeudi 26 au vendredi 27 août 1773

✐ Un enfant né hier soir a 3h. et baptisée et appellé Bossou = néant
Donnez des fèves hier a souper des fèves et ce matin idem. Même quantité accoutumé et du tabac ce matin

- Du vendredi 27 au samedi 28 août

Donné des fèves hier a souper idem matin, même quantité

- Du samedi 28 au dimanche 29 août 1773

♣ a 4h hier au soir jetté à la mer l'enfant dernier né mort. Néant
A souper hier donné du riz la même quantité de 22 gamelles et 14 barils de gallere d'eau pour les faire cuire. Ce matin des des fèves.

- Du dimanche 29 au lundi 30 dudit

Donné des fèves à souper hier au soir et ce matin à dîner aussi du taback ce matin et toujours alternative de vinaigre et de [ill.]d'un jour à l'autre

- Du lundi 30 au mardi 31 dudit

Donnez des fèves hier a souper et ce matin idem. Aussi du tabac au hommes et aux femmes

- Du mardi 31 août mercredi 1er septembre 1773

A souper de la farine et des cocos. Des fèves a dejeunez

A partir des annotations de Crassous que nous avons retranscrites dans les tableaux précédents, il est possible de reconstituer, mais en partie, la vie quotidienne des captifs sur le *Roy Dahomet,* avec toutes les réserves qui s'imposent en pareil cas. On n'ignore pas en effet les limites de ce type de développement s'agissant de faire l'histoire des gens sans histoire pour reprendre le questionnement des regrettés historiens cubains Pérez de la Riva et Deschamps-Chapeaux. A tout le moins, nous avons sous la main, en l'occurrence, une somme édifiante d'éléments, s'agissant de la nourriture des captifs du *Roy Dahomet* sur une période couvrant près de la moitié de la traversée. Il faut ajouter, au demeurant que Crassous s'était également penché sur cette question de façon plus épisodique, il est vrai, dans le milieu du mois de juillet. Certes, ici et là, les horaires des repas ne sont pas indiqués. Les mentions sous la plume de Crassous sont vagues à souhait : le matin et le soir ou encore le souper et le dîner, sans plus. Toutefois, si l'on s'en tient aux usages connus en la matière, le premier repas du jour était servi vers 9 heures et le second à partir de 4 heures de l'après-midi. Maintenant, ce qui doit retenir notre attention, c'est bien ici la composition de ces repas, leur qualité et leur quantité. On sait qu'il n'est pas de modèle dans l'absolu. Mais, à tout prendre, l'échantillon qui nous est offert s'avère être très représentatif de l'ensemble des pratiques de l'époque…

On remarque tout d'abord qu'outre les vivres frais embarqués en grande quantité à l'escale de São Tomé et qui leur sont servis avec bonne mesure, les captifs ont été littéralement gavés de poisson entre le 14 et le 22 juillet au moins[76]. Mais dès cette date le poisson disparaîtra pour longtemps de leurs gamelles. Il en a été ainsi des bananes. En effet, ces bananes-légumes que l'on faisait cuire tout comme le poisson avec lequel elles s'accommodaient très bien mûrissaient d'autant plus vite qu'elles étaient enfermées dans la cale du navire. Certes, on en avait embarqué 26.000. Mais Crassous lui-même nous a indiqué, le mardi 12 juin 1773, à São Tomé, qu'il en fallait 1200 par repas pour 400 captifs. Et rien n'empêchait qu'elles fussent également servis aux matelots connaisseurs ! C'est dire qu'au bout de trois semaines au plus, elles avaient été consommées. Au-delà elles ne seraient plus comestibles.

---

[76] Sur la consommation de poisson par les Africains, voir Théodore Monod, "Une enquête ouest-africaine sur les pêches au XVIIIᵉ siècle", *Mémoire pour Guinée*, in *Rev. Fr. d'Hist. d'Outre-Mer*, T.LXIV (1977) n°237, pp.516-520.

Vie à bord, scène d'un navire négrier

En somme, le bel équilibre que constituaient le poisson en court-bouillon bien pimenté et la banane-légume n'existait plus bien avant que ne s'ouvre le long mois d'août. Restaient les ignames au nombre de pas moins de 8300 et de toutes tailles, il est vrai. Ce tubercule qui se conservait plus longtemps sera servi jusqu'au 17 août, comme on a vu. Sur la base de quelques 400 unités consommées par jour, selon les comptes de Crassous, les ignames auraient remplacé les bananes pour une vingtaine de jours, jusqu'au souper du lundi 16 août, comme il en apparaît. Dans ces conditions les légumes secs, les fèves tout particulièrement sans doute relevées au piment, la farine de manioc, le maïs, le riz et les noix de coco, ces dernières parfois pourries, ont constitué peu à peu l'ordinaire – la chose est patente pour la période qui va du 9 août au 1er septembre. L'eau embarquée à profusion à Juda puis à São Tomé n'a pas manqué. Mais qu'en était-il de sa distribution et surtout de son état ? On ne sait. Enfin aux chapitres des attentions prodiguées aux captifs, outre l'eau-de-vie indiquée au moins une fois auparavant sous la plume de Crassous, on voit que le tabac était réparti méthodiquement entre les hommes et les femmes montés sur le pont à tour de rôle, ce semble, quand le temps le permettait, rappelons-le. Ne les obligeait-on pas à chanter et à danser pour chasser la mélancolie et faire de l'exercice avant de redescendre dans leur parcs respectifs où l'espace leur était compté ? Tout capitaine de navire négrier n'avait-il pas en mémoire les recettes prescrites par l'auteur du *Parfait Négociant*, s'agissant de la conduite à tenir à l'égard des captifs au cours de la traversée :

> "... Quand ils ont perdu leurs Païs de vüe, ils commencent à se consoler, et particulièrement quand on les régale de l'harmonie de quelque instrument ; c'est pourquoi il seroit bon pour la conservation des Nègres d'embarquer quelque personne qui sçut joüer de la Musette, de la Vieille, Violon ou de quelqu'autre instrument pour les faire danser et tenir gais le long du chemin"[77].

Par ailleurs, les captifs du *Roy Dahomet* ont-il été lavés à grande eau ou bien encore oints d'huile de palme suivant une pratique éprouvée ? On ne sait. Au nombre des mesures d'hygiène touchant tant les captifs que l'habitacle où ils étaient confinés, Crassous mentionne une fois au moins

---

[77] Jacques Savary, *Le Parfait Négociant*, Paris, 1721, p.229.

l'emploi du vinaigre qui avait retenu son attention. Il était utilisé, selon ce que l'on sait, pour "parfumer" l'entrepont soumis régulièrement à une désinfection en règle pour des raisons qu'il n'est point besoin de préciser! Mélangé à l'eau, ce même vinaigre entrait dans la composition des bains de bouche auxquels les captifs avaient droit chaque matin : la recette était bonne pour prévenir le scorbut entre autres....

Si l'intérêt du commerce commandait ces égards à leur endroit, la traversée était toujours un drame pour ceux qui, dans des conditions haïssables, avaient été arrachés à leur patrie. Crassous ne sera pas en mesure de nommer les causes physiologiques ou psychiques des décès qu'il a mentionnés dans son *Journal*. Malgré l'évolution sensible du savoir médical, le XVIIIème siècle finissant, les chirurgiens qui sont à bord du *Roy Dahomet* n'avaient sans doute pas les moyens de venir à bout de toutes les maladies qu'ils auraient diagnostiquées.

A titre d'exemple, nous reproduisons ci-après un certificat de décès dressé à bord du navire l'*Iris* de La Rochelle (capitaine Corby) le 25 août 1784[78]. Pour les unes ces maladies relevaient de l'état sanitaire défectueux de plusieurs captifs au départ de l'Afrique : n'était-il pas déjà 33 souffrants à la relâche de São Tomé dans le cas qui nous occupe ? Pour les autres, il s'agissait ni plus ni moins des déboires nés du long voyage qui les conduisait au Nouveau Monde. Mais qui pourrait dire le mal qui rongea cette négresse qui s'éteint le 14 juin après 8 jours d'agonie comme le souligne comme à dessein Crassous lui-même ? Sur les 9 hommes qui passent de vie à trépas entre le 19 juin et le 23 août, combien atteints par la désespérance ne se sont-ils pas laissés mourir dans l'entrepont où ils étaient enchaînés la nuit durant tout au moins ?

Libres de leurs mouvements et par là soumis à un régime moins rude, des enfants succombent eux aussi à bord du *Roy Dahomet*. Des nourrissons rendent l'âme également dans les bras de leurs mères dans le milieu du mois de juillet. Et c'est avec une émotion contenue — il faut bien l'admettre — que Crassous qui nous en avait annoncé la venue au monde, constate en fin août qu'un nouveau-né n'avait traversé la vie que l'espace de deux jours....

---

[78] A.D.C.M., B 57.58.

Nous soussignés officiers majors chirurgien et mariniers du navire l'Iris de la Rochelle Commandé par Monsieur Corbie, armé audit lieu par Monsieur Garesché, certiffions que ce jour vingt cinq aoust de l'an mil sept cent quatre vingt quatre sur les Midy et demie qu'il serait mort un nègre Pièce d'Inde, apartenant à la cargaison, marqué à la fesse gauche à l'Etampe du navire R, que le sieur Jamiaud Premier chirurgien nous avoit dit être la suite d'une diarrhée discentérique dont il aurait été atteint depuis plusieurs jours. En foi de quoi avons dressé le présent pour valoir et servir en tems que de besoin, fait quadruple abord dudit Navire en rade de Porto-Novo, côte d'Affrique et avons signé les jour et an que dessus.

Nous aurons à revenir sur le nombre de morts que Crassous a recensés et qui furent jetés en pâture aux requins qui s'étaient habitués à suivre les navires négriers. N'étant que de seize suivant ses comptes, les pertes ne s'élevaient ici qu'à 4% environ — ce chiffre était bien en dessous de la moyenne qui serait de 15% sur l'ensemble du siècle[79]. En somme, le *Roy Dahomet* aurait fait un voyage heureux, comme on disait en pareilles circonstances ! Quoi qu'il en soit, le mercredi 1e septembre, le navire abordait l'île de Saint-Domingue en sa partie espagnole avant de cingler vers le Cap français suivant ce que nous a marqué Crassous dans son *Journal* :

Du Mercredy Premier Septembre au 2ᵉ du^dit 1773

A midy le vent reignoit de la partie de l'Est jolis frais. Nous gouvernions a Ouest tout dehors et esperions voir la terre avant la nuit parce que nous avions trouvée de l'herbe à tortue en grande quantité et plus longue, lorsqu'à une heure nous avons eu connoissance du SO. Alors rangez un peu sur babord pour l'acoster et la ranger un peu plus a deux heures. Nous l'avons très bien reconnue pour le cap de Raphael et plus bas et plus a l'Ouest vu Samana qui restait au SSO 10 à 12 lieux. Alors gouverné à O ¼ NO pour écarter le vieux cap qui porte baucoup au Nord. A la nuit relevé la terre la plus à l'Ouest au SO et dans la nuit craignant à cette route de ne pas éloigner sufisament nous avons gouverné au ONO. Au jour nous nous sommes très bien trouvée par le vieux cap qui nous restoit au SE ¼ S, alors raproché l'Ouest en prenᵗ la route du O ¼ NO que nous avons continué jusqu'à midy que la pointe que nous estimons être le cap de la Roque nous restoit SE ¼ S, la pointe du Cap Rouge au SO ¼ O et OSO [...]
au point du jour vu un navire Seneau en arrière à nous.

Du Jeudy 2ᵉ au Vendredy 3ᵉ dud.

A midy nous gouvernions toutes voilles dehors a O ¼ NO les vents reignant du Est bonne brise, à 7 heures nous avons relevé la Pointe Isabélique au SE ¼ E. A 2h. après minuit avons vu la grange

---

[79] Jean-Marie Deveau, *La traite rochelaise, op. cit.* p.251-254, la mortalité.

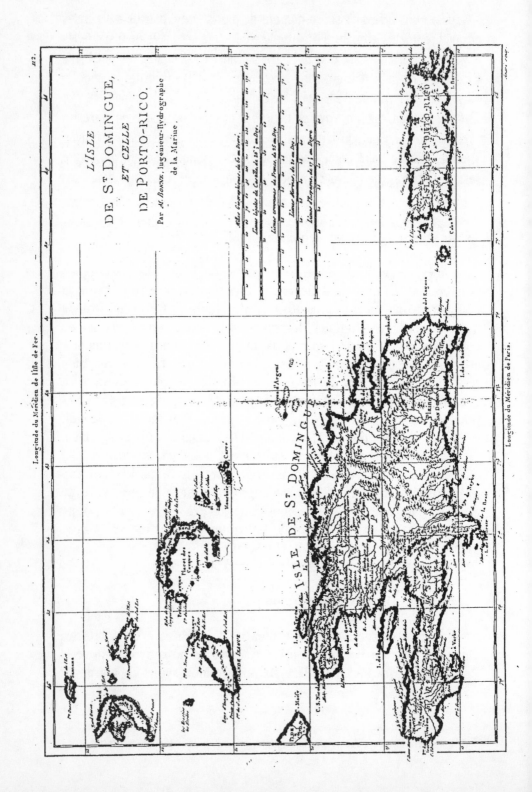

au SO ¼ O, 1 L. ½. A 8 heures la même isle nous restoit au E ¼ SE et ESE et le morne du cap au SO et SO ¼ O. Nous gouvernions alors a Ouest et peu après à O ¼ SO quelque degrés Ouest jusqu'à 3h ½ que nous avons pris le pilote et entré dans la d^{te} rade ou nous avons mouillé par 7 brasses fond de vaze, ayant a bord 417 captifs.

Laus Deo – Dieu soit benis

211 devant et 206 derrière. 417 au total.

Ce chiffre de 417 mérite réflexion. De fait, on le voit, en déclarant que que 16 captifs – nourrissons non compris – avaient péri au cours de la traversée, Crassous se trompait – de peu, il est vrai.

Il n'en était que 14 selon ce qu'il avait annoté dans le *Journal* en flagrante contradiction avec ses estimations comme il en apparaît dans le tableau ci-après :

Tableau des décès des captifs sur le *Roy Dahomet*

Jours	H	F	N^{ons}	N^{te}	Enfants en bas âge	Total Selon le *Journal*	Total Selon Crassous
De Juda à l'escale à São Thomé							
17 juin		1				1	
19 juin	1					1	
21 juin	1					3	5
24 juin	1	1				5	7
30 juin	1					6	8
Traversée de l'Atlantique							
3 juillet	1					7	9
11 juillet	1					8	10
12 juillet					1 nourrisson=néant		
15 juillet				1		9	11
16 juillet		1				10	12
20 juillet					1 nourrisson=néant		
7 août	1			1		12	14
8 août	1					13	15
23 août	1					14	16
27 août					nouveau né (né le 26/mort le 27)		
	9	2	1	2	= 14 selon le *Journal de bord*		

Mais même ainsi le chiffre de 417 comporte une énigme. En effet :

- A Juda après Chama, il avait été traité au total 425 captifs
- A São Tomé, un seul s'y était ajouté. Soit 426 captifs
  - A l'arrivée à Saint-Domingue, en tenant compte du nègre que Corby avait acquis pour son compte on obtenait un total de 427 captifs. Or, 14 d'entre eux ayant péri on en conclut que seuls 413 pourraient être mis en vente au Cap français. Donc le chiffre de 417 ne s'explique que

parce que les 4 enfants en bas âge allaient être vendus au titre de négrillons ou de négrittes alors qu'ils avaient été cédés gratuitement à Juda.

Maintenant, soulignons-le encore, on ne sait rien de la vente de ces 417 captifs sans doute répartis dans les habitations, voire les bourgs et les villes de la riche plaine du Nord circonvoisine. On ne saurait oublier à cet endroit qu'au lendemain de la Guerre de Sept Ans, l'économie de plantation avait connu dans toute la colonie un véritable "boom" dont l'apogée occupe les dernières années de l'Ancien Régime. « La partie française de l'île de Saint-Domingue, écrit à cet égard Moreau de Saint-Méry, est de toutes les possessions de la France dans le Nouveau-Monde, la plus importante par les richesses qu'elle procure à sa Métropole et par l'influence qu'elle a sur son agriculture et sur son commerce »[80]. Le XVIIIème siècle finissant, l'augmentation exponentielle du nombre des esclaves de cette colonie explique assez son "insolente prospérité" : de plus de 200.000 en 1773, ils passeront à plus de 500.000 selon les estimations de Garran-Coulon. A l'entendre, nous ne sommes pas très éloignés ici de la période où la demande annuelle dans l'opulente colonie française sera de quelque 40.000 esclaves que le commerce français ne pourra introduire qu'en partie[81] !

C'est donc dans les débuts de cette conjoncture singulière qu'il faut restituer l'expédition du *Roy Dahomet*. Mais on ignore tout des pourparlers et tractations entre le Capitaine Corby et les correspondants de la place — les Pouget frères — que l'armateur lui avait indiqués dans ses instructions. Les comptes de Crassous n'en gardent aucune trace en tout cas. Au demeurant, quand ce dernier reprend la plume, le 3 novembre 1773, c'est pour se consacrer à la marche du navire, qui emportait cette fois des produits marchands issus des habitations du Nord de la colonie. Sur la nature et la valeur de ces denrées, il n'est point d'indications dans les dossiers qui nous ont été conservés. En somme, nous n'avons pas, en l'occurrence, d'éléments susceptibles de nous éclairer sur l'ensemble des opérations comptables effectuées au Cap français. Bref, après un voyage

---

[80] *Description..., op. cit.* t.1, p.25.
[81] Garran-Coulon, *Rapport sur les troubles de Saint-Domingue fait au nom de la Commission des colonies, des comités de Salut public, de législation et de Marine réunis par Philippe Garran député du Loiret*, imprimé par ordre de la Convention Nationale et distribué au corps législatif en Ventôse An V., p.15.

heureux de La Rochelle à la Côte des Esclaves et au Cap français, le *Roy Dahomet* aurait-il fait un retour désastreux ? La sacro-sainte question des bénéfices du commerce circuiteux ne se pose guère autrement. Si les opérations à partir des Antilles étaient presque toujours aléatoires pour les raisons que l'on sait, à l'inverse le troc en Afrique n'était-il pas forcément source de profits ?

Loin de nous, cependant, l'idée de nous immiscer dans la querelle, précisons-le. Mais, avec toutes les précautions d'usage en matière de comparaison, de déduction ou d'extrapolation, il n'est pas indifférent de remarquer dans le cas particulier qui nous occupe, que le *Roy Dahomet* accomplit un second voyage à la Côte d'Or dès le 20 mai 1774, soit quatre mois après son retour à La Rochelle, toujours sous la conduite du Capitaine Corby mais sans Crassous[82]. Certes, la nécessité qui est d'ordre technico-financière fait loi ici, en termes de réinvestissement immédiat du capital et de récupération de créances dont le recouvrement toujours délicat avait été laissé à la discrétion de correspondants du Cap français[83]. De fait, sur cette grave question de l'endettement, Michel Morineau a rappelé que les études qui ont été publiées semblent confirmer une mauvaise santé financière qui n'épargna pas même les maisons françaises tentées d'acquérir des plantations, d'y investir et de les gérer à distance[84]. Toutefois, il faut bien le souligner, les résultats de la première expédition toute initiatique, du *Roy Dahomet* avaient dû être assez encourageants pour inciter Goguet fils à en entreprendre sans délai une seconde, selon d'ailleurs très exactement le même itinéraire et avec le même navire, encore neuf. A la destination du Cap français s'ajoutera cette fois, il est vrai, celle du Port-au-Prince, où en fin de comptes, il y aura plus à gagner encore…. Les négriers s'étaient donné le mot en tout cas.

---

[82] Médiathèque Michel Crépeau… Ms. 2139, "Comptes concernant le second désarmement du navire le *Dahomet*, pp. 78-85 (1776,1777, 1779 et 1781)". Ce dossier est édifiant sur la longueur des termes et le dédale des procédures en matière de recouvrement des dettes coloniales.

[83] Gaston-Martin, *op. cit.*, p.363-383, l'ère des négriers, "Négociants et Colons" ; Jean Meyer, *L'armement nantais …op.cit.*, Paris, 1969, p. 205-248, ch. V, des bénéfices du commerce maritime ; Françoise Thésée, *Négociants bordelais et colons de Saint-Domingue, liaisons d'habitations – la Maison Henry Romberg, Bapst et Cie*, 1778-1853, Paris, 1972, pp. 40-78.

[84] Michel Morineau, "La vrai nature des choses et leur enchaînement entre la France, les Antilles et l'Europe" in *R.F.H.O.M.*, t.84 (1997), n°134, p.12.

9 – Le retour à La Rochelle

Lorsque le 3 novembre 1773 le *Roy Dahomet* mit à la voile pour entamer le voyage de retour, trois marins manquaient à l'appel. Dès le 6 septembre en effet, Louis Birot, originaire de Dinan, avait déserté[85]. Plus tard, le 27 octobre, c'était au tour de Pierre Soustra, de Bayonne, de prendre congé, dans les formes, il est vrai. Par contre un des mousses, Jean Latourette, de Bayonne également, avait proprement disparu avec en poche trente Livres "argent de Saint-Domingue" que lui avait avancées le capitaine Corby ! Il n'y avait là rien d'exceptionnel. Certains matelots succombaient aux charmes des îles. D'autres, au contraire, pour toutes sortes de raisons, changeaient de navire pour rentrer au plus tôt en France. C'est d'ailleurs le cas de Pierre Laîné dont nous avons vu les déboires et qui est formellement engagé « en remplacement » sur le *Roy Dahomet* dès le 4 septembre.

Le retour s'effectuant en pleine paix, Corby et les siens n'allaient pas au-devant de difficultés majeures, la cargaison ne comportant plus de captifs, objets de mille appréhensions ! Toutefois, même si la saison des cyclones tirait à sa fin dans les Antilles, il était à craindre par contre de fameux coups de vent au milieu de l'Atlantique, le navire devant mettre le cap sur le Nord-Est.

Au jour dit, avec l'aide d'un pilote monté à bord tout exprès, le Roy Dahomet quitte la rade du Cap Français que dominait le fort Picolet pour une traversée qui allait durer un peu plus de deux mois. Comme à son habitude, Crassous nous en a laissé une relation détaillée. Nous en avons transcrit les moments les plus marquants.

Départ pour La Rochelle le 3ᵉ novembre 1773

Du 3ᵉ novembre 1773 au Jeudy 4ᵉ

A trois heures et demie du matin la brisse de terre souflant de la partie du SE jolis frais et le pilote étant à bord ainsi que tout ce qui nous étoit nécessaire, on a mis le canot et la yole à bord, et dérapez et appareillé, fait servir sous les huniers peroquet et la mizaine pour

---

[85] A tout hasard, signalons qu'il était un négociant, M. Birot établi au Cap depuis 1765, in Moreau de Saint-Méry, *Description... op. cit.*, T.1, p.317.

sortir hors de Picolet, forcé ensuite de voilles et gouverné au NNE du compas pour nous élever dans laquelle route nous avons couru jusqu'à 2 heures 2 L^{es} $^{1/3}$ que nous avons viré de bord, le cap au ESE. A 5 heures repris sur tribord amures le cap au N ¼ NO, la mer très belle. A la même heure relevé la Grange E ¼ SE. Picolet au SSO 3 g Ouest, courus toute la nuit N ¼ NE et estimé avoir fait sur la ditte route de 5 heures hier au soir a aujourdhuy midy 16 lieux.

A midy observé la latt^{de} Nord de 20 g 35 minutes que j'estime etre un peu par raport au point de la carte de Mr Bellin 1768 que je crois très juste et très bon.

Du Jeudy 4e au Vendredy 5e du dit

A midy le vent de la partie du SE nous courions au N ¼ NE toutes voilles dehors, la mer belle et un très beau tems, voyant 4 navires aux environs. A 4 heures avons eu connoissance de l'Islet de sable qui nous restoit au NE ¼ N et NNE. Alors avons arrivez et gouverné au NNO 2 lieux $^{1/3}$. A minuit reviré sous les huniers et mis le cap au NNE jusqu'a avoir fait 3 lieux, ce qui nous a mené jusqu'a 3 heures ½ que nous avons mis en panne les huniers sur le ton, tribord au vent. A 5 heures commencé à faire servir sous les huniers jusqu'au jour que nous avons entierement appareillé et gouverné au N ¼ NE. A 6h ½ vu la French Key au NE. Alors arrivé au NNE à 8 heures ayant 6 lieux de distance de la petite cayque, nous l'avons vu en avent a nous qui nous restoit à ONO 3 g N^d. Nous étions alors 8 navires de compagnie dont 4 francois. A midy la Pointe du SO de la dite cayque du Ouest nous restoit a E ¼ NE, celle du NO au NNE. Alors commencé a serrer sur tribord et gouverné au N ¼ NO et peu après au Nord.

*4 anglois
1 Le Guerrier
1 La Sophie
1 L'aimable Marguerite
<u>1 Le Dahomet</u>
8

Du Cap en France

Du Vendredy 5ᵉ au Samedy 6ᵉ

A midy nous gouvernions au Nord, ayant la pointe du SO de la petite Cayque au E ¼ NE et celle du NO au NNE, ayant une pᵗᵉ de nos compagnons en avent a nous et portant toutes voilles dehors, bonnettes et a une heure ayant fait une lieux ¹ᐟ³ nous avons gouverné au N ¼ NE même chemin jusqu'a 2 heures que nous avons mis le cap au NNE. A 6 heures nous avons relevé la pointe du Nord de la Cayque Bleu au SE distance environ de 4 lieux d'ou nous avons pris notre point de départ par la lattᵈᵉ Nᵈ ....21 g 57
                                    Méridien de Paris ....longitude O. 74 g 37
Alors pris la route du NE ¼ N que nous avons suivie jusqu'a midy en approchant un peu du NE. A midy j'ay observé la lattᵈᵉ Nord de 22 g 52 qui me donne 2 minutes de diffᶜᵉ Nᵈ d'avec l'estime et me fait valoir la route Corrigée depuis mon dernier relevé de hier au soir le NE ¼ N, Chemin 24 Lᐟ³.
Au jour nous étions encore les 4 nʳᵉˢ francois de compagnie tous les Anglois nous ayant quitté et fait route plus à l'Ouest.

Du Samedy 6ᵉ au Dimanche 7ᵉ

Depuis hier midy a aujourd'huy même heure nous avons eu des vents du SE vᵇˡᵉ a l'ESE petit frais qui ont de la disposition à calmer. Nous avons gouverné au NE jusqu'a 8 heures au soir que nous avons mis le cap au NE ¼ E du compas, toutes voilles dehors. Depuis ce matin le tems a été plus moux et plus sombre. Nous avons gouverné NE ¼ E ½ Nord, a midy
observé la lattᵈᵉ Nord de..................23 g 32
qui me met juste avec l'estime et me fait valoir la route Corrigée le NE ¼ E, Chemin dᵗᵉ...................... 23 Lᐟ³
Longitude A. Corrigée Ouest .... 72 g 24
Au jour nos trois compagnons étoient encore à la vue et a très petite différence de la veille, un peu sous le vent à nous.
Vu ces deux jours une grande quantité de poissons volans.

Du Dimanche 7ᵉ au Lundy 8ᵉ 9bre 1773

Depuis hier midy à 2 heures le vent a reigné du SE et puis a calmé nous avons entretenus les amures a tribord mais devers

les 4 heures le vent commencant à soufler du Nord, nous avons mis les amures a babord et gouverné a E ¼ NE et Est, mais a 9 heures le vent ayant passé au NNE virez de bord et pris les amures a tribord que nous avons conservée jusqu'a midy ou jay observée la lattitude Nord de .... 23 g 53
La route corrigée le NO ¼ N, ... 2 g Nord.
Chemin sur la ditte route, ... 9 lieux
  Longitude A. Corrigée Ouest ...72 g 36

  Nous avons hier dans la journée desenvergué toutes nos voiles majeures et envergué en place d'y celles les vieilles.

  Dégarnis au/dhuy le petit peroquet ainsi que son mat et perdus nos compagnons.

  Le lundi 8 novembre, le navire qui avait parcouru quelque 80 lieues s'était éloigné considérablement de la côte de Saint-Domingue, cinglant vers l'Europe, le cap mis sur le **Nord** ou le **N/NE** constamment. Dès lors, le mauvais temps allait être de la partie, selon « l'apparence du vent, écrit Crassous, obligeant à faire quelques manœuvres suivant le besoin ». Ses alarmes étaient fondées : « nous avons eu très mauvais temps depuis hier à 8 heures à ce jour », poursuit-il le 9 novembre. Même en l'absence complète de vents violents, le temps « extrêmement nébuleux, couvert et pluvieux » n'était pas particulièrement de bon augure.

  Aussi dès le mercredi 10 et le jeudi 11, tout sera-t-il mis en œuvre pour s'éloigner de la zone de tempête redoutée, les opérations se poursuivant avec la même hâte, à l'en croire, le vendredi 12 :

"Nous avons fait diverses manœuvres, gouvernant du NNE au NE... pour faire plus de chemin possible au Nord et sortir de ces parages ou reignent des grains et de la pluye si frequement et qui sont toujours suivis de grand calme...".

  Dans sa course, *Le Roy Dahomet* rattrape d'abord, le samedi 13 « à 3h. de l'après-midi un bateau au vent à nous, précise Crassous, qui paroissoit courir au **NO** ». Mais le mauvais temps annoncé commence à se manifester :

Du Samedy 13ᵉ au Dimanche 14ᵉ Dᵗ

Depuis hier nous avons eu continuité de pluye, grains et orages avec des vents variables du SE a Est mais qui ce matin sont venus jusqu'à Ouest avec abondance de pluye, nous avons gouverné du NE au E ¼ NE. [...]

* à 3h vu un brigantin que nous avons estimée être anglois et aller à la Nᵉˡˡᵉ Angleterre. Fait la route du NO ou NO ¼ N, la mer grosse clapoteuse.

Du Dimanche 14ᵉ au Lundy 15ᵉ Du Dᵗ

Depuis hier midy à 6h. du soir le vent a reigné de la partie du SO jolis frais, la mer clapoteuse et bondissante, nous avons gouverné au E ¼ NE toutes voiles dehors mais au soleil couchant moment à peu près de la Nouvelle lune, le vent a varié au NO et après NNO et Nᵈ avec grosse pluye et orage décidé du Nord [...]. Il a venté gros frais toute la nuit.[...]

* à 4h ½ vu un bateau partant de St Eustache alant à la Bermude et ayant un degré de longitude plus Ouest que nous. Il étoit partis de 16 jours.

Le mardi au matin, Crassous constate que « la mer était grosse avec de forts grains », que la pluie n'avait pas cessé et que le vent redoublant de violence balayait le pont où il était monté : « Ah mon chapeau, vous partez, que vous êtes pressé », écrit-il avec une bonne dose d'humour !

Le lendemain, il n'était point d'amélioration notable. Au contraire, souligne-t-il, il continue « à venter grand frais de la partie du NE et ENE, la mer toujours grosse de la partie du Nord et NNE, et le ciel couvert... ».

Le jeudi, c'est une apparence d'accalmie : « le temps moins chargé quoique avec encore quelques grains et un peu de pluie », remarque Crassous, qu'une « grosse lame bondissante venant du Nord » ne laisse pas d'intriguer. Et de fait, elle atteint de plein fouet le vendredi 19 le navire, le fatiguant beaucoup aux dires de ce dernier, et le déportant un peu au Sud, comme il put s'en rendre compte plus tard, le lundi 22. Le mardi 23 sera donc employé, selon lui à corriger des effets de cette lame : "Nous avons viré et reviré à plusieurs reprises et gouverné au plus près vers l'Est ou le Nord possible avec le plus de voiles convenables, ce qui nous a fait baucoup maneuvrer... ».

En note, il ajoutait :

« A 3 heures hier au soir nous avons parlez à un navire anglois brigantin venant de Liverpool et allant à Philadelphie avec 31 jours de départ et ayant la même longitude que nous ».

Bref, c'est toujours sous la menace du coup de vent redouté que le *Roy Dahomet* atteint la latitude des Bermudes le dimanche 28 novembre. Il est alors un premier signe préoccupant : au soleil couchant le mardi 30, Crassous observe que le « temps était extrêmement enflammé avec une apparence décidée de mauvais temps ». Toute aussi inquiétante semble avoir été à ses yeux cette lame de NE « qui fatigue considérablement le navire », écrit-t-il le 2 décembre.

De fait, le samedi 4, survint l'incident :

" Le vent souflant gros frais nous avons recu un coup de mer dans la poupe qui nous a baucoup fourni d'eau dans la chambre et nous avons eu du même moment le tourmentin défoncé ainsi que les deux huniers, le ciel fort obscure et la mer déjà fort grosse, nous avons désenvergué les huniers et la misaine pour en mettre de rechange".

Le beau temps ne reviendra progressivement que dans la journée du mercredi 8 décembre : "le calme a continué après midi jusqu'à 2 heures qu'il a un peu affraîché du NE et ENE, écrit Crassous le vendredi 10. En note marginale, il précise : « vu le soir un bateau sous le vent qui courait au Sud ou au SE environ 3 L^x ».

Toutes voiles dehors, le *Roy Dahomet* poursuit sa route, le cap sur le NE ¼ E. Le dimanche 12, Crassous note encore en marge du Journal : « A 3 heures après midi nous avons vu un navire seneau qui paraissait courir à ENE, il nous restait au NO ¼ O. Il nous a tenus sous le vent jusqu'à la nuit que nous l'avons perdu...". Dans la nuit du dimanche au lundi, c'était une nouvelle péripétie de mer semblable à celle du samedi 4 :

Hier à midi le vent reignoit de la partie du SSO jolis frais, nous portions le cap à l'E ¼ NE [...] A la nuit le vent ayant augmenté et portant alors le Cap au Est nous avons serré les menues voiles et le peroq^t, dans la nuit pris un ris dans le petit hunier. Mais à 4h le vent ayant sauté tout à coup, nous sommes venus dans le vent sans pouvoir arriver, dans l'intervale duquel tems notre grande voile a été défoncée, déchirée et emportée.

Nous avons serré les deux huniers et courus sous la mizaine. Au jour envergué une autre grande voille, réparez nos huniers et les avons appareillé [...]".

Mais le *Roy Dahomet* n'en était pas pour autant au bout de ses peines. La mer était toujours fort grosse durant toute la journée du lundi 13. L'avarie la plus grave de toute la traversée de retour allait survenir à la hauteur des Açores dans la nuit du mardi 14. Il convenait donc ici de transcrire dans sa totalité la page qu'à rédigée Crassous à cet égard :

Du Mardy 14ᵉ au Mercredy 15ᵉ Xbre 1773

Depuis hier midy nous avons eu un tems uniforme et presque égal de vents de NNO variable NO gros frais qui nous obligé de porter les quatres voilles majores deux ris en chaque hunier mais ensuite à la nuit avons pris le 3ᵉ. Nous avons gouverné au NE et NE ¼ E du compas pour prendre plus Nord que la latt^de des Isles de Corve et Flore par laquelle nous nous trouvions hier à midy. A minuit le navire très bien gouverné en route du NE ¼ E, il nous a déployé un coup de mer vent de devant et courant d'entre les haubans en arrière qui nous a démonté le timonier de sa roue, brisé et réduit en pièce deux grandes cages, crévé le vibord et la bray du grand mat et rempli d'eau toute la dunette, particulièrement la chambre du capitaine qui a submergué jusque par-dessus son lit et armoire et nous a fournis de l'eau en bas, cependant nous n'avons encore vu aucune avarie sensible dans la visite faite à ce sujet si non baucoup d'eau. Le navire se comportant d'ailleurs très bien et n'ayant point été endomagée dans son grément. A midy nous avons eu pour la hauteur la latt^de Nord de.....40 g 52 qui me donne 12 m^tes plus Nord que l'estime et me fait valoir la route le NE.
Chemin Cgée ....30 lieux
Longitude arrivée Cgée Ouest .... 37 g 50.
  * Nous avons tous unanimement passé (pensé ?) que cettoit la proximité de quelque vigie qui nous avoit fait recevoir un coup de mer de cette espece mais ou est la certitude du fait. Du soupcon et rien plus.

Tout rentrera dans l'ordre bien vite, au demeurant, « le temps devenu plus commode » dès le lendemain, la voilure augmentée peu à peu, le *Roy*

Dahomet poursuivra sa route sans encombres, « la mer entièrement tombée », du jeudi 16 au dimanche 29 décembre.

Certes, dans la nuit de dimanche à lundi 20 au 21 décembre, le vent augmentant sensiblement, le *Roy Dahomet* recevra de temps à autre de « forts coups de mer » qui gêneront sa marche. Mais dans la nuit du lundi, « le vent ayant diminué de façon à mettre tout dehors, la mer étant devenue très belle et le ciel couvert de nuages pommelés », écrit Crassous, le navire va franchir en trois jours tout au plus la distance le séparant de l'Ile Verte, selon ses estimations dans la nuit du jeudi 23. Là, il incurve sa route en direction de l'Est le vendredi matin à 8 heures et à midi le cap est mis carrément sur Est ¼ SE. Le samedi 25, "les vents régnant du SO au NO et au Sud nous ont obligés de gouverner à ESE", précise encore Crasssous. La phase d'approche de la terre avait commencé, mais bien au-delà du pays d'Aunis. Nous en administre la preuve la relation que Crassous a consacrée à la journée du dimanche 26 au lundi 27 et qu'il convient de transcrire :

Du Dimanche 26ᵉ au Lundy 27ᵉ Xbre 1773

A midy nous courions sous les 4 voiles majores un ris dans les huniers, le vent reignant de la partie du Sud au SSE. Jolis frais. Gouvernions a ENE pour doubler la vigie marqué sur la carte par la latt^{de} Nord de 46 g 45^{m}. A 2h. le vent ayant affraichez au Sud, pris un second ris aux huniers, à 4 heures le vent ayant toujours augmenté nous avons été obligé de carguer et serrer les huniers. Il a venté gros frais toute la nuit, ce qui nous a contraint de rester sous les basses voilles mais au point du jour le vent a passé au SSO puis ONO et Ouest. A 8 heures nous avons découvert un navire en avant a nous restant au SE ¼ S et ayant les amures a babord, nous avons maneuvrez pour lui parler, ce que nous avons fait à 9 heures. Il s'est trouvé être Anglois, parti de Falmouth depuis 10 jours, ayant perdu la terre du Cap Lezard depuis six et s'estimant a 100 lieux du dit cap dans l'ENE par la longitude Méridien de Londres de 14 g 22 — ce qui me mettroit environ 40 lieux plus à l'Ouest que l'estime.

A midy j ay observé la latt^{de} Nord de 47 g 27 qui m'a fait valoir la route le NE ¼ N,............. 3 g Nord. Chemin 22 lieux. Longitude A. Corrigée Ouest..17 g 56.

Le 47ᵉ degré de latitude Nord étant atteint, il fallait donc redescendre vers le SE le plus possible pour arriver à bon port. On s'y emploiera dès le lundi 27. Mais l'affaire était loin d'être aisée : « de midi au soleil couchant, il a fait presque calme », constate Crassous. Tirant alors parti d'une petite brise de NNO, le *Roy Dahomet* met le cap au SE ¼ E « avec le plus de voiles possible ». Mais au point du jour, une brume fort épaisse contrecarre la manœuvre : « j'ai fait 11 lieues », se résigne à remarquer Crassous. Mais plein d'espoir, il note en marge du *Journal* : « vu un petit oiseau que nous n'avons pu reconnaître mais qui est gros comme un chardonneret ou une linote ».

Las, pendant 24 heures, du mardi 28 au mercredi 29 décembre, « un temps incertain, irrégulier, calme, brume et froid par conséquent très mauvais » avec des vents du Sud contraires voue à l'échec toute progression significative : « nous avons fait peu de chemin, viré plusieurs fois de bord et sans hauteur à midi ». La latitude estimée était de 47 g 27, le navire n'avait fait route qu'en direction de l'Est sur 8 lieues ²/₃ seulement. Du mercredi 29 au jeudi 30, les mêmes causes produisant les mêmes effets, le temps toujours brumeux et la mer "clapoteuse" de surcroît, Crassous observe à midi que par rapport à la latitude enregistrée la veille, le navire n'avait gagné que 13 minutes vers le Sud et n'avait parcouru que 7 lieues ¹/₃ ! En somme, du vendredi 31 décembre au mercredi 5 janvier, les mauvaises conditions de navigation — les vents contraires, la mer grosse et clapoteuse , l'air très froid— ont rendu vaines les opérations qui auraient pu rapprocher considérablement le *Roy Dahomet* de son port d'attache et à tout le moins de l'Ile d' Yeu. Il fallait donc se résoudre à relâcher à la première occasion dans l'une des rades de Bretagne. C'est ce qu'il advint :

Du Mercredy 5ᵉ au Jeudy 6ᵉ Dᵗᵒ

A midy le vent étant de la partie du SO jolis fraix nous avions le Cap a ESE lorsque nous avons découvert 4 navires que nous avons estimé sortir de quelque port de France et partis depuis peu, à qui nous avons désirez parler, alors avons mis en panne babord au vent sous les huniers mais cellui que nous avoit rangez na pas jugez à propos de nous parler. A 4 h. mis a sec et sondez, trouvez le fond par 90 brasses fond de gros sable roux mellé de coquillages et pierres brunes que nous avons estimée être au (en blanc) de Belle Isle distance de (en blanc). Alors mis le cap a ESE ou nous avons gouverné toute la nuit bonne voilles. A 8h. nous avons vu la terre que nous avons reconnus pour Belle Ile ce qui nous a un peu surpris par la route que nous avions fait dans la nuit et le chemin, espérant au contraire voir l'Isle Dieu, ce qui nous a fait voir combien les marées de juzant portent au Nord car par le point de cette arrivée nous avons 10 lieux plus Nord que l'estime, nous avons acosté l'Isle et fait en sorte d'avoir un pilote pour les Pertuis qui nous est venus a bord a midy nommé Pierre Vincent. Alors la Pointe des Poulins au S ¼ SE, celle la plus Sud ou du vieux fort au S ¼ SO.

Depuis Belle Isle où l'on avait embarqué un pilote la destination ne pouvait être que la rade de Quiberon que le *Roy Dahomet* gagne pour une première relâche le jeudi 6 janvier dans les conditions que Crassous nous a relatées :

Du Jeudy 6ᵉ au Vendredy 7ᵉ Janvier 1774

A midy nous avions la pointe du Taillefer au SE, celle des Poulins au S ¼ SE, celle du Vieux Fort ou Vieux château au S ¼ SO, le vent reignant de la partie du SO jolis fraix avec brume et pluye. Nous gouvernions sous les voiles majores au ESE et Est pour venir prendre la passe de la Teignouse que l'on laisse a babord en passant pour venir mouiller dans la rade de Quiberon, ayant alors basse mer. A 4h le vent étant au SSE et ayant alors la Teignouse par le clocher de la paroisse de Quiberon, nous avons commencé a arriver pour l'arrondir en venant du ESE au NNO gouvernant sur les navires mouillés dans la dite rade au nombre de 4 parmis lesquels nous sommes venus mouiller à 5h. par 8 brasses fond de sable vazar et fin, le fond est assez unis et égual. Dans la nuit le vent a passé au NO et Nord en éclaircissant et paroissant disposé a durer. Aussi nos voisins ont-ils tous appareillé a 4h. du matin et sont partis. Nous avons relevé au jour le clochet de Carnac au N ¼ NE, la Teignouse au Sud et le clochet de Gramont nommé dans nos plans Gildas a l'Est.

Ce n'était-là qu'une étape sur la route du retour puisque dès le vendredi matin, Corby put mettre à la voile en direction du SE selon le récit de Crassous :

A 9h le vent paroissant fait et formé avons appareillé toutes voilles dehors et mis le cap au Sud Est du compas pour aller passer entre les Cardineaux, et le jour garnis les bonnettes. A midy nous avons relevée le clocher de St Jacques au Nord ½ Est et la pointe du Sud de Houat a Ouest, celle du Nord au NO ¼ N. Nous avions alors de 14 à 17 brasses fond dur, le vent commencoit a molir, le soleil étoit très chaud et il semble y avoir apparence que nous aurons des vents de Est et ENE. On ne pouvoit alors distinguer les Tours du Croisic et l'on voit grandement les brisans du Four.

Le *Journal de Bord* s'achève sur la journée du vendredi 7 au samedi 8 janvier :

A midy le vent étoit reignant de la partie du NO et Nord petit frais. Nous gouvernions au Sud et S ¼ SO toutes voilles dehors en entretrenant 14 a 15 brasses. A 2h. les Cardineaux nous restoient au NO ¼ N. A 4h. nous les avons relevé au Nord et N ¼ NO distance de 4 lieux, la Tour du Croisic au Est et E ¼ NE, 6 lieux, alors sondé 22 brasses fond de vaze molle melée d'un peu de coquille pourrie et petit gravier. A 9h. sondé fond de roche 20 brasses ditte la Banche, alors le vent ayant calmé et passé tout à coup au Nord et ENE, nous avons mis le cap au Sud et laissé courir au plus près babord. A 2h. sondé, trouvé 30 brasses roches, à 4h. le vent a passé au SE et SSE, nous avons viré de bord, les amures à tribord. A 10h. reviré le cap au OSO sur lequel bord nous avons fait environ 3 lieux. A midy observée la latt^de Nord de 46 g 44 qui avec la sonde de 40 brasses fond de coquille pourries et gravier nous met environ 3 lieux ½ au SE de l'Isle Dieu, mais le pilote s'en estime plus Nord. Le tems a encore commencé à s'obscurcir et pourtant semble avoir quelque disposition à passer à l'Ouest.

Crassous n'en dira pas plus. On sait toutefois que le navire sera de retour à La Rochelle quinze jours plus tard. L'acte de soumission du Capitaine Corby en fait foi[86], que nous reproduisons ci-après :

« Aujourd hui dix-huit janvier mil sept cent soixante quatorze est comparu au greffe de l'Amirauté de La Rochelle le Sieur Garlache Corbie capitaine du navire le *Dahomet* de cette ville, lequel pour se conformer au règlement du 23 août 1739 a déposé entre les mains de moi greffier soussigné l'inventaire et vente des effets de Joseph Lanzeral de D'hiron en Espagne décédé matelot le 20 mars 1773 dont il a parlé dans le rapport du 15 de ce mois dont acte à lui octroié et a signé.

Corbie ».

---

[86] A.D.C.M. B 242, n° 198, 18 janvier 1774.

Port de La Rochelle

Une chasse aux nègres

La « barre » à l'embouchure de la Volta

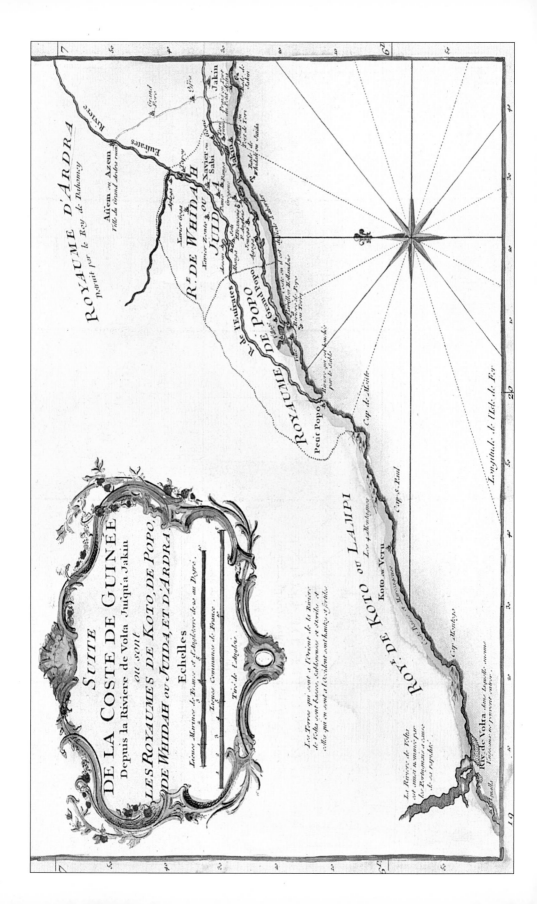

SUITE
DE LA COSTE DE GUINÉE
Depuis la Rivière de Volta Jusqu'à Jakin
ou sont
LES ROYAUMES DE KOTO, DE POPO,
DE WHIDAH ou JUIDA, ET D'ARDRA.

Echelles

Lieues Marines de France et d'Angleterre de 20 au Degré.

Lieues Communes de France.

Tir de Tchabohé

ROYAUME D'ARDRA
Decrit par le Roy de Tuhomey

ROYAUME DE POPO

R.e DE WHIDAH ou JUIDA

ROY.e DE KOTO ou LAMPI

Koto ou Voru

III - L'expédition de la Suzanne Marguerite à la côte de Guinée et aux Antilles 1774-1776

« *Forts de la nudité riche*
des peuples sans racines
nous marcherons sereins
parmi les cataclysmes »,

Guy Tirolien
Balles d'or

Introduction

De retour à la Rochelle dans le milieu du mois de janvier 1774, Joseph Crassous qui s'est parfaitement initié au commerce négrier semble avoir trouvé sa voie : somme toute, n'avait-il pas fait « un voyage de traite à la Côte d'Or très heureux et très prompt »[1] ? Il n'a, ce semble, qu'une hâte, celle de reprendre du service – ce qu'il ne tarde pas à faire : « A peine désarmé, je suis embarqué de suite sur la *Suzanne Marguerite,* capitaine Bégaud, pour faire un nouveau voyage à la Côte d'Or », écrit-il dans son précieux *Aperçu Général des services*[2].

En effet, remarqué par les armateurs associés Jean-Baptiste et Alexandre Nairac de la Rochelle, c'est en qualité de second capitaine, cette fois, qu'il va être engagé sur ledit navire. Il n'est pas indifférent de souligner à cet endroit que la solde par mois qui lui avait été proposée était de 100 Livres au lieu des 60 qu'il avait obtenues sur le *Dahomet* où il n'était que premier lieutenant, il est vrai – on n'ignore pas la position des frères Nairac dans la hiérarchie négrière de l'endroit. De Jean-Baptiste, le plus influent, l'essentiel a déjà été fort bien dit sous la plume de Claude Laveau[3]. Sur sa carrière de député extraordinaire du commerce de la Rochelle en 1789, fait autorité l'ouvrage de Jean-Michel Deveau[4]. De même, le maître-livre de Paul Butel consacré aux dynasties bordelaises nous renseigne utilement sur celle des Nairac dont l'étendue est parfaitement édifiante[5]. A cet égard, Eric Saugera a montré plus récemment combien « pour la seconde moitié du XVIII° siècle l'exemple des Nairac est le plus fameux » en matière de liens entre négriers bordelais et rochelais[6].

---

[1] *Extrait Général des Services...op.cit.*p.3.

[2] *Op.cit.*, p.3.

[3] Voir en particulier « A propos de J.-B. Nairac, député extraordinaire du commerce rochelais (juillet 1789-août 1790) » in *Bull. d'Histoire économique et sociale de la Révolution française*, Année 1967, Paris, BN MDCCCCLXVIII, pp.27-31.

[4] *Le commerce rochelais face à la Révolution, op.cit., passim.*

[5] *Les dynasties bordelaises, de Colbert à Chaban*, Paris, 1991, *passim ...*

[6] *Bordeaux port négrier, op.cit.*, p.62.

De fait, Jean-Baptiste Nairac, né à Bordeaux le 15 décembre 1738 était le fils de Paul Nairac(1694-1759), grand armateur négrier issu d'une famille protestante de la moyenne Garonne, du Tarn plus exactement. Alors que ses frères aînés Pierre-Paul et Elisée étaient restés à Bordeaux pour se consacrer activement à la traite négrière à la suite de leur père, Jean-Baptiste, accompagné du plus jeune, Alexandre, le quatrième frère, gagnait la Rochelle où, muni de recommandations, il ne tarda pas à s'introduire dans « le cercle aussi étroit que solidaire de la communauté protestante». Le 23 août 1761, il épousa Marie Belin, l'une des trois filles d'Etienne Belin, armateur colonial , écrit Claude Laveau qui rappelle que ses beaux-frères n'étaient autres que Pierre-Jean Van Hoogwerf, négociant hollandais, consul de Danemark et Jacques Rasteau, beau-frère de Martell de Cognac. On ne saurait mieux s'insérer dans le milieu des affaires de la place. Ainsi, lorsqu'en 1774, il procède en compagnie de son frère Alexandre à l'armement de la *Suzanne Marguerite*, Jean-Baptiste Nairac n'avait pas moins de dix ans d'expérience en la matière. Bref, de 1763 à 1789, les frères Nairac de la Rochelle avaient effectué trente-six armements, « du moins pour ceux enregistrés à la Rochelle », précise Jean-Marie Deveau[7].

S'agissant de l'expédition de la *Suzanne Marguerite* qui nous occupe, on sait par le rôle de désarmement conservé aux Archives de Rochefort que le navire jaugeait 300 tonneaux, soit 70 de plus que le *Roy Dahomet* et qu'il était armé tout comme lui de huit canons. L'armement achevé à La Rochelle le 13 décembre 1774, le navire prendra la mer le 19 sous le commandement du sieur André Bégaud. Selon le rôle de désarmement conservé aux Archives de Rochefort[8] que nous nous bornons à recopier ici, l'équipage fort de 44 hommes au départ était composé comme suit, étant bien entendu qu'y figure en dernier lieu un officier chirurgien de son état monté à bord en remplacement de son confrère resté à Port-au-Prince.

---

[7] *Le commerce rochelais…op.cit.*, p.59.
[8] 2 ème Rég. Maritime, 6 P 49.

L'équipage de la *Suzanne Marguerite* (1774-1176)

Noms, surnoms, demeures & qualité Officiers , Les sieurs	Solde par mois	Parfait payement pour 18 mois 19 jours
-André Bégaud de la Rochelle, capitaine	150	2.795
-Joseph Crassous, dudit 2° id	100	1.863... 6...8
Cirile Bernard, d'Olléron, 1° Lieut.	70	1.304... 6...8
-Jean Corbun de la Rochelle, 2° id.	45	838...10
-Nicolas Oualle dudit, enseigne	30	559
-Pierre Tardy dudit pilotin	24	447... 4
Antoine River dudit I° chirurgien pour 14 mois 27 jours* *débarqué au Port-au-Prince le 15 juin 1775 et payé en lettre de change	70	1.043
Louis Massé d'Olléron, 2° id.* *débarqué i d. 14 dudit et payé id.	40	582
		9.431...14
Officiers mariniers de l'autre part		
-Charles Moreau de la Rochelle, maître d'équipage	60	1.118
-François Leteau dudit contremaître	45	838...10
Joseph Bouas de Bayonne pilotin de chaloupe	36	670...16
-François Genaud de Rochefort 1° charpentier	60	1.118
-Pierre Target de Soubise 2° charpentier	40	745... 6...8
-Pierre Mesnau de la Rochelle, maître voilier	45	838...10
		14.760...16...8
Officiers non mariniers		
Pierre Picard de la Rochelle, maître valet pour 13 mois 27 jours* *Mort à l'hôpital à Port-au-Prince le 15 mai 1776	55	764...10
-Pierre Mathieu Dupuy dudit 2° tonnelier	40	745... 6...8
Antoine Baudet de Marans, cuisinier et boulanger	20	16.643... 6

Matelots		
-Pierre Etienne Valeau de l'Isle de Ré	30	559
-Pierre Menuteau dudit	30	559
-Jean Cognac dudit	29	540... 7...4
-Luc Magné dudit pour 9 mois 13 jours* *Mort à l'Isle de Prince le 31 décembre 1775	24	226... 8
-Jacques Réverseau dudit	28	521 14 8
-Pierre André dudit	30	559
-Jean Mathieu Valleau de Marans	28	521 14 8
Thomas Dupont de la Rochelle	29	540 7 4
-Pierre Joseph Dupré dudit	28	521...14...8
-Michel Fabien de la Rochelle	28	521...14...8
-Etienne Penard dudit	30	559
-Michel Chevrier dudit	26	484 9...4
-Pierre Viquier dudit	30	559
		23.558...12
Novices		
-Léon Boisdon de la Rochelle	18	335... 8
-Louis Petit d'Olléron	18	335... 8
-Jean Dragont de la Flotte	18	335... 8
-Pierre Allard de la Rochelle	18	335.....8
-Pierre Monet dudit pour 2 mois 3 jours* *Débarqué au fort danois d'Akra pour cause de folie suivant le procès-verbal du cap. et Etat-major lle 21 may 1775	18	31....10
-François Plaideau, d'Ars, pour 15 mois 5 jours* *Déserté au Port-au-Prince le 3 juillet 1776	18	279
-Jean Raffin, de la Rochelle	36	676....16
		26.552...16
Mousses		
-Jean Alause, de la Rochelle	10	186... 6...8
-Pierre Brunet, dudit	6	111 16
-Joseph Guiraud, dudit	6	111 16
-Pierre Morel, dudit	6	111 16
		27.071 10 8
Remplacement		
Au Port-au-Prince du 15 juin 1776 : Pierre de Bonneyset de la Rochelle, chirurgien, pour 3 mois, 23 jours	60	226
		27.309 8

Six deniers pour Livre   682....10

Pour ce qui est de l'expédition elle-même qui durera 21 mois et 19 jours, la source principale dont on dispose est un *Journal de Traite* du précieux fonds Crassous existant aux Archives Municipales de la Rochelle et qui s'avère être de la main de ce dernier[8]. Point de *Journal de Bord* en l'occurrence, mais la richesse du dossier qui nous a été conservé ne se limite pas à la multitude des données comptables qu'il comporte. Transparaît ici, avec son lot de calamités, toute la technologie de la traite négrière, à même la côte africaine. Et si les préparatifs du départ, tout comme les épisodes de la première partie du voyage circuiteux, n'y sont pas consignés, à l'inverse, les précisions ne manquent pas sur les ventes à l'arrivée et sur la cargaison de retour – toutes choses qui nous ont fait défaut pour le voyage du *Roy Dahomet*.

De fait, le *Journal de traite* de la *Suzanne Marguerite* commencé le 26 février 1775 à la rivière Saint André révèle jour après jour l'itinéraire que suivra le navire dans le Golfe de Guinée pour commencer :

- Le 1° mars, le Cap Lahou est atteint. Le 6, le navire passe en vue du Cap Appolonie, puis, le 8, de Discove pour faire escale à Chama le 10, une escale obligée comme on sait.

Sous voiles, la traite se poursuit le long de la côte où passe le navire, soit :   Le 17 mars, à la Mine, puis au Cap Corse

   - Le 18, à Anamabou,

   - Le 20 à Akra,

   - Le 24, à Queta,

   - Le 27, à Popo.

Le 2 avril, on jette l'ancre à Juda où l'essentiel du trafic négrier aura lieu, puisque ce n'est que le 19 octobre que le navire gagne la rade d'Epée toute proche pour n'en repartir que le 31.

Dès lors, il faudra tout un mois pour gagner l'île du Prince : la traditionnelle escale de rafraîchissement durera jusqu'au 7 février 1776 qui est la date où l'on met à la voile en direction de Saint-Domingue français. Le 27 avril, enfin, le Cap est en vue. La *Suzanne Marguerite* qui gagne le 6 mai Port-au-Prince, en repartira avec la cargaison dite de retour pour rejoindre la Rochelle le 7 octobre...

---

[8] Archives Municipales de la Rochelle, E 280, *Journal de Traitte commencée à la Rivière de Saint-André le 26° février 1775, à l'usage du Navire La Susanne Marguerite, Cap. le Sieur André Bégaud de la Rochelle*

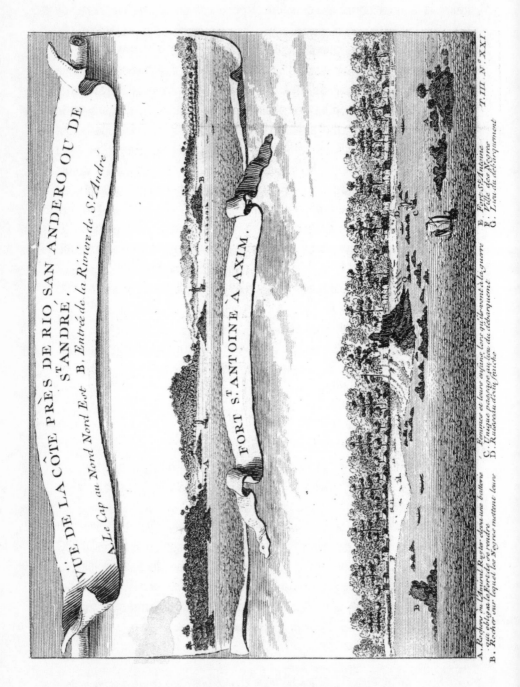

Vue de la côte près de la rivière Saint-André

1 - De la Rivière Saint-André à Juda

La traite commence en Côte d'Ivoire, à la Rivière Saint-André, où le capitaine Bégaud acquiert les 26 et 27 février « douze dents de morphil » équivalant à 3 onces 6 écus contre des marchandises convenues : étoffes, mouchoirs de Cholet, fusils, pierres à fusil ou barils de poudre…Nous avons reproduit à dessein ci-après la toute première page du *Journal de Traite*.

Il n'est pas indifférent de rappeler ici que les habitants des lieux agissant pour leur propre compte avaient coutume d'allumer des feux le long de la côte pour annoncer aux navires qui allaient entrer dans le Golfe de Guinée qu'ils avaient des marchandises à négocier, l'ivoire en particulier…

C'est ainsi que, chemin faisant, le 28, marché conclu, il est hissé à bord une dent de 80 livres, contre un plus grand nombre de marchandises qu'auparavant, à savoir, selon *le Journal de Traite* :

Sous voiles…	**Une Dent Pez.t 80 L.... 8 Onces**	
	On	W
Un grand baril poudre	1	
Un idem petit…		8
4.000 pierres à fusil……	1	
Dix fusils sans bayonette……	2……	8
Une pièce mouchoir Cholet		8
Deux pièces Indiennes………	1	
Une pièce salempouris………		8
Une ancre d'eau-de-vie……	1	

Ce n'était qu'un début, puisque, le navire arrivé au Cap Lahou, ce sont 68 dents qui seront négociées pour un total de 130 onces 4 écus. Ce qui saute aux yeux — la traite pratiquée sous voiles, hors contrôle de toute autorité africaine ou européenne — c'est le nombre de fusils qui sont cédés ici en trois jours : pas moins de 115, auxquels s'ajoutaient 25 barils de poudre et 11.700 pierres à fusil. Il n'est pas risqué d'avancer que ces armes et munitions iraient sans tarder aux mains de capteurs en bandes qui en feraient l'usage que l'on sait lors des raids habituels destinés à fournir des esclaves de traite. C'est d'ailleurs au Cap Lahou où

Journal de traitte.

Commencé à la Rivière de Sᵗᵉ André
cote d'affrique le 26ᵉ févriez 1775. à l'Usage
du Navire la Susanne Marguerite. Cap.ᵉ
le Sᵗ André Begaud. de la Rochelle —

Laus Deo.

_____

Six Dents Morphil. Sept   2 Onces.   onces —

Numeros 1. a 6.   Un fusil sans Bayonnette 4
                   Un Baril Poudre a feu de 30 ℔ . . . .,   1.
                   une Piece Mouchoir Chollet . . . .,   .8.
                   900 Pierres a fusils . . . .,   .4.   2. —

_____ Du 27.d _____

Six Idem- Sepᵗ .   1 Once 6 ᵈ.

Nᵒ 6 a --12.   Un fusil sans Bayonnette . . . .,   .4.
                660 Pierres a fusils . . . .,   .2.
                deux Piecez Mouchoirs Cholet . . . .,   1. —   1. 6 —

La Suzanne Marguerite arrive le 3 mars qu'est négocié le premier d'entre eux qui, affublé du nom de « Vendredy » fut dûment étampé par les chirurgiens du navire : sa vie durant, il aurait sur le bras droit la marque **LSM**. Dans le *Journal de Traite* on peut lire à cet égard la mention suivante :

Un homme Premier captif... 9 onces

		On.	W
Nommé **Vendredy**			
N° 1 **LSM**	Un gros baril de poudre.......	1	
	Deux Pièces Indiennes.........	1	
	Huit fusils communs.........	2	
	Deux Salempouris..............	1	
	Trois Pièces de Mouchoirs Cholet	1...	8
	Huit chapeaux Bordés		8

Ajoutons que par cette transaction unique, rituelle en quelque sorte, le capitaine obtenait un premier renseignement sur la tendance du marché s'agissant de la traite négrière elle-même qu'il allait entreprendre. Et de fait, il eut affaire en l'occurrence à un courtier africain à qui il remit pour prix de ses services une pièce de mouchoirs de Cholet revenant à 8 écus, soit la moitié d'une once. Il n'en avait pas été autrement lors de l'expédition du *Roy Dahomet* à laquelle Crassous avait participé. Du même courtier, il obtient sept dents pesant 50 livres pour 2 onces 4 écus contre 6.300 pierres à fusils.

Le voyage se poursuivant, le capitaine Bégaud acquiert aussi le 6 mars, sans doute selon les instructions de l'armateur, de la poudre d'or au Cap Appolonie, pour la valeur d'une once et quatre écus, en échange de quatre filières de corail. Le commerce des défenses d'éléphant s'y poursuit également, soit :

Une dent pesant	50 livres pour	3 onces	8 écus
Deux dents	45	2	8
Deux dents	50	3	2
Une dent	30	2	

Six dents au total ici pour 11 onces 2 écus de marchandises courantes dont était composée la cargaison de troc : étoffes, pièces de mouchoirs de Cholet, filières de corail et à nouveau 4 fusils.

Le 8, au large de Discove, il n'est qu'une simple transaction sous voiles : « une ancre d'eau-de-vie pour 6 écus d'or », le coût étant d'une once.

Le 10, la *Suzanne Marguerite* jette l'ancre dans la rade de Chama, toujours dominée par le fort hollandais sur lequel Crassous avait longuement rapporté deux ans auparavant. Au cours de cette première escale technique qui durera une semaine, jusqu'au 16 mars, le capitaine Bégaud dut prendre langue avec le gouverneur du fort et louer les services de 17 piroguiers montés sur une seule pirogue dont le patron avait pour nom Coffi. Est-il besoin de rappeler ici l'utilité de ces auxiliaires zélés qui, le moment venu, franchiraient sans encombres la barre, assurant toutes sortes de transbordements — vivres, captifs ou marchandises — entre le navire et la terre ferme?

Leur recrutement à Chama donne lieu à un transfert conséquent de marchandises tout au long de l'escale dont le détail nous est révélé dans le *Journal.* Tout semble indiquer que la part revenant aux piroguiers et qui leur fut livrée le 14 mars se composait de la manière suivante :

	Onces	W
Quatorze Pièces de Salempouris	7	
Dix Pièces d'Indiennes	5	
Six Pièces de Siamoises Rayées Rouges	3	
Vingt de mouchoirs de Chollet	10	
Dix ancres d'eau-de-vie	10	
Trois gros barils de poudre	3	
Six idem petits	3	
Deux Barres de fer pour Pirogue		8

Au gouverneur du fort hollandais seront remis : 32 fusils, 2 gros barils de poudre, 2 petits, 29.000 pierres à fusil, 27 filières de corail de diverses grosseurs, 19 pièces de mouchoirs de Cholet, 28 pièces d'Indiennes, 6 pièces de salempouris et 10 ancres d'eau-de-vie.

Sur la route qui mène à Juda où il avait ordre de s'établir principalement, le capitaine Bégaud fait une courte halte à hauteur de la Mine le 17 mars où il obtient la valeur de 0,2 onces de poudre d'or contre trois fromages. Ce trafic se poursuit le même jour au Cap Corse, puis à Anamabou, le 18, et enfin à Akra, le 20, où il troque respectivement :

Vue Est du Cap Corse (1727)

- 8 pièces de devant de veste, 4 caisses de vin
  de 50 bouteilles chacune , contre 7,6 onces de poudre d'or
- 6 fromages de Hollande   contre 0,4 onces
- 2 caisses de vin, 3 fromages
  et 1 caisse de liqueur   contre 2,3 onces

Un épisode mérite d'être rappelé ici : l'un des novices, Pierre Monet, atteint de folie, sera laissé aux bons soins du gouverneur du fort danois, après délibération des officiers du navire.

Le 24 mars, la *Suzanne Marguerite* mouille dans la rade de Queta, lieu d'une seconde escale technique. Durant trois jours, on y embarquera à plusieurs reprises des vivres frais pour compléter l'avitaillement du navire, à commencer par du petit bétail, en dépit de la réglementation en vigueur : 423 poules et poulets, 1 mouton, 2 cochons, du maïs, des pois, du poisson et des œufs en grande quantité, le tout contre 1.731 pipes, 10 d'entre elles avaient été offertes en manière de « dachi » aux courtiers de la place. De même, pour stimuler le zèle des piroguiers qui eurent fort à faire, il leur avait été donné une pièce de mouchoirs de Cholet et une ancre d'eau-de-vie. Il est à noter par ailleurs que le capitaine Bégaud avait acquis le 25 mars une défense d'éléphant pesant 50 livres contre trois pièces de mouchoirs de Cholet et trois filières de corail d'une valeur de 3 onces. Il n'en avait pas perdu pour autant de vue la finalité essentielle de l'expédition puisque durant ces trois jours il procède de façon méthodique à l'achat de plusieurs captifs.

Il nous a semblé utile de reprendre les mentions concernant ces acquisitions telles qu'elles avaient été consignées dans *le Journal de Traite* : à n'en point douter, elles constituaient aux yeux du capitaine un échantillon représentatif du marché des esclaves dans la zone de Juda toute proche, les coûts allant de 8 à 11 onces pour les hommes et n'étant que de 7 onces pour les femmes. Soit :

Du 25

N° 2 . LSM   Un Homme…11 Onces

	Onces	W
Deux salempouris………		
Huit platilles……………	1	
Quatre pièces Mouchoirs Cholet	2	
Une pièce siamoise bleue…..	1	
Quatre pièces d'Indiennes…..	2	
Seize filières Corail de 12 à la livre	2	
Deux ancres d'eau-de-vie	2	

N° 3 LSM   Une Femme…7 Onces 4 Ecus

	On…..W	
Quatre Platilles	8	
Sept Pièces mouchoirs Cholet	3	8
Deux pièces Indiennes	1	
Deux pièces siamoises rouges	1	
Deux filières Corail de 12 à la livre	4	
Une ancre d'eau-de-vie	1	

N° 4 .LSM   Un Homme…8 Onces 2 Ecus

Deux Pièces Siamoises Rouges		1
Deux ditto d'Indiennes	1	
Cinq ditto mouchoirs Cholet	2	8
Quatre Platilles		8
Quatre filières de 5 à la livre	2	
Une ancre d'eau-de-vie	1	
Deux chapeau		2
dont un pour courtage et dachi		

Du 26

N° 5 .LSM   Un Homme…8 Onces

Deux Pièces Indiennes	1
Deux Pièces Siamoises Rouges	1
Six Pièces Mouchoirs Cholet	3
Quatre filières de corail de 5 à la livre	2
Une Ancre d'eau-de-vie	1

Grandpré : Voyage à la côte T. 1
L. de Ganpré, Voyage à la côte occidentale d'Afrique
fait dans les années 1786 et 1787..., An IX – 1801, t. 2, p. 4

Le 27 mars, le navire touche Popo où se renouvellent les mêmes opérations qu'à Akra. Ainsi, pour commencer, des vivres sont montées à bord en deux occasions : vingt poules, un canard d'Inde, un cabri, trois cochons, des œufs et des poissons de diverses sortes, contre 259 pipes.

Par ailleurs, cinq dents sont à nouveau négociées :

   - deux pesant 15 livres, pour 6 écus,

       soit 3 filières de corail

   - une de 80 livres, pour 5 onces,

       soit 6 pièces de mouchoirs de Cholet

       2 d'Indiennes

       1 ancre d'eau-de- vie

   - deux autres pesant 50 livres, pour 3 onces,

       soit 3 pièces de mouchoirs de Cholet

       4 filières de corail de 12 à la livre

       1 ancre d'eau-de-vie

Enfin, quatre captifs sont acquis, qui allaient rejoindre les cinq premiers dans l'entrepont du navire :

Du 27 mars 1775
Deux femmes...14 Onces

Douze pièces de Mouchoirs Cholet	6 onces	
Quatre Pièces Indiennes	2	
Quatre Siamoises	2	
Deux ancres d'eau-de-vie	2	
Seize filières de Corail de 12 à la livre	2	

Du 28
Un Homme...11 Onces

	On	W
Dix aunes de Velours	5	
Onze filières de Corail de 5 à la livre	5	8
Quatre filières de 12 à la livre		8

Une négritte...6 Onces 8 w

Six pièces mouchoirs Cholet	3	8
Deux ditto Indienne	1	
Une ancre d'eau-de-vie	1	
Quatre filières Corail de 12 à la livre		8
Un chapeau pour Dachi		2

Ces indications nous sont d'autant plus précieuses que le détail des transactions à venir ne sont pas consignées de façon aussi précise dans le *Journal de Traite*. En tout cas, le capitaine Bégaud était pour sa part édifié, qui cinq jours plus tard fait jeter l'ancre dans la rade de Juda, non sans avoir pris soin de verser une avance au patron Coffi de la pirogue sous forme d'une ancre d'eau-de-vie !

2 - La traite à Juda et à Epée

C'est toujours à travers les pages du *Journal de Traite* que l'on peut se pénétrer de l'essentiel des opérations qui, durant sept mois environ, se dérouleront à Juda et à Epée pour le compte de la *Suzanne Marguerite.*

A la date du 2 avril, on y lit les indications suivantes :

Décente du capitaine à Juda : établissement de la traite

C'est pourquoy fournis pour Dachi et Coutumes aux Piroguiers

Dix sept chapeaux bordés	1 once 1 W	
Quatre pièces de mouchoirs Chollet	2	
Une ancre d'eau de vie	1	
Soit :	4 on	1W

Bien évidemment, on doit entendre ici que le capitaine Bégaud s'était rendu d'abord en pirogue sur la « prée ». De là, il avait gagné, porté en hamac, le fort de Juda où l'attendait le directeur Dewaerel. Là, il a pu pendant trois jours environ deviser avec ce dernier, arrêter avec lui les dispositions habituelles, en particulier l'installation de sa factorie, à savoir le magasin pour les marchandises de traite et l'entrepôt pour les captifs qui seront acquis après force palabres, comme on sait. Mais par-dessus tout, le capitaine avait dû se renseigner auprès du directeur du fort sur les droits qu'il aurait à payer pour commencer sa traite et bénéficier du même coup de la protection du souverain, le roi du Dahomey, ainsi que de la coopération efficace autant qu'intéressée du ministre des Blancs .

Dapper XVIIIᵉ siècle (1771)
Coutumes et Dachi pour commencer la traite

Le 5 avril, ce semble, toutes ces formalités sont accomplies. Nous avons à cet égard pour ce même jour la liste des marchandises cédées au titre des coutumes. Soit :

Pour coutumes…Pour traite

30 ancres d'eau de vie…	30 onces
14 Pièces Mouchoirs Chollet de 15 à la pièce	7
14 Pièces Siamoises dont 12 a rayes Bleu et 2 a R. Rouge	7
80 Platilles communes	10
6 Pièces Toille à Robe	6
10 Pièces d'Indiennes Rouges et communes	5
10 Onces de Bouges fines	10
5 Onces de grosses Bouges	5
Deux barils farines	2
Un Idem ditto de Bœuf salé	1
Un baril Pierre à fusils – 4.000 et 400	1
Un Chapeau Bordé en Or et avec Plumet	1
Deux coupons de Soiries de 14 aunes 3/4, un bleu et un vert	2

Dès lors, il peut mettre en place l'ensemble du dispositif habituel pour mener à bien son entreprise. A la date du 7 avril, en effet, l'affaire semble en bonne voie : il a pu installer sa baraque en bord de mer ; il y a fait entreposer sous bonne garde un premier lot de marchandises de troc consigné comme suit dans le *Journal de Traite* :

Pour traite envoyez à terre

Vingt Pièces de toile angloise de 16 aunes	20 onces
Vingt Pièces de Gingas	20 -

L'opération se poursuivra jour après jour ou presque, et déjà, à la date du 21 avril, il avait été transbordé un assortiment d'articles propres au commerce de Guinée. A savoir :

- 180 ancres d'eau-de-vie
- des cauris (ou bouges) représentant 90,8 onces
- 425 filières de corail de diverses grosseurs
- 13 chapeaux, dont 2 dits « à nègres » et 11 bordés en or
- 23.500 pierres à fusil

- 100 pièces de siamoises
- 165 pièces de mouchoirs de Cholet
- 81 pièces d'Indiennes
- 432 platilles
- 39 pièces de toile à robe
- 45 pièces de toile anglaise
- 40 pièces de ginguans
-10 coupons de soieries, dont 2 de velours bleu et 1 rouge
- 12 paires de bas de soie, bleues et noires
- 8 ½ coffres de pipes
- 61 rolles de tabac
- 20 fromages de Hollande
- 6 parasols « dont un brisé et rouge ».

Ces toutes premières marchandises passeront de la baraque sur la prée au comptoir que le capitaine Bégaud avait établi à l'intérieur des terres tout contre le fort français de Juda, à Grégoy où les courtiers avisés et intéressés avaient attiré des vendeurs de toutes sortes.

Au fur et à mesure que les marchandises de traite seront débarquées, il sera possible, comme d'habitude, aux charpentiers de la *Suzanne Marguerite* d'aménager dans l'entrepont du navire les parcs destinés aux captifs. Et déjà, le 21 avril, on en avait reçu six : « cinq femmes dont une à la marque(LSM) renversée, une négritte ».

De la sorte, au fil des jours et jusqu'au 17 octobre, il s'établira, selon un savoir-faire éprouvé, un va-et-vient de marchandises « envoyées à Juda » et de captifs « reçus de terre ». Il n'est pas indifférent à cet égard de dresser un inventaire des articles et produits acheminés au comptoir du capitaine Bégaud et qui, au gré de la demande, s'ajouteront aux tout premiers. On constate tout d'abord que certains sont en augmentation constante, à commencer par les indispensables cauris qui atteignent la valeur de 528 onces et les ancres d'eau-de-vie au nombre de 759 .

Pour les étoffes les plus prisées, c'est la même chose :
    - les siamoises au nombre de 466 pièces,
    - les platilles, 2.722
    - les toiles à robe, 116 pièces,
    - les guingans, 55 pièces,
    - les soieries, 19 coupons,
    - les pièces de mouchoirs de Cholet, 313.

Par contre, les 14 pièces de toile anglaise et 19 d'Indiennes, viennent compléter celles en plus grand nombre qui avaient été déjà entreposées, tout comme les filières de corail pour une valeur de 190 onces. Si des tissus recherchés pour leur qualité sont offerts, mais en petite quantité, dès les 9 et 12 mai, soit respectivement deux pièces d'étamine noire et deux pièces de polonaise, d'autres ne seront débarqués à foison et comme à dessein sur le tard, le 16 août d'abord, puis le 5 septembre et les 5 et 12 octobre :

- 100 pièces de « couty rayés », par lots de 25
- 40 pièces de « bazin royal rayé blanc ».

De même, les barres de fer, au nombre de 107, ne font leur apparition, mais de façon très échelonnée pour la plupart d'entre elles, que dans les derniers jours de la traite. Nous reviennent en mémoire ici l'une des *Instructions* d'un armateur rochelais à un capitaine de navire, et qui semble être la chose la mieux partagée entre négriers :

« Ménagez vos grandes marchandises autant que vous le pourrez afin de faciliter la fin de votre traite et faîtes passer le plus qu'il vous sera possible de petites. Si vous réussissez à compléter votre traite sans employer la cargaison et vos présents, nous en serons extrêmement flattés »[10].

En marge de l'approvisionnement mesuré de son comptoir, le capitaine Bégaud procédera à des opérations qui relèvent de la coopération entre navires négriers, quel que fût leur pavillon. C'est ainsi que le 26 avril ill est donné « au navire *Salomon* une dame-jeanne de vin et 3.000 pierres à fusil » : la contrepartie ne nous est pas indiquée, mais ce n'était qu'un début. Plus tard, le 28 juin, M. de Belleville qui semble être ce capitaine qu'avait connu Crassous sur le *Roy Dahomet* envoie à la *Suzanne Marguerite* des lots de marchandises selon ce qui en apparaît dans le *Journal de Traite* sous la plume de Crassous :

« Reçu du navire *Le Salomon* de Mr. Belleville pour compte de pacotille de Mr. Aimé remise à Mr. Compré et aujourd'huy transporté à Mr. Bégaud capitaine de la *Suzanne Marguerite* ainsi qu'il est mentionné à la facture

---

[10] Médiathèque Michel Crépeau…, Ms. 2290, *Ordres et instructions pour servir à Monsieur Georges David, capitaine du navire La Bonne Société de la Rochelle expédié pour aller à la côte d'Angolle traiter les Noirs…* déjà cité.

en détail qui m'a été remise et pour le tout ai donnez reçu purement simplement, n'ayant qu'ordre de Mr. Bégaud de recevoir et mettre à bord :

Scavoir

A Une caisse soiries marquée comme en marge, contenant :

> - neuf pièces de Dauphines aunant 150 aunes
> - Cinq pièces de gros velours broché
> - Cinq pièces de polonnoises brochés
> - 2 balots Mouchoirs Cholet un peu passés
>   contenant

soixante pièces de mouchoirs Cholet en tout de 82 portez sur la facture

Dudit(28 juin)

Reçu pour compte de cargaison de Mr. Belleville cy dessus

> - quatre barils farine de Moissac passé à 75 Livres de Saint-Domingue . »

Entre temps, le 14 juin, le capitaine Bégaud avait cédé six platilles contre deux arrobes de sucre au navire portugais le *Pernambouck*. Ce sucre devait aller pour moitié à son comptoir le surlendemain.

Maintenant, entre la *Suzanne Marguerite* et la goélette la *Diligente* qui est en rade à Epée non loin de Juda, on constate qu'il y eut un important transfert de marchandises , soit :

- le 30 juillet, 100 ancres d'eau-de-vie.........   100 onces ,
>   73 onces de bouges fin   73
>   9 onces de grosses bouges   9

- le 31,   2 caisses complètes de Platilles
>   de 200 pièces chaque   50
>   10 ancres d'eau-de-vie   10
>   70 pièces de toile à robe
>   en une caisse et deux balots   70
>   22 pièces de gingas en un balot   11
>   1 sac contenant 3 onces de bouges fines   3

- Le 1° août,100 rolles de tabac   100
>   8 ballots de 25 mouchoirs de Cholet,
>   cy 200   50
>   5 ballots de 10 pièces de siamoises
>   bleues de 16 aunes   50

Ce même jour, on peut lire encore que
    sont envoyés à Epée pour Mr. Chateaubrillant
    et embarqués sur la pirogue :

24 ancres d'eau-de-vie en 4 tierçons	24
20 onces de platilles ou 160 pièces	20
82 onces de bouges fines	82
5 onces de mouchoirs de Cholet	
ou 10 pièces	5

Au prime abord, on ne sait quelle était la finalité de ces envois multiples. En l'absence d'indications précises à cet égard, on peut tout au plus avancer que ces marchandises devaient, en partie, permettre à la *Diligente* de compléter sa cargaison de troc .

Le 23 août, tout s'éclaire : cinq captifs « marqués d'un O sur la poitrine au côté droit » arrivent sur la pirogue en provenance d'Epée ; il nous est signalé dans le *Journal de Traite* qu'il s'agit du « premier envoi de Mr. Besnard » . Le 24, ils sont dix, « tous hommes marqués sur la poitrine au côté droit d'un O ». A l'inverse, le 25, il y est mentionné que le capitaine Bégaud a « envoyé à bord de la *Diligente* pour notre compte » les marchandises suivantes :

30 rolles de tabac	30
24 onces de bouges fines en 8 sacs doubles	24
25 ancres d'eau-de-vie	25
12 onces de grosses bouges	12
100 pièces de siamoises bleues de 8 aunes	50

On y apprend aussi que ce même jour et sur son ordre, la pirogue gagne la rade d'Epée avec « quatorze ancres d'eau-de-vie, dix fusils de traite et trois sacs de bouges fines de trois onces pièces », soit 25,8 onces de marchandises, preuve s'il en était besoin que le capitaine Bégaud avait bel et bien entrepris déjà de se pourvoir en captifs à Epée par l'entremise de la *Diligente.* Au demeurant, un convoi de six autres captifs toujours marqués d'un O sur la poitrine lui parvient le 7 octobre, soit dix jours avant le départ de la *Suzanne Marguerite* pour la rade d'Epée. D'ailleurs, le transbordement de marchandises vers la *Diligente* se poursuit, pendant deux jours, les 26 et 27 août . Au total : 95 ancres d'eau-de-vie, 36 onces de bouges fines, 101 pièces de mouchoirs de

Cholet, 73 pièces de toiles à robe, 200 platilles, 3 pièces de Damas à 14 aunes, 2 barres de fer, le tout pour un montant de 286 onces.

En fin de compte, la traite à Juda s'était étirée sur quelque six mois, du 17 avril au 16 octobre, pour un total de 459 captifs acquis au comptoir du capitaine Bégaud (213 hommes, 201 femmes, 22 négrillons et 23 négrittes), et 21 hommes par la *Diligente.* Ce que l'on ne peut laisser de remarquer, c'est la lenteur du processus d'acquisition des captifs à Juda par rapport à Porto-Novo, Badagri et Epée, plus à l'Est : en moyenne, trois par jour. Certes, au début de l'installation de son comptoir, le capitaine avait pu envoyer à bord du navire 56 captifs, entre le 21 et le 27 avril. Par la suite, pour des raisons que nous ignorons, l'offre s'affaisse brutalement : quatre à cinq jours peuvent s'écouler durant les mois de mai et de juin avant que n'arrivent de terre deux ou trois captifs et au mieux quinze ou seize[11]. De fait, il faut attendre le 15 juillet pour que d'un seul coup l'on reçoive sur le navire 48 captifs :

- vingt-deux hommes, LSM
- vingt-quatre femmes, id.
- deux négrittes, id.

A partir de cette date, et compte-tenu, il est vrai, des 21 captifs en provenance d'Epée, la courbe des acquisitions remonte de façon prononcée. En définitive, c'est dans les trois derniers mois que les deux-tiers des captifs seront obtenus, la *Suzanne Marguerite* étant en rade à Juda.

Mais cette longue durée aura des répercussions sur l'état de la cargaison humaine. Entre autres facteurs débilitants, l'enfermement des captifs dans les conditions que l'on sait dans l'entrepont du navire augmentera sensiblement le taux de mortalité dans leurs rangs, on le verra. Un signe qui ne trompe pas, : le 29 avril, le tout premier captif, Vendredy, acquis le 3 mars au Cap Lahou, est envoyé à terre ; malade, il succombera le 6 mai. La liste s'allongera pour atteindre le chiffre de 22 morts en rade d'Epée. Dès lors, c'est le cercle vicieux, comme l'a bien montré Pierre Pluchon :

---

[11] *Vide infra,* tableau des captifs de la *Suzanne Marguerite.*

«Une hantise, écrit-il, obsède les capitaines pendant la durée des transactions à la côte : une perte excessive de captifs embarqués, qui déprécierait leur capital et les contraindrait à prolonger la traite pour combler les vides[12] ».

C'est donc sous l'empire de la nécessité que le capitaine Bégaud décide de se rendre à Epée pour hâter la fin de sa traite. Certes, le 11 octobre, la *Suzanne Marguerite* reçoit d'une part six dents de morphil et de l'autre, pas moins de 43 captifs :

- Dix-sept hommes,
- Vingt-trois femmes,
- Un négrillon,
- Deux négrittes,

mais du 14 au 16 octobre, ils ne seront que treize : Onze hommes et deux femmes.

Concernant alors les préparatifs de départ, le 14 est remonté à bord un coffre contenant :

- Dix-huit chemises de pacotille
- Trois pièces de Polonnoise noire
- Une pièce de velours
- Huit chapeaux bordés, or et argent,
- Quatorze pièces de couty, rouges et bleues,
- Cinq pièces ditto, blanc ou bazin.

Il s'agissait de marchandises qui n'avaient pas été échangées au comptoir du capitaine Bégaud. Le 17, enfin, ce dernier regagne la *Suzanne Marguerite* en emportant encore avec lui, outre deux dents de morphil, les articles suivants :

Dix pièces Siamoises de 8 aunes
   dont 9 bleues, une rouge........ 5 onces
- Une pièce de Cholet.......   1
- Six platilles à la Rose....   12 écus
- Six pièces de Couty rayés....   3

---

[12] Pierre Pluchon, *La route des esclaves, négriers et bois d'ébène au XVIII°siècle,* Paris, 1980, p.161.

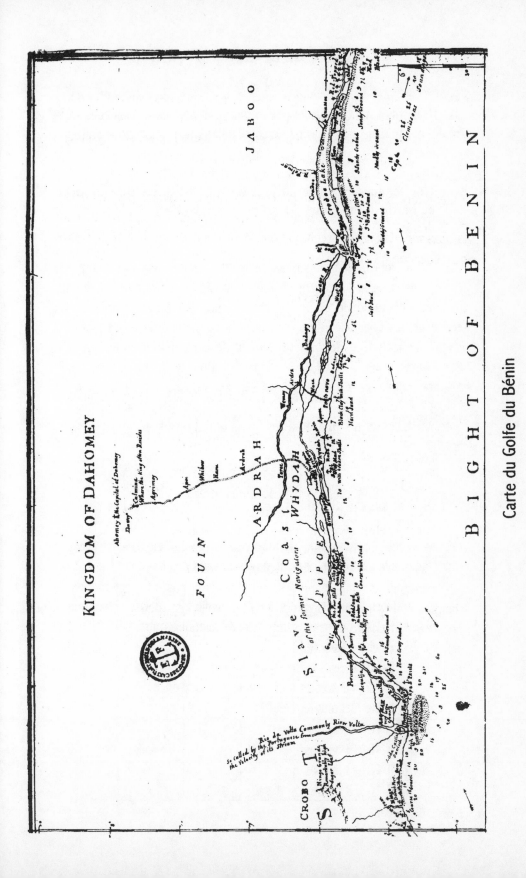

Carte du Golfe du Bénin

Le 18 octobre, tandis que le navire met à la voile pour gagner la rade d'Epée, le capitaine en second, Crassous, note dans le *Journal de traite* :

> « Il nous est mort en rade de Juda
> Une femme, marquée au bras droit **LSM**,qui a été suffoquée et morte d'un coup de sang, le rendant par les yeux et le nez ».

Le 19 octobre, commence la relâche à Epée. Aux « piroguiers anglois » venus à la rencontre du navire, le capitaine Bégaud fait donner une ancre d'eau-de-vie et un « dachi » à ceux qui étaient entrés à son service depuis Chama comme on sait. Dès ce moment-là et jusqu'au 30 octobre s'effectue un double mouvement de « marchandises envoyées à terre » et de « captifs reçus de la *Diligente* ». Pour accélérer la rotation, le capitaine emploiera en trois occasions, les 22, 23 et 25 octobre, la chaloupe et le canot de la *Suzanne Marguerite* ; les marchandises mises à contribution seront de quatre sortes, qui au total revenaient à 487 onces, à savoir :
- 135 ancres d'eau-de-vie pour une valeur de 135 onces
- 43 sacs de cauris à 3 onces le sac, soit :   129 onces
- 3 ballots de 48 platilles, soit :   18 onces
- 205 rolles de tabac, soit :   205 onces

Nous avons repris dans le tableau ci-après et suivant l'ordre chronologique le détail des opérations concernant ces marchandises :

dates	eau-de-vie	cauris	platilles	tabac
19-10	6 ancres	10 sacs	3 ballots	
22-10	44 ancres	12 sacs		
23-10				140 rolles
24-10	40 ancres			
25-10	30 ancres			
27-10	1 ancre			
28-10	9 ancres	20 sacs		65 rolles
29-10	3 ancres			
30-10	2 ancres	1 sac		

En contrepartie, entre les 20 et 24 octobre, pas moins de 81 captifs seront transbordés sur la *Suzanne Marguerite* :

- 78 d'entre eux arrivés de la *Diligente* « tous marqués au côté droit sur le sein d'un O », soit   71 hommes et 7 femmes
- 3 hommes acquis aux mains d'un Portugais

Il est important de remarquer que, dès le 21 octobre, deux captifs, « des hommes marqués au bras droit LSM, tous deux malades de la petite vérole et du scorbut » succombent. Trois encore les suivront dans la mort, une femme, le 23, un homme, le 28 et un enfant, le 29.

En somme, si du 3 mars au Cap Lahou au 24 octobre à Epée, le capitaine Bégaud avait acquis 566 captifs, soit :

- 309 hommes,
- 211 femmes,
- 20 négrillons,
- 26 négrittes,

il n'en comptait dans l'entrepont du navire que 539, compte-tenu des 27 décès comptabilisés au 29 octobre, à savoir : 17 hommes, 6 femmes, 3 négrillons, 1 négritte. Mais même ainsi, il était en surcharge : jaugeant 300 tonneaux, le navire aurait dû recevoir 360 captifs[13] !

Le 31 octobre, la *Suzanne Marguerite* quitte la rade d'Epée pour gagner l'île du Prince. Auparavant, le capitaine Bégaud avait pris congé de ses fidèles auxiliaires et leur avait consenti d'ultimes gratifications suivant ce qu'il en apparaît dans le *Journal de Traite* :

Du 31°
Rade d'Epée. Payez les Piroguiers avec

Six ancres d'eau-de-vie	6 onces
Six rolles de tabac	6
Deux Pièces de Couty Rayés	1
Une once de Bouges	1
Quatre Pièces de Mouchoirs Cholet	2
Deux Pièces de Siamoises Rouges de 8 aunes	1

Le tout représentant 17 onces !

---

[13] « On convenoit généralement que 500 tonneaux d'encombrement devoient produire 600 noirs » in A.D.G., C 4358/87, Versailles, le 15 Xbre 1787 : *Observations relatives aux primes touchées en 1786 pour la traite des noirs*

Les captifs de la *Suzanne Marguerite*

Dates	H...	F .	Non	Ntte	Total	Marques du navire nég	Origines des captifs
03-03	1				1	LSM au bras droit	Cap Lahou
26-03	4	3	1		9	Id.	Queta
21-04	- 1	5	+1*	1	6	Id	Juda
27-04	16	25	5	4	50	Id.	Id.
29-04		3			3	Id.	Id.
01-05	1	3			4	Id	Id.
03-05	1				1	Id.	Id.
06-05	1	2			3	Id.	Id.
08-05	1	2			3	Id.	Id.
09-05		1			1	Id.	Id.
12-05	2	1			3	Id.	Id.
16-05	3	1			4	Id.	Id.
18-05	2	4			6	Id.	Id.
23-05	4	3		2	9	Id.	Id.
25-05	1	1			2	Id.	Id.
30-05	2	6			8	Id.	Id.
12-06	5	9		1	15	Id.	Id.
15-06	4	4			8	Id.	Id.
20-06	7	4	4	1	16	Id.	Id.
15-07	22	24		2	48	Id.	Id.
20-07	2	3		1	6	Id.	Id.
25-07	7	4		1	12	Id.	Id.
31-07	15	9		2	26	Id.	Id.
14-08	16	13		1	30	Id.	Id.
23-08	5				5	Un O sur la poitrine	D'Epée par la *Diligente*
24-08	12	13	2		27	LSM au bras droit	Juda
25-08	10				10	7 LSM, 3 « O »	D'Epée par la *Diligente*
07-09	12	12	2	2	28	LSM au bras droit	Juda
05-10	30				30	Id.	Id.
07-10	6				6	Un O sur la poitrine	D'Epée par la Diligente
10-10	20	20	5	5	50	LSM au bras droit	Juda
11-10	17	23	1	2	43	Id.	Id.
14-10	2	5			7	Id.	Id.
15-10	1				1	W à la cuisse gauche	Id.
Id.	3	1			4	3, W et 1, IG	Id.
Id.	1				1	LSM au bras droit	Id.
20-10	12				12	Un O sur la poitrine	Epée, de la *Diligente*
21-10	10				10	Id.	Id.
22-10	29	6			35	Id.	Id.
23-10	20	1			21	Id.	Id. Envoi de M. Besnard
24-10	3				3	Reçus d'un Portugais	Devant naviguer pr. M.Corbun
01-01	1				1	LSM au bras droit	Ile du Prince
Total	310	211	20	26	567	*Un homme passé au compte des négrillons	

3 - De la rade d'Epée à l'île du Prince

La traversée de la rade d'épée à l'île du Prince durera très exactement un mois, du 31 octobre au 30 novembre 1775. Nous avons déjà rappelé pour l'expédition précédente, celle du *Roy Dahomet*, le rôle dévolu aux îles portugaises du golfe de Guinée. Escale dite de « rafraîchissement de la cargaison », tout comme celle de Sâo Tomé, l'île du Prince, la plus proche, dont on trouvera ci-après une représentation, l'était d'autant plus que, si l'on excepte ceux qui avaient été acquis à Epée à la mi-octobre, la plupart des captifs s'étaient vus confinés dans l'entrepont du navire pour une durée de un à cinq mois .

Le jour même du départ pour l'île du Prince, aux vingt-sept passés de vie à trépas, s'en était ajouté un autre comme il est marqué dans le *Journal de Traite* :

Au dit
Sous voile. Il nous est mort
Une femme à la cargaison marquez au bras droit **LSM**, malade de la petite vérole dont elle paroissoit être guérie, mais le scorbut l'a finie » .

Ce n'était que prémisses, puisque durant la traversée en direction de l'île du Prince, il n'est pas moins de 30 décès – hommes, femmes   ou enfants – le dernier survenu à six heures du matin alors que le navire entrait dans la rade de la ville de Sâo Antonio au Nord-Est le 1° décembre 1775.

Tout à la fin de l'expédition, nous établirons une chronologie de l'ensemble des décès et nous en analyserons les causes soigneusement mentionnées d'ailleurs par Crassous qui a eu entre les mains les certificats des chirurgiens du navire. Contentons-nous d'en signaler le nombre, chemin faisant.

De fait, du jour d'arrivée le 1° décembre au jour du départ, le 7 février 1776, le *Journal de traite* où l'on ne dénombre pas moins de trente-trois morts n'est guère qu'une longue notice nécrologique. Néanmoins, des mesures d'urgence avaient été prises en toute connaissance de cause. C'est ainsi que le 2 décembre, mais « en divers voyages », pas moins de 474 captifs sont envoyés « à la ville ». On peut conjecturer qu'il s'agissait de personnes apparemment en bonne santé et que le capitaine entendait

Carte de l'île du Prince

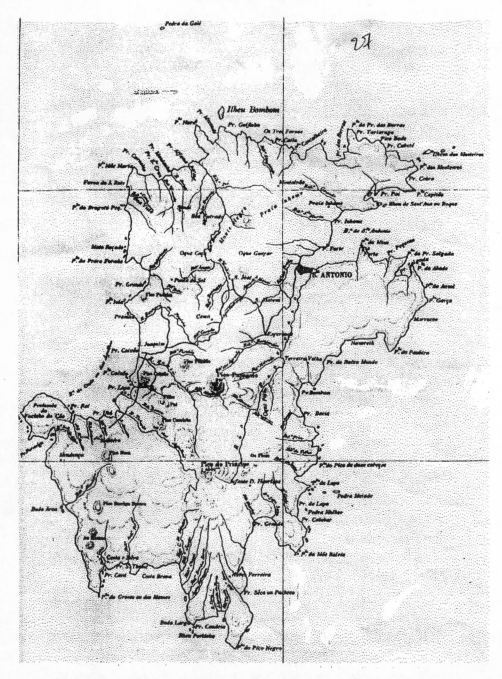

isoler de ceux qui étaient affectés par quelque maladie. Ils allaient être pris en charge par le gouverneur portugais, à preuve que ce même jour, on lui adresse pour commencer les marchandises suivantes représentant 68 onces :

> « Une caisse contenant 200 platilles ou 25 onces......25,
> Trois ballots de siamoises de 10 onces pièces...... 30,
> Un, id. mouchoirs de Cholet, 26 pièces................13 »

D'ailleurs, tout au long de l'escale, d'autres captifs présumés sains de corps et d'esprit lui seront amenés, ainsi que des marchandises, on le verra. A cet égard, il est à remarquer que, dès le 3 décembre, après inspection, le gouverneur renvoie au capitaine deux femmes, l'une, le matin, qui était folle et l'autre, le soir, « malade de petite vérole ».

Au demeurant, la mort continuait à faire des ravages sur ceux qui, malades, étaient restés à bord de la *Suzanne Marguerite* :
- le 2 à midi, « un homme à la cargaison marqué au bras droit LSM, malade de petite vérole ».
- le même jour, « à 4 heures après midi…un homme marqué au bras droit LSM, malade du scorbut »,
- le 4 , à 4 heures du matin, un autre « marqué au sein droit d'un O, malade de la petite vérole » succombe.

Un hôpital de fortune est alors établi à terre : vingt-quatre « picoteux », hommes et femmes et un quartier-maître y sont admis. Selon les comptes du *Journal* il ne serait resté à bord que six captifs au 4 décembre. De la sorte, ceux que la mort n'aura pas emportés passeront d'un lieu à un autre selon leur état de santé. C'est ainsi qu'aux vingt-cinq malades hospitalisés se sont ajoutés dix autres entre le 5 et le 28 décembre . Soit : sept hommes, une femme, un négrillon, une négritte.

Mais entre le 16 décembre 1775 et le 23 janvier 1776, vingt-cinq d'entre eux qui ont recouvré la santé gagnent la ville à leur tour. Cette circonstance explique assez que, du 2 décembre jusqu'à la veille du départ de la *Suzanne Marguerite*, le gouverneur portugais ait reçu en plusieurs envois des marchandises. Elles étaient de toutes sortes, d'une part, des textiles divers, des chapeaux, voire du vin, pour honorer les frais du « magasin » où étaient enfermés et nourris les captifs et de l'autre, des rolles de tabac « mis en consommation », autant dire destinés en partie à ces derniers, ainsi que de l'eau-de-vie selon l'usage. Nous reprenons dans le tableau ci-après l'ensemble de ces « envois à terre ».

Marchandises débarquées à l'île du Prince

Dates	Platilles	Siamoises	Cholet	Coutil	Soieries**	Bas ***	Etamine	Chemises	Chapeaux	Tabac	Eau-de vie ou vin
02-12	200	30	26								
04-12	200	167	12	8	24	4	1	18	37		
14-12										2 rolles	
19-12										1 rolle	
21-12	6*									1 rolle	
26-12	6*									1 rolle	
28-12										1 rolle	
02-01	50										3 ancres
03-01											1 ancre
04-01	6										
10-01											
11-01				4							
12-01											1 dame-jeanne
23-01											
25-01	13+2*	2									
28-01											
30-01	12	4									1 caisse de vin
31-01											1 dame-jeanne=23 pintes et 3touques = 33 pintes
03-02	400										
05-02		2									
06-02	30										
07-02	8										
Total	933	205	32	12	24	4	1	18	37	10 rolles	4 ancres + 79 pintes et 1 caisse de vin

* 14 platilles avariées

** Bazin, 5 pièces ; velours, 17 pièces dont 1 avariée ; dauphine, 1 pièce ; polonaise, 2 pièces.

***Bas par douzaine

En dépit du dévouement des chirurgiens au savoir-faire limité et dont on ne saurait dire que seul l'intérêt les guidait, dix captifs trépassent à l'hôpital entre le 6 et le 25 décembre. La mort n'épargne pas non plus les marins. Il est juste de le rappeler : les matelots Jacques Menuteau et Luc Magné, natifs de l'île de Ré, succombent le 7 et le 31 décembre respectivement. Mais c'est en ville, au « magasin » où se trouvent en grande majorité les captifs que le nombre des décès sera le plus élevé : quatorze au total entre le 15 décembre1775 et le 6 janvier 1776. Il est mentionné dans le *Journal* qu'ils ont été « jetés au large ». Enfin, outre les cinq hommes décédés entre le 1° et le 4 décembre, on en déplore encore quatre à bord du navire lui-même entre le 28 janvier et le 1° février. Le tableau qui suit rend compte de ces trente-trois captifs morts à l'île du Prince.

Captifs morts à l'île du Prince

Dates	Morts à l'hôpital			Morts en ville		Morts à bord	
	Hommes	Femmes	négrillons	Hommes	Femmes	Hommes	Femmes
01-12						2	
02-12						2	
04-12						1	
06-12	1						
07-12		1					
10-12	1	1					
12-12	1						
13-12		1					
15-12				1			
16-12		1			1		
18-12		1		1			
19-12					1		
20-12			1				
23-12				1	1		
24-12				1			
25-12					1		
26-12	1						
28-12					1		
02-01					1		
05-01				2			
06-01				1			
09-01					1		
12-01						1	
13-01							1
22-01							1
28-01						1	

A l'inverse, vingt-cinq des trente-cinq malades que l'on avait hospitalisés ont été guéris ; la moitié d'entre eux gagne la ville dès le 18 décembre, le reste entre le 25 décembre et le 21 janvier 1776. Dans le *Journal de Traite,* à la date du 30 décembre, il est consigné que 460 captifs s'y trouvent.

Toutefois, dès le 25 décembre, alors qu'il n' y avait qu'un seul captif à bord de la *Suzanne Marguerite* en qualité de serviteur, une femme y est ramenée. Le lendemain, vingt captifs hommes, toujours « pour le service du navire », la suivent. Le 1° janvier, le capitaine Bégaud acquiert un homme aux mains des Portugais. Ces vingt-trois captifs seront rejoints jour après jour par les quatre cent-cinquante restés à terre : au total, 473 captifs avaient regagné leurs parcs respectifs dans l'entrepont du navire : 255 hommes, 179 femmes, 17 négrillons et 22 négrittes, peut-on lire dans le *Journal de Traite* à la date du 7 février.

On sait que ce même jour, trois femmes avaient été portées « déserteuses », ainsi qu'un homme : pour ce dernier, le gouverneur portugais en avait offert un autre en remplacement !

De son côté, le capitaine Bégaud avait « envoyé à la ville » :
    - Huit platilles,
    Une idem donnez en payement de Bananes
    Une idem passée pour son compte.

L'heure était au départ désormais.

4 - De l'île du Prince à Port-au-Prince

Comme il fallait s'y attendre, le *Journal de Traite* ne nous éclaire pas plus avant sur les préparatifs ou les circonstances du départ, à compter du 8 février. De la traversée qui durera deux mois et demi environ, il n'est rendu compte que par toute une série d'annotations relatives à l'ensemble de la cargaison. C'est ainsi que le 28 février, on trouve en ces termes un inventaire des marchandises de troc qui n'avaient pas été échangées et qui très certainement seraient, en partie du moins, utilisées pour une prochaine expédition :

Du 28 ° dudit
Récapitulez les Marchandises
Restant à bord et trouvez : scavoir

Siamoises de 8 aunes…total	147 pièces….	73 onces	8 écus
Platilles	347 pièces	43	6
Tabac	11 rolles	11	
Couty Rayés	11 pièces	5	8
Basin ou Couty blanc	31	15	8
Chapeaux	8	1	
Fusils	8	2	
	Total	151 onces 14 écus	

Dudit
Doit L. 25 M. Oualle, officier du navire, à lui cédez
Une pièce de Couty Rayé…cy..25 Livres ….ou 8 onces

Mars 10
Remis à M Bégaud, capitaine sous voilles
Dix huit écus d'or provenant de la vente de quatre
parasols faite pendant la traite à Juda

Maintenant, au chapitre de la cargaison humaine, le constat est celui d'une véritable hécatombe ; Certes, des rolles de tabac avaient été mis en consommation pour atténuer le chagrin des captifs suivant une pratique avérée :

- le 16 février, 3 rolles
- le 13 mars, 1 rolle
- le 12 avril,   1 rolle
- le 17 mai,   1 rolle « qui s'est trouvez entièrement pourri »
- le 21 mai,   1 rolle… « lequel est presque pourri » .

Mais dès le départ de l'île du Prince et jusqu'au matin de l'arrivée dans le Nord de la partie française de Saint-Domingue, la mort enlève invariablement hommes, femmes et enfant : 51 en tout. Force nous est une fois de plus d'en rendre compte par une nomenclature sans nous arrêter pour l'heure aux causes des décès.

Morts pendant la traversée de l' Océan Atlantique

Dates	Hommes	Femmes	Négrillons	Négrittes
12-02	1			
16-02	1			
20-02		1		
21-02	1			
23-02	1			
27-02		1		
11-03			1	
12-03	2		1	
13-03			1	
23-03		1		
29-03	1	1		1
01-04	1	1		
09-04	1		1	
10-04		1		1
11-04		1		
12-04		1		1
13-04	1			
15-04	2	1		
16-04	1		1	
17-04	1			3
18-04	1			
19-04		1	1	
20-04		1	1	
21-04	1			
22-04	1	1		
23-04	2	2		
24-04	1	1		
25-04		1		
26-04	1			
27-04		1		
Total	21	17	7	6

Le 27 avril, la traversée touche à sa fin : au point du jour, le Cap Samana dans la partie espagnole de Saint-Domingue est en vue; dans l'après-midi à trois heures, la *Suzanne Marguerite* entre en rade du Cap Français. Ces indications de routine couchées sur le *Journal de Traite*, l'écrivain y mentionne pour mémoire le nombre de captifs à bord : 422 au total.

Soit : 234 hommes, 162 femmes, 12 négrillons et 14 négrittes.

Ainsi, sur les 567 captifs acquis tout au long de la traite, du Cap Lahou à l'île du Prince, étant bien entendu à défalquer ici les trois femmes qui y avaient marronné, 142 étaient passés de vie à trépas, un quart de la cargaison !

On peut subodorer que les officiers de l'Amirauté qui, au Cap, sont montés à bord à des fins d'inspection de la cargaison se sont rendus compte de l'état sanitaire pour le moins critique de nombreux captifs. De fâcheux antécédents autorisaient même la mise en quarantaine du navire, le cas échéant. Tout porte à croire qu'il en fut ainsi en rade du Cap et que la *Suzanne Marguerite* dut en repartir pour gagner la partie Ouest de la colonie française, selon les instructions que le capitaine Bégaud avait sans doute reçues[14]. Et de fait, dans la journée du 28 avril, quatre captifs, des femmes en l'occurrence, succombent. Du 29 avril au 8 mai, on en comptera encore huit : trois hommes et cinq femmes . La cargaison étant alors réduite à 410 captifs, une mesure d'urgence s'imposait. Le 9 mai, le capitaine Bégaud fait établir un hôpital à terre à Port-au-Prince où il avait jeté l'ancre. Il y fait transporter quarante-six captifs malades : neuf hommes, vingt et une femmes, douze négrittes, quatre négrillons.

D'autres les rejoindront dans les jours qui suivent : dix hommes et une femme. Le chiffre de 57 hospitalisés en tout est atteint. Quarante-deux d'entre eux recouvreront la santé : 15 hommes, 12 femmes, 4 négrillons et 11 négrittes qui seront d'ailleurs vendus sans encombres. Mais quinze captifs mourront dans ce hôpital de fortune, ainsi que le maître-valet Pierre Picard de la Rochelle, le 15 mai. A bord même du navire, un décès s'ajoutera à la liste. Le tableau ci-après reprend de façon chronologique l'état des derniers décès de captifs survenus à Saint-Domingue.

---

[14] Sur la fréquentation de ce port par les navires rochelais entre 1774 et 1790, voir J.-M. Deveau, *La traite rochelaise...op.cit.* p.279.

Les captifs de la *Suzanne Marguerite* morts à Saint-Domingue

dates	Hommes	Femmes	Négrillons	Négrittes	Lieux
28-04-75		4			A bord
29-04-76		1			A bord
30-04-76		1			A bord
02-05-76	1				A bord
03-05-76	1				A bord
04-05-76		1			A bord
05-05-76	1				A bord
06-05-76		1			A bord
08-05-76		1			A bord
10-05-76		1			Hôpital
12-05-76	1				Hôpital
14-05-76	1				Hôpital
17-05-76		1			Hôpital
		1			A bord
18-05-76		1			Hôpital
19-05-76				1	Hôpital
26-05-76	1				Hôpital
27-05-76		1			Hôpital
28-05-76		1			Hôpital
30-05-76		1			Hôpital
31-05-76		1			Hôpital
01-06-76	1	1			Hôpital
06-06-76		1			Hôpital
07-06-76		1			Hôpital
Totaux	7	20		1	28

De la sorte, la cargaison de la *Suzanne Marguerite* ne comptera plus que 394 captifs : 227 hommes, 142 femmes, 12 négrillons, 13 négrittes.

C'est donc bien ici qu'il convient de se pencher sur les circonstances de cette hécatombe. En regard du voyage précédemment étudié, celui du *Roy Dahomet,* qualifié d'heureux dans la rhétorique négrière, le contraste est pour le moins saisissant, alors que le taux d'entassement des captifs par tonneau de jauge brute est presque le même : 1,83 contre 1,89 ici .

Il est en effet particulièrement troublant de constater que presque toutes les pages du *Journal de traite* de la *Suzanne Marguerite* du 6 mai 1775 au 7 juin 1776 comportent en marge de petits dessins représentant une manière de tête de mort encadrée de deux ossements, signe convenu du décès de captifs.

Au-delà de ce macabre croquis, ce qui mérite pleinement notre attention, c'est la perspicacité avec laquelle Crassous n'a pas laissé de nous marquer, le cas échéant, les causes du désastre. Témoin de plume, il nous a donné à entendre à travers ses lignes que l'état sanitaire de nombre de captifs au départ de leur terre natale laissait à désirer, sans compter la détresse qui les habitait presque tous.

Plus encore, il ne lui a pas échappé qu'à l'épuisement consécutif aux longues marches que leur imposaient leurs capteurs s'était ajouté l'insupportable enfermement dans les captiveries ou l'entrepont propice à toutes sortes de contagions. Il a pu enfin constater l'impuissance des chirurgiens confrontés parfois à des maux dont ils ne connaissaient pas toujours la nature !

Ainsi le 4 septembre, alors que le navire est en rade de Juda, il écrit :

Du 4°
Rade de Juda, il nous est mort

Un homme captif marqué au poitrail droit **LSM**, les soins réitérés et suivis du premier chirurgien qui s'est trouvé à bord lui ont prolongé la vie de quelques jours, mais cette surprenante maladie dont les causes nous sont encore inconnues, dans l'étonnement où elle nous laisse ne permet pas d'administrer de remède, puisque au moment même qu'elle se déclare, la dissolution du sang est faite que le malade meurt subitement vu qu'une dyarré violente l'emporte dans les 24 heures, le sang s'échapant par les pores de toute part.

Deux autres personnes vont périr dans les mêmes conditions. Il est aussi des « morts subites » que l'on se borne à constater. Le cas le plus troublant est celui que Crassous relate en ces termes à la date du 15 novembre 1775 :

> A deux h. du matin, sous voiles, il nous est mort
> Une femme de la cargaison marquez au bras droit **LSM** qui étoit jeune et gentille et laquelle est morte subitement dans la nuit sans aucune marque extérieure de maladie quelquonque.

Néanmoins l'examen du *Journal de traite* montre que le mal le plus constant qui rongea inexorablement la cargaison a été la variole, « petite vérole ou picote » jusqu'au sortir de l'île du Prince. Il n'y eut pas moins de trente-quatre décès en l'occurrence, comme on le verra plus loin dans les tableaux que nous avons élaborés à partir des indications scrupuleuses qui nous ont été laissées. On peut avancer à cet égard qu'il y a eu une véritable épidémie à bord du navire. Peu de captifs atteints de ce mal échapperont à la mort, leur agonie pouvant durer de huit à treize jours. A titre d'exemple, il vaut de s'attarder sur le décès qui nous est signalé à la date du 8 septembre 1775 dans le *Journal de Traite* :

> **Du 8**
> Rade de Juda, il nous est mort
> Un homme, marqué au bras droit **LSM** de la petite vérole, malade   depuis huit jours et qui nous avoit   donnez bonne espérance jusqu'à hier au soir   qu'il survint sans doute une révolution qui l'a aportez en peu de tems

L'autre fléau bien connu est le scorbut qui fauche à son tour vingt-quatre captifs de la *Suzanne Marguerite*. On ne sait si, pour le prévenir ou l'enrayer, le capitaine Bégaud avait fait embarquer des citrons en conséquence comme on l'a vu précédemment pour le *Roy Dahomet*. Généralement, le scorbut accomplissait son œuvre sans trop tarder. Les mentions que l'on trouve dans le *Journal de traite* sont édifiantes. Citons pour mémoire les suivantes :

Du 15 septembre 1775
Rade de Juda il nous est mort
Une négritte marquée au bras droit **LSM** qui étoit attaquée
du scorbut depuis quelque temps

Du 13 octobre
Rade de Juda il nous est mort
Une femme à la cargaison marquée au bras droit **LSM**, elle
est morte d'inanition et de scorbut et a passé assez vite

Au demeurant, lorsque le scorbut était associé à une autre maladie, ou
à une lésion, il n'était guère de salut : trois cas, entre autres, bien
distincts, nous l'enseignent :

Du 3 octobre
Rade de Juda, il nous est mort
Un homme marquez au bras droit **LSM** qui est mort
subitement étant attaqué du scorbut, il avoit eu une cuisse
cassée anciennement et sans doute que la nature de ladite
maladie a été la cause de la nouvelle rupture de cette cuisse
qui lui a donné la mort

Dudit(31 octobre 1775)
Sous voiles il nous est mort
Une femme à la cargaison marquée au bras droit **LSM**
malade de la petite vérole dont elle paroissoit être guérie
mais le scorbut l'a finie

Dudit(14 novembre 1775)
Sous voiles il nous est mort
Une femme à la cargaison marquée au bras droit **LSM**
malade de scorbut, ayant un tremblé général dans tout le
corps et morte de tisiés

Au nombre des redoutables maladies de poitrine qui sévissaient à bord
des négriers était justement la phtisie, nommément indiquée en deux cas
ici. Sont employés par ailleurs les termes « d'abcès sur la poitrine » —

sans doute des pneumonies — et de « rhumes » : ne professait-on pas que les nègres y étaient particulièrement sujets ?

Pour ce qui est des « maladies intestines » on voit qu'elles se sont manifestées sous forme de diarrhées ou à l'inverse « d'obstruction ». Le refus de manger tout autant que l'état de la nourriture sont à mettre au premier chef en cause ici. C'est en rade d'Epée que le tout premier cas est mentionné :

Du 29 octobre 1775
Rade d'Epée, il nous est mort
Un négrillon à la cargaison, marqué au bras droit **LSM** et de maladie intestine qui l'a traînez longtems malade

Sans s'y attarder, on nous signale ici et là la présence de vers dont on sait la nocivité en pareil cas. Une quinzaine de captifs furent victimes de ces maladies digestives.

De façon plus épisodique meurent plusieurs captifs, qui, d'apoplexie, qui, de jaunisse, qui, des écrouelles, qui, du « mal caduc » ou épilepsie. D'autres sont victimes d'accidents. Ainsi, le 1° novembre 1775, sur la route qui d'Epée conduit à l'île du Prince, s'éteint une négritte « qui s'étoit disloquez un bras et dont la fièvre s'étant emparée l'a emportez ».

Plusieurs encore succombent sous l'effet conjugué de deux affections. On peut noter tout au long du *Journal de Traite* la combinaison entre le scorbut et la phtisie comme on l'a vu par anticipation, mais aussi le scorbut et la petite vérole, le scorbut et les vers, les vers et l'inanition, l'inanition et l'obstruction…

Une place à part doit être faite aux tourments qui affligent l'ensemble des captifs et dont nous n'avons trop souvent témoignage que lorsque la mort les dévoile. Ainsi, de pure détresse trois femmes nourrices passent de vie à trépas, l'une d'elles ayant perdu son enfant dans la nuit du 20 avril 1776.

L'enfermement affectait durablement l'état mental des captifs. Forcément. Nous en administre la preuve le constat qui nous est marqué dans le *Journal de traite* à la date du 28 octobre 1775 :

Dudit(28 octobre)
Rade d'Epée, il nous est mort

Un homme à la cargaison marquez au bras droit **LSM** qui étoit venu comme imbécile depuis quelque temps et qui est mort subitement comme s'il se fût endormi

Il en advint de même le 2 novembre à deux femmes qui avaient perdu la raison et qu'il avait fallu enchaîner. Le cas de la seconde mérite d'être rapporté :

Dudit(2 novembre)
Sous voiles, il nous est mort

Une femme à la cargaison marquez au bras droit **LSM** laquelle étoit folle et méchante et qu'il nous avoit fallu mettre à la chaîne sur le gaillard devant, mais qui refusant de manger est morte d'inanition

Plus tard, à l'île du Prince, une femme encore réputée « folle et insensée » périra à l'hôpital. Enfin, liés à la désespérance, étaient les suicides qu'il faut bien considérer comme l'ultime recours contre l'absurde. Pas moins de quinze captifs choisiront cette voie.

Déjà le 25 août 1775, en rade de Juda, un homme, malade il est vrai de la petite vérole, s'était carrément jeté à la mer. Le 23 octobre, une femme en fera autant. On ne sait si, par la suite, le capitaine Bégaud avait pris la précaution de tendre des filets autour du navire pour parer à cette éventualité. Par ailleurs, le 29 mars 1776 décède brusquement un homme qui avait déclaré avoir mangé du tabac !

A ces trois cas s'en ajouteront douze autres, dont des négrillons et des négrittes, il faut le souligner, qui, refusant toute nourriture, se laissèrent dépérir…Suit comme annoncé le tableau des morts de la *Suzanne Marguerite*, de Juda à Saint-Domingue.

Les morts de la *Suzanne Marguerite* de Juda à Port-au-Prince

Dates	hommes	femmes	Négril	négrit	lieux	Causes
06-05-75	1				Juda	Le premier captif, nommé Vendredy, débarqué malade le 29 avril
23-07-75	1				"	Mort subite, jeté à la mer à la nuit
28-07-75		1			"	Une jeune femme, morte de la petite vérole
11-08-75	1				"	Mort subite
13-08-75			1		"	Petite vérole
16-08-75		1			"	Sans
18-08-75	1				"	Sans
25-08-75	1				"	Malade de la petite vérole, qui dans la nuit s'est jeté à la mer
31-08-75	1				"	Dissolution dans la masse du sang, à sa mort, il le rendait par toutes les parties naturelles
04-09-75	1				"	Dissolution du sang et violente diarrhée qui l'a emporté dans les 24 heures
08-09-75	1				"	Petite vérole, après huit jours de maladie
15-09-75				1	"	« qui était attaquée du scorbut depuis quelque temps »
25-09-75			1		"	Mort de la petite vérole après avoir survécu à neuf jours de crise
26-09-75	1				"	Petite vérole, après onze jours de crise « bel homme et Dahomet »
30-09-75	1				"	Petite vérole, après treize jours de maladie
03-10-75	1				"	Attaque de scorbut, aggravée par la rupture d'une ancienne fracture à la cuisse
06-10-75	1				"	Petite vérole
07-10-75		1			"	Une femme folle, morte subitement
09-10-75	1				"	Petite vérole
13-10-75		1			"	Inanition et scorbut, « a passé assez vite »
17-10-75	1				"	Malade depuis neuf jours de la petite vérole
18-10-75		1			"	« a été suffoquée et morte d'un coup de sang, le rendant par les yeux et le nez »
21-10-75	2				Epée	L'un de la petite vérole, l'autre de la petite vérole et du scorbut
23-10-75		1			Epée	« celle qui s'était jetée dehors » (suicide)
28-10-75	1				Epée	il était venu comme imbécile depuis quelque temps, mort subitement
29-10-75			1		Epée	Victime d'une maladie intestine, après avoir été longtemps malade
31-10-75		1			S/voiles	Atteinte de la petite vérole et de scorbut

Date					Lieu	Observation
01-11-75				1	S/voiles	« s'était disloqué un bras, la fièvre l'a emporté »
01-11-75	1				S/voiles	Scorbut, mort en ayant les parties extrêmement enflées »
02-11-75		1			"	Devenue folle, il avait fallu la garder à la chaîne
02-11-75		1			"	Folle et méchante, mise à la chaîne sur le gaillard d'avant, refus de manger
08-11-75	2				"	L'un d'inanition, l'autre de petite vérole
09-11-75	1				"	A refusé de manger
12-11-75	1				"	Mort subite
13-11-75	1		1		"	Morts de la petite vérole
13-11-75		1			"	Malade du scorbut, morte de « tisiés »
14-11-75		1			"	Jeune femme morte subitement dans la nuit
15-11-75	2				"	Petite vérole
16-11-75	2				"	Petite vérole,(le négrillon a été enlevé du compte des hommes)
22-11-75	1				"	Diarrhée
22-11-75	3				"	Petite vérole
23-11-75	1				"	Petite vérole
25-11-75	1				"	Apoplexie, emporté en une demie-heure
25-11-75	1				"	Petite vérole
26-11-75	1				"	Scorbut
27-11-75	1				"	Scorbut
27-11-75	1				"	Diarrhée
28-11-75	1				"	Petite vérole
29-11-75		1			"	Scorbut
29-11-75	1				"	Petite vérole
30-11-75	1				Prince	Scorbut
01-12-75	1				"	Petite vérole
02-12-75	2				"	L'un de la petite vérole, l'autre de mort subite
04-12-75	1				"	Petite vérole
06-12-75	1				Hôpital	Petite vérole
07-12-75		1			En ville	« Folle et insensée »

Date					Lieu	Cause
10-12-75	1				Hôpital	Petite vérole
10-12-75		1			Hôpital	Petite vérole
12-12-75	1				Hôpital	« un jeune homme malade de la petite vérole »
13-12-75		1			Hôpital	Petite vérole
15-12-75	1				En ville	« fait jeter au large un homme mort au magasin du scorbut »
16-12-75		1			Hôpital	Petite vérole
16-12-75		1			En ville	Morte au magasin du scorbut
18-12-75		1			Hôpital	Petite vérole
18-12-75		1			En ville	Une femme nourrice morte au magasin
19-12-75		1			En ville	Scorbut
20-12-75			1		Hôpital	Petite vérole
23-12-75	1	1			En ville	Morts tous les deux du scorbut
24-12-75	1	1			En ville	Diarrhée
25-12-75	1	1			En ville	Sans
26-12-75	1	1			Hôpital	« picote » (petite vérole)
28-12-75		1			En ville	Rhume, scorbut
02-01-76		1			En ville	Rhume
05-01-76	2				En ville	Morts tous les deux du rhume
06-01-76	1				En ville	Scorbut
09-01-76		1			En ville	Rhume
12-01-76	1	1			A bord	Scorbut
13-01-76		1			A bord	Jaunisse
22-01-76		1			''	Scorbut
28-01-76	1				''	Sans
12-02-76	1	1			S/voiles	Obstruction
16-02-76	1	1			''	Obstruction, vers, etc.
20-02-76		1	1		''	Diarrhée
21-02-76	1	1			''	Inanition, obstruction, etc.
23-02-76	1				''	Obstruction, abcès sur la poitrine

Date					Observation
27-02-76		1			Une jeune femme, malade de la poitrine, obstruée…
11-03-76	1			"	Mort des écrouelles
12-03-76	1			"	Inanition, diarrhée
12-03-76	2			"	Scorbut
13-03-76	1			"	« mal caduc »
23-03-76	1			"	Inanition, vers et scorbut
29-03-76	1	1		"	Mortes presqu'en même temps
29-03-76	1			"	Mort subite, « dit avoir mangé du tabac »
01-04-76	1			"	Vers, inanition, scorbut
01-04-76	1			"	Mort subite, « ne témoignant que de la colique »
09-04-76	1	1		"	Vers, inanition
10-04-76	1	1		"	La négritte, morte de scorbut, la femme de vers et d'inanition
11-04-76		1		"	Une jeune femme, morte d'inanition et de vers
12-04-76	1	1		"	« Etant toutes les deux attaquées de la même maladie que cy dessus »
13-04-76	1			"	L'homme qui nous avait été donné en remplacement à la relâche
15-04-76	1	1		"	Sans
15-04-75	1				« Malades soi-disant des vers »
16-04-76		1		"	
17-04-76	1		3		L'une des négrittes morte d'inanition
18-04-76	1			"	Sans
19-04-76	1	1		"	Sans
20-04-76	1	1		"	« Une femme qui était nourrice et dont l'enfant est mort dans la nuit »
20-04-75					San
21-04-76	1			"	Sans
22-04-76	1			"	Sans
23-04-76	2			"	Sans
24-04-76	1			"	Sans
25-04-76	1			"	Une femme nourrice
26-04-76				"	Sans

27-04-76		1			''	Sans
28-04-76		4			A bord	Le navire est en rade au Cap Français
29-04-76		1			''	Sans
30-04-76		1			''	Sans
02-05-76	1				''	Sans
03-05-76	1				''	Sans
04-05-76		1			''	Sans
05-05-76	1				''	Sans
06-05-76		1			''	Sans. Le navire est en rade à Port-au-Prince.
08-05-76		1			''	Sans
10-05-76		1			Hôpital	Une jeune femme
12-05-76	1				Hôpital	Sans
14-05-76	1				''	Sans
17-05-76		2			''	L'une morte à bord, l'autre à l'hôpital
19-05-76				1	Hôpital	Sans
26-05-76	1*				''	Un négrillon- homme mort de « thysie »(*enlevé du compte des hommes)
27-05-76		1			''	Diarrhée
28-05-76		1			''	Une femme dite négritte, morte de diarrhée
30-05-76		1			''	Diarrhée
31-05-76		1			''	Diarrhée et vers
01-06-76	1	1*			''	*Une négritte passée pour femme ; tous les deux morts de scorbut
06-06-76		1			''	Morte d'abcès
07-06-76		1			''	Sans
Totaux	84	64	12	9	169	

5 - Vente des captifs et retours

La vente avait commencé le 8 mai à bord du navire mais aussi à terre s'agissant en l'occurrence des seuls captifs qui avaient été soignés à l'hôpital. Nous avons résumé ci-après l'ensemble des transactions concernant les 394 captifs qui avaient été mis sur le marché.

Les ventes selon le *Journal de traite*

Dates	Hom	fem	Non	Neg	Total	Observations
08-05	12	12	1	1	26	
09-05	36	13	4	2	55	
10-05	2	1			3	
11-05	20	18*	6	5	49	*dont la femme pacotille du 2° capitaine
12-05	3		1		4	
13-05	5*	3		1	9	*dont 3 négrillons « passés pour hommes »
14-05	11*	3		2	16	*dont 2 négrillons « passés pour hommes »
15-05	1				1	1 homme portugais(acheté à l' île du Prince)
16-05				1	1	Vendue directement de l'hôpital
17-05	1				1	Vendu à M. Hareng
17-05	1	1			2	Vendus à M. Moras
18-05	1	1			2	
18-05	60	41			101	Destinés à l'Anse-à-Veau
19-05		1			1	
20-05	9	4			13	
22-05	1				1	
23-05	6	2			8	
24-05	9	5			14	
26-05	5	1			6	
27-05	3	2			5	
27-05	7	4		1	12	
28-05	6		2		8	
30-05	4	7			11	
31-05	1	1			2	
05-06	1				1	
07-06		1			1	
08-06	12	11			23	Vendus directement de l'hôpital
14-06	9	8			17	
Total	226	142	12	13	393	

En fin de compte, un seul captif qui était resté au service du navire n'avait pas été vendu.

S'agissant maintenant de l'examen de ces ventes consignées dans le *Journal de traite* , on doit tenir compte d'un précieux document annexé à ce dernier et qui semble bien être de la main de Crassous. Il s'agit d'un compte de vente portant sur 387 captifs et où apparaissent les noms des acheteurs, le nombre précis et le type de leurs acquisitions. Seules les dates et les coûts nous font défaut dans ce *Mémoire* . Bien évidemment entre ces deux documents comptables, il y a d'une certaine manière concordance mais plus encore complémentarité. Les modalités de vente s'éclairent et la destination des captifs se dessine : au-delà de la chronologie inhérente au *Journal* lui-même, le *Mémoire* offre tout à la fois une géographie et une sociologie des opérations marchandes par le truchement du patronyme ou de l'état des acheteurs au nombre desquels se trouvent même des noirs libres !

Si, selon le *Journal,* des lots allant jusqu'à 26, 49 ou 55 captifs sont descendus du navire en un seul et même jour au gré de la demande, très rares sont les acheteurs qui en ont acquis plus d'une douzaine à la fois. Ce qui saute aux yeux aussi, ce sont les changements affectant le nombre des négrillons et des négrittes au cours des marchandages. En effet, si dans le *Journal,* sont mis en vente respectivement 12 et 13 des ces derniers, dans le *Mémoire* ont été vendus comme tels 24 et 25 captifs !

Maintenant, il n'est pas indifférent de remarquer que, selon les deux documents, 101 captifs ont été expédiés à l'Anse-à-Veau, paroisse de la partie du Sud où les « forces cultivatrices » manquaient, pour parler comme Moreau de Saint-Méry. C'est dire que la destination de Port-au-Prince, « le quartier le plus avantageux tant pour les prix que pour les paiements et la qualité des produits coloniaux à ramener »[15],répondait au milieu des années1770 à une attente pour la partie de l'Ouest elle-même autant qu'elle pouvait mettre un frein aux habitudes prises dans la partie du Sud de se pourvoir en esclaves aux mains des négriers anglais dont la base était la toute proche Jamaïque.

Par tout cela, on comprend qu'il convenait à notre propos de reproduire in-extenso le *Mémoire* en question dans les pages qui suivent.

---

[15] Claude Laveau, *Le monde rochelais, op.cit.*, Instructions de l'armateur Jacques Guibert au capitaine Jacques Bigrel...2 novembre 1777.

Mémoire sur les ventes des captifs de la *Suzanne Marguerite*

« 1776, May »	H	F	Non	Nte
M. Lesvin, une femme		1		
M. Rateau, cinq hommes, trois femmes, une négritte	5	3		1
M. Desfourées, une femme et un négrillon		1	1	
M. Chabannes, deux hommes, quatre femmes	2	4		
M. Guillaume Blain, deux femmes		2		
M. Borgella, quatre hommes, deux femmes	4	2		
M. Greffin, quatre hommes, deux femmes	4	2		
M Duffief, quatre hommes, une négritte	4			1
Pour M. Le Comte, cinq hommes	5			
M le Roy, quatre hommes et une femme	4	1		
M. Dulong, six hommes et trois femmes	6	2		
M. De Roche Blanche, six hommes et deux femmes	6	2		
M. Bars, deux négrillons			2	
M. Marmion, deux négrillons			2	
M. Gigault, un homme et une femme	1	1		
M. Delafarre, un homme et une femme	1	1		
M. Desbois, une femme		1		
M. de Volumbrun, quatre hommes et deux femmes	4	2		
M. de Fonselaye, une négritte				1
M. Chevallier, un homme	1			
M. Haspil de Lorin, un nègre et une négritte	1			1
M. Coustardon, six hommes, six femmes				
MM. Lamarre et Robiquet, six hommes, quatre femmes, trois négrillons	6	4	3	
M. André, un homme et une femme	1	1		
Jean Thomas, noir libre, une femme		1		
M. Adam Deschener, une négritte				1
M. Souffrain, un homme	1			
M. Deslorier, deux hommes	2			
M.Des Formeaux, deux hommes, une femme, une négritte	2	1		1
M. Coustard, une négritte				1
M. Sabourin, trois femmes		3		
M. Bouraud, deux hommes, une négritte	2			1
M. Rose Flore, une femme		1		
M. de la Mardelle, trois négrillons, une négritte			3	1
M. Coustard, un nègre	1			
M. Castreux, un négrillon			1	
M. Bayard, un homme	1			
M. Robineau Jeune, un homme	1			
M. Videau, un négrillon			1	
M. Borgella, deux hommes, trois femmes	2	3		
Dièque, noir libre, un négrillon			1	
M. Gardon, un négrillon, une négritte			1	1
	73	46	15	10

Montant de l'autre part	H	F	Non	Nte
	73	46	15	10
De La Verne, quatre hommes, trois femmes	4	3		
Dutil, deux négrillons, deux négrittes			2	2
Coustard, un homme	1			
Marmion, une négritte				1
Moras, un homme et une femme	1	1		
Hareng, un homme	1			
Crassous, un homme et une femme	1	1		
Anse à Veau, soixante hommes, quarante et une femmes	60	41		
Hurtel, un homme et une femme	1	1		
Dangeac, un négrillon			1	
Drouillard, six hommes, deux femmes	6	2		
Bousigues, deux hommes et deux femmes	2	2		
Caradeux, un homme	1			
Massily, quatre hommes, deux femmes	4	2		
Corbie, deux hommes	2			
.Spineford Dullet, sept hommes, trois femmes	7	3		
.Fleury, un homme	1			
Toujé, un homme, deux femmes	1	2		
Crutier, cinq hommes, une femme	5	1		
Romés, trois hommes, deux femmes	3	2		
Ballon et Jougla, trois hommes, trois femmes, un négrillon, une négritte	3	3	1	1
Caya, noir libre, un homme et une femme	1	1		
Brochard, deux hommes	2			
Bertrand, un homme	1			
Fleury, trois hommes, une négritte	3			1
Ferte, deux hommes et une femme	2	1		
.Delisse, une négritte				1
Volan, deux hommes, trois femmes, deux négrillons, 3 négrittes				
Gallopin, un homme et une femme	1	1		
Boijoux, un homme	1			
Pujol, une négritte				1
Besse et Cottin, neuf hommes, six femmes, trois négrillons, cinq négrittes,	9	6	3	5
six hommes, onze femmes	6	11		
	205	133	24	25

$$
\begin{array}{r}
133 \\
+24 \\
+25 \\
387 \\
+1 \\
388 \\
-3^* = 385 \quad \text{* Dt celui du Capitaine du Navire}
\end{array}
$$

La vente s'était terminée le 14 juin, il avait fallu plus d'un mois pour négocier les 394 captifs. Certes l'ouverture de la vente avait été préparée selon les usages, le tout à la diligence du capitaine et des commissionnaires de l'armateur en place à Port-au-Prince dont l'identité ne nous est pas dévoilée dans le *Journal* : des affiches avaient dû circuler dans la forme de droit non seulement dans les alentours de Port-au-Prince mais encore dans la partie du Sud toute proche, au moins dans le quartier du Petit-Goave et en tout cas jusqu'à la paroisse de l'Anse-à-Veau. Au résultat, les deux tiers des captifs furent vendus en dix jours entre le 8 et le 18 mai, soit 260 personnes.

Mais le dernier tiers, 133 captifs regardés avec plus de circonspection par les acheteurs, fait figure de « queue de cargaison ». Leur vente s'étirera sur vingt-sept jours. Il est vrai que vingt-trois d'entre eux avaient été tirés de l'hôpital, sur le tard, le 8 juin. On les estimait guéris. Voire ! On sait qu'un nombre important de noirs nouveaux, Gabriel Debien l'a montré, mouraient dans les tout premiers temps après leur arrivée à Saint-Domingue.

Si le coût des captifs pouvait être estimé à la côte africaine, au moins à partir des marchandises contre lesquelles ils avaient été échangés et les différents droits ou services qui entraient dans la composition des prix d'achat, le calcul du bénéfice de la vente des 393 captifs de la *Suzanne Marguerite* reste pour nous une inconnue. On sait d'expérience qu'ils étaient vendus au prix fort dans les colonies. Le paiement pouvait s'effectuer au comptant, soit en espèces, en lettres de change ou en denrées coloniales. A terme, le recouvrement ne pouvait que traîner en longueur, le temps des récoltes à venir au moins.

De la sorte, les chargements de marchandises provenant de certaines habitations de l'Ouest et du Sud auxquels il est procédé sur la *Suzanne Marguerite* à partir du 21 juin et dont les mouvements sont dûment consignés dans le *Journal de traite* ne sauraient représenter qu'une partie des règlements.

Au demeurant, comme il en apparaît dans l'extrait du *Journal de traite* reproduit ci-après, les tout premiers chargements en provenance de l 'habitation Carrier, dans l'Arcahaie, paroisse du Nord du quartier de Port-au-Prince, et portant la marque **AC** semblent bien relever de dettes antérieures puisque cet habitant n'avait pas acquis d'esclaves durant l'escale à Port-au-Prince de la *Suzanne Marguerite*.

Connoissance des Charges,
Du 24 Juin 1776.

Marque
Du Vendeur.

Marque Du
Vendeur et
Son Numero.

LSM Du Mis a bord. Douze Bariques De Sucre.
101 Brut. Provent de l'habitation Carier et Numerot.
De Du au Douze LSM n° - - - - - - - AC
Du 24 Dt.

LSM Mis a Bord.
N° Du Douze Bariques Sucres Brut.
12 a 24 Front Du bois blanc même habitation Carier. AC
Du 27 Dt
Mis a bord

LSM Quatre Bariques Sucre Brut.
N° 25 a 28. Venant Du Fossé et marqué afeu. ST.
De la même Envoi.
LSM Dix Bariques Sucre Brut.
29 a 30 Venant aussi Du Fossé et marqué afeu. IBI
Du 29

Il en est de même pour un autre, de Boynes, dont il est reçu à bord du navire le 2 août quinze barriques de sucre brut. A l'inverse, on voit que De la Mardelle, propriétaire à la Croix des Bouquets et qui, selon le *Mémoire* avait acheté trois négrillons et une négritte, livre le 3 août d'après le *Journal* « trois barriques de sucre brut ». Avait-il été le seul à le faire ? On ne saurait l'affirmer lorsqu'on se rend compte que certains envois ne portent aucune marque et que d'autres ne sont désignés que par des sigles dans le *Journal de traite* – SP, IBT, ou encore CH – les noms des débiteurs étant bien entendu connus de l'armateur, des commissionnaires et du capitaine !

On a néanmoins un peu plus d'assurances dans nombre de cas sur les lieux d'où provenaient les marchandises. Il s'agissait essentiellement d'habitations sises dans les paroisses de l'Arcahaie, de la Croix des Bouquets et de Port-au-Prince , les toponymes, Les Vazes, Trou Bordet, l'indiquent assez : les 15, 17 et 19 juillet, treize et douze barriques de sucre brut, puis douze de sucre blanc en arrivent respectivement et sont hissées à bord de la *Suzanne Marguerite.* Ajoutons que les 24 et 25 juin, ainsi que le 2 août, c'est de l'embarcadère du Fossé que sont acheminées des barriques de sucre brut, de café et de cacao. Or cet embarcadère, nous dit Moreau de Saint-Méry, est « celui d'une grande partie de la plaine du Cul-de-Sac et des hauteurs de la Croix des Bouquets ». Maintenant, il faut tenir compte aussi des articles entreposés à l'avance par les commissionnaires dans le « magasin » pour être embarqués sur la *Suzanne Marguerite.* Certains pouvaient fort bien être le produit d'habitations de la partie du Sud, de l'Anse-à-Veau en particulier.

Des quais, ces marchandises avaient été transbordées sur le navire, tantôt par le canot dont il était pourvu, tantôt sur l'acon, embarcation dont les plus grandes, enseigne Moreau de Saint-Méry, pouvaient transporter jusqu'à vingt-cinq barriques de sucre et que l'on louait à la journée, équipage compris.

Le 5 août, le chargement de la *Suzanne Marguerite* était terminé. Somme toute, l'état des marchandises que l'on y avait entassées constituait un échantillon représentatif des cargaisons de retour depuis le Port-au-Prince. Nous en avons élaboré une synthèse dans le tableau qui suit.

Chargement des marchandises sur la *Suzanne Marguerite* (21 juin-5 août 1776)

Dates	Mque navire	Sucre Brut Bque	Sucre Blanc Bque	Café Bque / ¼	Indigo Bque / ¼	Acajou Mad.	Coton Balles	Cacao Bque	Provenance	Marques des vendeurs
21-06	LSM	12							Habitation Carrier	AC
24-06	''	12							Bois Blanc, Habitation Carrier	AC
27-06	''	4							Du Fossé	ST
	''	2							Du Fossé	IBT
29-06	''	10							Du magasin	TRB
29-06	''					58			Du magasin	–
08-07	''						60		Par le bateau du Sieur Pétilon	Diverses marques
10-07	''	4							Du magasin	IB
15-07	''	13							Les Vazes	CH
17-07	''	12							Les Vazes	CH
	''	12							Du magasin	TRB
19-07	''		12						Trou Bordet	Sans marques
22-07	''			6					Du magasin	–
23-07	''	2		8					« De terre »	GB

VENTES DES CAPTIFS ET RETOURS

Dates	Mque navire	Sucre Brut Bque	Sucre Blanc Bque	Café Bouc. Bque	Café ¼	Indigo Bque	Indigo ¼	Acajou Mad.	Coton Balles	Cacao Bque	Provenance	Marques des vendeurs
23-07	LSM	8									« De terre »	TRB
24-07	''		4								''	SP ●
	''		10								Du magasin	SP
	''		3								''	SP
25-07	''		7 ½	13	12						Du magasin, par le canot	● –
26-07	''		3								Du magasin	GA
	''	2									–	S&B
	''			4	1	11					–	
02-08	LSM	15									Du Fossé	De Boyne
	''			4	6						Du Fossé	ICM –
	''			6	2					2	Du Fossé	–
03-08	AB										–	–
	LSM	3		3							–	De la Mardel
	''										–	
05-08	''		5								–	CC
	AB				5	4	1		3		Reçu par l'acon	–
	LSM			17	9	4	1				''	–
	ABM						1				''	–
Total		111	44 ½	7	47	53	8	3	58	63		

Mque: marque / Bque :barriques/ Bou. : Boucaud / ¼ : quart / Mad. : madriers

6 - Le retour

Etait arrivé le moment du départ pour la Rochelle : un des novices manque à l'appel, François Plaideau d'Ars-en-Ré. Il avait déserté au Port-au-Prince dès le 3 juillet, soit qu'il ait voulu regagner plus tôt sa terre natale en s'engageant sur un navire en partance, soit qu'il ait choisi de s'établir dans la colonie. On ne sait. Le fait était néanmoins très courant.

La date exacte du départ de la *Suzanne Marguerite* n'est pas mentionnée dans le *Journal de traite* . A défaut de *Journal de bord,* de surcroît, on peut aventurer que le voyage de retour qui n'a pas excédé deux mois s'est effectué sans incidents majeurs. Le 7 octobre, le navire mouillait dans la rade de Chef de Baie. Entre le 8 et le 12, la quasi-totalité des marchandises est transportée à terre par des allèges :

- celle de Brard les 8 et 10 octobre,
- celle de Tilly les 9, 11 et 12
- celle de Garnier, les 9 et 11
- celle de Blanchard le 10

Le 15, le navire peut alors accoster ; les dernières marchandises sont déchargées : « cinquante-huit madriers d'acajou, trois dents de morphil ». Selon les comptes du *Journal de traite*, 121 dents de morphil s'ajoutaient aux produits de Saint-Domingue dont le nombre et la nomenclature méritent d'être rappelés pour finir :

- 111 barriques de sucre brut
- 44 ½ barriques de sucre blanc,
- 7 boucauds,
- 47 barriques,
- 54 quarts   de café
- 8 barriques,
- 3 quarts   d'indigo
- 2 barriques de cacao
- 58 madriers d'acajou
- 63 balles de coton

Le 18 octobre, le capitaine Bégaud pouvait se présenter à l'Amirauté pour les formalités d'usage. L'acte de soumission qui en témoigne est ainsi libellé :

« Aujourd'huy dix-huitième jour du mois d'octobre mil sept cent soixante-seize est comparu au greffe du siège de l'Amirauté de la Ville de la Rochelle le sieur André Bégaud, capitaine commandant le bâtiment nommé la *Suzanne Marguerite* de ce port, lequel pour se conformer et satisfaire aux ordonnances et règlements du Roy, notamment celui du vingt mars mil sept cent trente neuf, dépose entre les mains de moi, greffier soussigné les hardes et effets, inventaires de vente des gens morts à son bord dans le voyage qu'il vient de faire à la côte de Guinée et dont il a fait l'énumération dans la déclaration qu'il a faitte au greffier de ce siège le huit de ce mois...

Signé Bégaud » [16].

De son côté, Joseph Crassous que les frères Nairac de la Rochelle tiennent plus que jamais en haute estime, se trouve soudain placé à la croisée des chemins. C'est ce qu'il nous confie dans son précieux *Extrait Général des Services* :

« Le reste de l'année 1776 et celle 1777 j'ai resté sans activités vu l'incertitude de la guerre, et l'intention de nos armateurs qui me reservoient la construction et le commandement d'un navire de 5 ou 600 noirs, pour un projet d'opération à la côte d'Affrique, et pour lequel je fus envoyé à Paris pour en traiter avec M. de Sartine alors ministre de la Marine, lequel m'engagea dans le même moment, vu la certitude de la guerre, d'accepter le brevet de Lieutenant de frégate, auquel je ne pus me refuser, sur ce, M. le Marquis de Nieuil, commandant le *Dauphin Roïal* , m'ayant offert une place sur son vaisseau, je fus vraiment flatté de retourner avec un capitaine sous les ordres duquel j'avois fait deux campagnes dans la guerre de 1766. Je fus donc embarqué sur ledit vaisseau en mai »[17].

---

[16] ADCM, B 243, n° 228.
[17] *Aperçu général des services, op.cit.* p.3,

IV - D'une Révolution à une autre :
le choix des armes
(1776-1793)

Caveant consules...

Il n'est pas particulièrement utile de s'attarder ici plus que de raison sur les prolégomènes de la fameuse Guerre d'Indépendance nord-américaine à laquelle nous renvoient les propos de Crassous.

Pour aller à l'essentiel, on peut tenir pour manière de préambule ce qu'il est convenu d'appeler la « Boston Tea Party » — épisode singulier où, le 16 décembre 1773, par pure vindicte, des habitants de cette ville déguisés en Indiens s'introduisirent à la faveur de la nuit sur trois navires anglais pour jeter à la mer l'importante cargaison de thé qu'ils contenaient ! Il est vrai qu'à l'époque la revendication américaine n'allait pas au-delà d'une requête de *self government* : n'était rejeté en fait que l'autorité du Parlement, pas celle du roi Georges III. En témoignent les résolutions du premier congrès continental réuni en 1774 à Philadelphie.

Mais l'affaire prit une tout autre tournure lorsque, le 19 avril 1775, des miliciens en grand nombre — les *minute men* — prennent carrément à parti à Lextington, non loin de Boston, des soldats britanniques surnommés les *Red Coasts* qu'ils mettent en déroute : ce fait d'armes à l'avantage des insurgents américains marquait très certainement le début de la Guerre d'Indépendance.

L'aide aux Insurgents

Dès lors, le Congrès réuni à nouveau à Philadelphie le 10 mai 1775 prend la résolution de lever une armée dont il confie le commandement le 15 juin à Georges Washington, riche planteur de la Virginie, homme de guerre autant que d'Etat. Le point de non-retour était désormais atteint : le 23 août, Georges III déclarait les Américains « rebelles »[1].

Tout occupé sur la *Suzanne Marguerite* aux tâches déjà pour lui routinières de la traite dans le golfe de Guinée, Crassous ne pouvait guère mesurer la portée des évènements survenus dans le Nouveau Monde. Toutefois, lorsque le 4 juillet 1776, le Congrès Continental troisième du nom adopte la déclaration de l'Indépendance des Treize Colonies, Crassous qui était alors à Port-au-Prince eut vent de la nouvelle même si elle n'avait éveillé grand écho, ce semble, dans le milieu des planteurs, s'entend[2].

Plus encore, de retour à la Rochelle, puis monté à Paris, s'il n'a pas de ses yeux assisté au triomphe de Benjamin Franklin, le plus célèbre des émissaires américains venus quérir des secours en France, il ne put lui avoir échappé qu'on s'y préparait « fort ostensiblement à la guerre maritime »[3]. Il apprit de source sûre que pendant l'été 1777, le marquis de la Fayette accompagné de militaires expérimentés − entre autres le général français de Kabb et le général prussien le baron Von Stenben − avaient rejoint les rangs des Insurgents[4].

L'heure n'était donc plus à l'expectative. Crassous s'en persuada sans peine. Vingt ans après l'humiliante Paix de Paris, l'idée d'une revanche avait bel et bien fait son chemin à Versailles. Le ministre des Affaires Etrangères Vergennes y était acquis ; l'éclatante victoire des Insurgents à Saratoga le 17 octobre 1777 inclinait à franchir le pas. Le 6 janvier 1778, tout bien pesé, Louis XVI signe un traité d'alliance et de commerce avec les Etats-Unis.

---

[1] Roland Marx, *Histoire du Royaume Uni*, Paris 1967, p. 237.
[2] Charles Frostin, *Les révoltes blanches à Saint-Domingue aux XVII° et XVIII° siècles*(Haïti avant 1789), Paris 1975, p.373.
[3] Francis P. Renaut, *Le Pacte de Famille...op.cit.*, p.256.
[4] Franck L. Schoell, *Histoire des Etats-Unis* , *op.cit.*, p.102.

Pour sa part, fort occupé au moins jusqu'au Traité de El Pardo(1778) par le conflit avec le Portugal s'agissant des frontières entre le Brésil et le vice-royaume de Rio de la Plata[5], mais surtout hostile par raison d'état aux Insurgents américains dont la rébellion pouvait avoir un certain retentissement dans les Indes de Castille, le monarque éclairé espagnol Charles III, quoique tenu par le Pacte de Famille, était partisan d'une médiation entre les deux puissances belligérantes. Mais gagné par l'espoir de récupérer des territoires perdus en 1763, il s'allie à la France en avril 1779 et déclare la guerre à l'Angleterre au mois de juin[6]. Dès lors, cette dernière allait devoir faire face à trois adversaires à la fois sur terre et sur mer. Côté français, au Secrétariat de la Marine, Choiseul puis Sartine s'étaient employés à réorganiser la flotte : la suprématie anglaise n'était plus désormais un fait acquis en matière de guerre maritime. Le Lieutenant général d'Orvilliers qui était à la tête de l'escadre de Brest avait reçu du ministre Sartine des instructions fort à propos, le roi voulant que ses vaisseaux « attaquent avec la plus grande vigueur et se défendent en toute occasion jusqu'à la dernière extrémité »[7].

C'est dans ce contexte singulier que Crassous va recouvrer sa toute première vocation de marin ; n'aspirant plus qu'à se couvrir de gloire, de Paris, il gagne Brest pour monter à bord du *Dauphin Royal* :

> « Ce vaisseau, écrit-il, faisoit partie de l'armée aux ordres de M. Dorvilliers ; nous fûmes durement chauffés au combat de Ouessant, étant le dernier vaisseau de la ligne. Le commandement de ce vaisseau ayant passé à M. de Miton, nous fûmes expédiés pour la Martinique, où nous avons fait successivement partie des escadres de M. de Graces, de M. d'Estaing, La Motte Piquet et de Guichen. Je me suis trouvé au siège de la Grenade, à la descente de Savana et à deux des combats de M. Guichen, au vent de la Martinique contre l'amiral Rodney. Nous avons esté à Cadix

---

[5] Francisco Morales Padrón, *Historia de España, América Hispana hacia la creación de las nuevas naciones,* Madrid 1986, p.276.

[6] Luis Navarro Garcia, *Hispano américa en el Siglo XVIII* , Sevilla 1975, pp. 139-141 et également Francis P. Renaut, *op.cit* .pp.273-298.

[7] Voir Maurice Dupont et Etienne Taillemite, *Les guerres navales françaises du Moyen Age à la guerre du Golfe* , Ed. Kronos 1995, p.95. C'est d'ailleurs ce qu'il advint le 17 juillet 1778 au large d'Ouessant où l'escadre anglaise aux ordres de Lord Keppel dut rompre au bout de quatre heures de combat.

et nous sommes venus désarmer à Brest, d'où j'ai passé sur le vaisseau *Le Saint-Michel* pour venir à Rochefort »[8].

C'est dire qu'entre 1778 et 1781, Crassous participa dans un premier temps à d'importantes batailles dans l'Atlantique Nord, méritant par son zèle et sa bravoure la confiance du haut commandement :

> « J'observe, rappelle-t-il à cet égard, que pendant plus de trois ans que j'ai resté sur le *Dauphin Royal* M. de Grace m'a confié le commandement du bateau *Le Renard* armé de dix pièces de canon et de soixante-douze hommes d'équipage pour une expédition secrète, au retour de laquelle M. d'Estaing paroissant satisfait ne donna le commandement de la flute la *Charlotte* de vingt pièces de canon que j'ai très heureusement navigué pour plusieurs missions particulières et que je n'ai laissé que pour reprendre mon service sur le même vaisseau *Le Dauphin Royal* et accompagner le général à la Grenade »[9].

L'année 1781 est un tournant marqué par la capitulation le 19 octobre de Lord Corwallis à la tête d'une armée de huit mille hommes bloqués à York Town. La rapide progression convergente des forces de Washington(6.000 hommes) et de Rochambeau(5.000 hommes) munies d'une artillerie considérable, autant que la présence menaçante de la flotte de l'amiral de Grasse dans la baie de Chesapeake coupant toute retraite par voie de mer à l'ennemi, expliquent assez cette victoire déterminante des forces alliées.

Certes, les Anglais ne conservaient en tout et pour tout que Charlestown, Savannah et New York. Mais leurs forces sur mer pouvaient encore retarder l'échéance, quitte à mener des combats d'arrière-garde en quelque sorte et pour des enjeux qui ne seraient plus dans le seul espace américain.

Au demeurant, entre 1781 et 1783, c'est sur la route qui mène à l'Océan Indien que Crassous aura à combattre avec la même constance et beaucoup d'abnégation, suivant ce qu'il nous marqué dans de précieux raccourcis de sa carrière. De fait, à Rochefort où il se trouve en 1781, il

---

[8] *Aperçu général...op.cit.*, p.3.
[9] *Aperçu...op.cit.*, p.3.

lui est confié le commandement du navire le *Baron de Montmorency*
« armé seulement de dix canons de six livres de balle, écrit-il, et un très
faible équipage chargé en partie pour le Roy ayant quelques soldats de
Pondichéry pour l'Isle de France »[10].

Le navire quitte la Rochelle où il avait été armé pour se rendre à Lorient
escorté par la frégate la *Courageuse* . Chemin faisant, ladite frégate se
sépare du navire pour prendre en chasse durant la nuit un navire
suspect. Au point du jour, alors que Crassous avait ralenti sa marche pour
l'attendre, il est attaqué par un corsaire anglais de quatorze canons, de
ceux qui s'embusquaient à dessein le long des côtes françaises. Au bout
de quatre heures d'engagement, l'Anglais découragé choisit de rompre :
« Je fus fort maltraité dans ce combat, avouera Crassous, et j'entrai au
Port Louis ayant plus de trois pieds dans la cale »[11]. Les avaries réparées
– plusieurs boulets avaient « percé d'outre en outre » sa coque – le
Baron de Montmorency repart en convoi pour l'Ile de France.

A nouveau, Crassous aura affaire à un corsaire anglais de dix-huit
canons. Cette fois, il frise la catastrophe : « Il m'auroit pris infailliblement,
reconnaissait-il, si le vaisseau l'*Illustre* et la frégate la *Courageuse* ne
m'eussent secouru à tems »[12] . Par la suite, aucun incident ne vint
entraver la marche du convoi jusqu'au Cap de Bonne Espérance où surgit
le vaisseau anglais l'*Annibal* de cinquante canons. Le sort veut que ce soit
encore Crassous qui tienne le devant de la scène. Les trois versions qu'il
nous a laissées de l'épisode nous en administrent la preuve. Nous nous
bornerons à en reproduire ci-après la plus édifiante :

> « La frégate la *Bellone* par une méprise dans les signaux
> de reconnoissance nous abandonna à la merci de l'ennemy
> qui donnant sur le convois avec un avantage étonnant fit
> d'abord amener le navire le *Sévère* et portant alors son
> attention sur le *Baron de Montmorency* me choisit de
> préférence. Je crus qu'il étoit de mon devoir de tout sacrifier
> pour coopérer à la sauvation de mes camarades, j'occupai ce
> vaisseau pendant près de trois quarts d'heure et le détournai
> de manière à faciliter l'évasion de tout le convois, me voyant

---

[10] *Ibid.,* p.4.
[11] *Aperçu...op.cit.,* p.4.
[12] *Extrait général..., op.cit.*, p.3.

enfin sous sa volée. Je fis une manœuvre hardie et inatendue et lui échapai en le prolongeant bord à bord et recevant toute sa volée à portée de pistolet, ce qui endommagea beaucoup mon batiment et qui cependant ne m'ota pas le moyen de me sauver. Je fus assès heureux de n'avoir que fort peu de monde blessé et d'entrer le lendemain dans la rade du Cap, remettant à M. de Canois mes paquets et les soldats que j'avois à mon bord, sains et saufs »[13].

Mission accomplie, Crassous fait voile vers l'Ile de France. Là, dans le courant de l'année et contre son attente, le *Baron de Montmorency* fut vendu à un certain Dalifat. Le nouvel acquéreur lui en confiera néanmoins le commandement : « Il me fit faire, souligne-t-il, un armement en guerre pour la grande expédition projetée pour la Chine dans laquelle je devais servir comme corvette armé de dix-huit canons et de quatre-vingt-douze hommes d'équipage[14].

Toutefois, selon les dires de Crassous, « dans l'intervalle de l'armement des autres vaisseaux qui devaient composer cette expédition », il fut employé par M. de Bussy pour des transports entre les îles de France et de Bourbon. Las, dans l'année 1782, le *Baron de Montmorency* fut vendu à nouveau, l'armement projeté ayant échoué...Crassous s'opiniâtre, qui a eu vent des succès remportés par le chef d'escadre Suffren dans la campagne des Indes[15]. Par là même, il ne veut renoncer en rien au choix des armes. Qu'on en juge :

« J'achetai pour mon propre compte, écrit-il, le navire *La Junon* avec lequel je fis quelques voyages à Bourbon, et que j'ai revendu pour acheter la charmante goélette *La Créole* avec laquelle je me proposai d'aller joindre M. de Suffren dans l'Inde pour lui offrir mon industrie, mes bras et ma fortune mais ce chimérique projet fut détruit par la Paix »[16].

---

[13] *Aperçu...op.cit.* p.4.
[14] *Ibid.* p.5.
[15] Maurice Dupont et Etienne Taillemite, *Les guerres navales...op.cit.,* voir en particulier « La campagne des Indes(1778-1783) », pp.125-130.
[16] *Extrait général...op.cit.*p.4. Voir également AMLR, E 277, Navire *La Créole*. Ce navire avait été acheté le 26 avril 1783.

On sait que, dès leur victoire à York Town, les Insurgents américains « pouvaient songer à dicter la paix à leur métropole ». Dès lors, le conflit ira en s'étirant sur d'autres espaces : d'un côté, les exploits répétés de Suffren dans l'Inde ou de l'autre la retentissante victoire de Rodney sur de Grasse aux Saintes dans les Petites Antilles le 12 avril 1782 n'étaient pas de nature à donner un avantage décisif à l'un ou l'autre parti. Partant, l'affrontement confinait à une guerre d'usure ruineuse par définition pour les quatre puissances belligérantes – les Provinces Unies étant entrées en lice contre la Grande Bretagne. De fait, lorsqu'on eut vent du traité de paix signé entre la Grande Bretagne et les Etats-Unis le 30 novembre 1782, chacun comprit que l'heure était désormais aux négociations – lesquelles aboutirent au Traité de Versailles du 3 septembre 1783.

L'intermède

Pour Crassous, l'espoir de participer aux faits d'armes dans l'Océan Indien n'était plus. Il allait à contre-cœur retourner à la marine marchande, à son compte d'ailleurs, durant la fin de l'année 1783 et les années 1784 et 1785. Là, à l'entendre, le contexte géographique s'ajoutant à la conjoncture politique, il ne pouvait guère que renouer avec la carrière de négrier, en qualité d'armateur et de capitaine de *La Créole* :

> « Je me vis surchargé d'un navire qui me coutoit fort cher, écrit-il à cet égard, et qui ne pouvoit être employé qu'à la traite des noirs, je résolus de m'expédier pour la côte orientale d'Afrique et dans l'intervalle de vingt-huit mois que ce navire m'a appartenu, j'ai fait trois traites au port de Quiloa et parcouru successivement tant en allant qu'en venant toute la côte orientale d'Affrique, depuis le Cap de Bonne Esperence jusqu'à Zanzibar, de même que toute la côte occidentale da Madagascar, une partie de l'archipel et toute la côte de Ceylan et de Coromandel »[17].

En réalité, au terme de ce périple qui lui avait occasionné « beaucoup de frais, de pertes et de dépenses » Crassous avait tout compte fait réalisé de bien mauvaises affaires. Il l'avoue tout crûment : « C'est un

---

[17] *Aperçu...op.cit.*, p.5.

troisième échec à ma fortune »[18]. Néanmoins, tout à son hasardeux commerce de bois d'ébène, Crassous n'avait pas perdu l'espoir de servir la cause de sa patrie. A cet égard, on trouve sous sa plume cette assertion fort éclairante :

> « Il est etonant à quel point toutes nos cartes sont insufisantes et combien peu nous connoissons la côte d'Afrique du côté de l'Est ; ceci demanderoit un mémoire particulier d'autant qu'il y a des ports capables de recevoir nos plus grandes armées navales, et d'où nous pourrions nuire essentiellement à nos ennemis en leur interrompant la navigation de l'Inde en cette partie. J'avais eu occasion dans ces divers voyages de nous ménager des amitiés et des liaisons particulières et très intéressantes avec plusieurs des petits princes du pays, chez qui nous versons un numéraire prodigieux, tout le commerce ne s'y faisant qu'avec des piastres réelles »[19].

C'est d'ailleurs dans cette disposition d'esprit et après avoir vendu sa goélette la *Créole* en 1785 qu'il embarque en qualité de lieutenant de frégate et capitaine en second à l'Ile de France sur la corvette la *Juliette* commandée par le prince Rohan-Guéméné. C'était renouer avec le service du roi, dans le cadre d'une opération commerciale, il est vrai, et pour huit mois et dix-neuf jours tout au plus[20]. Après une traversée heureuse, le navire désarme à Lorient, le 10 août 1786. Crassous n'a qu'une hâte, celle de monter à Paris pour déposer au Bureau Général de la Marine à Versailles un extrait de ses services fourni par le Bureau des Classes de la Rochelle. Il remet par ailleurs au ministre Latouche-Tréville un mémoire relatif aux divers traités qu'il avait faits avec les princes de Quiloa et de Zanzibar. Le tout en pure perte comme il le déplore : « Les mémoires à ce sujet ont sans doute restés enfouis dans les bureaux de la guerre à Versailles où le tems n'a pas permis qu'on pût s'en occuper »[21].

---

[18] *Extrait général...op.cit.*, p.5.
[19] *Aperçu...op.cit.*, pp.6 et 7.
[20] AMLR, E 276, Corvette la *Juliette*, capitaine en second Joseph Crassous lieutenant de frégate.
[21] *Extrait...op.cit.*, p.5.

De nouveau sans emploi, Crassous est alors engagé par les Nairac de Bordeaux – vraisemblablement grâce à une recommandation de ceux de la Rochelle – pour y prendre le commandement du navire le *Pactole* destiné à traiter de cinq à six cents noirs au-delà du Cap de Bonne Espérance jusqu'à Quiloa[22]. Ce navire négrier de trois cent cinquante tonneaux s'était habitué jusqu'alors à la carrière des Antilles, au Cap Français plus particulièrement[23]. Mais comment ne pas voir ici le reflet de cet engouement pour les Mascareignes apparu au début des années 1770 au moins? Le revirement vers l'Est avait été amorcé lors de la Guerre de Sept Ans ; il s'accentue à la fin de la guerre d'Indépendance américaine[24]. Ile de France et Ile Bourbon étaient alors regardées non seulement comme plaques tournantes pour le commerce maritime mais encore comme aires neuves pour le développement des plantations et de l'économie qui s'y rattache tout autant que lieu d'acclimatation et de distribution de plantes tropicales – le cannelier ou l'arbre à pain entre autres – en direction des Antilles[25].

De surcroît, Crassous s'étant prévalu de sa parfaite connaissance des lieux et des intelligences qu'il y avait, les célèbres armateurs bordelais n'avaient pas hésité à s'y aventurer. Le *Pactole* quitte Bordeaux en mars 1788 et après « une traversée plus ou moins variée » double le Cap de Bonne Espérance, remonte le canal de Mozambique pour arriver à sa première destination, Quiloa. Mais à une demie-encablure du mouillage, il heurte un banc et fait naufrage :

> « Tout a été englouti dans un instant, écrit Crassous, mais avec beaucoup de peine de risque et de travail j'étois parvenu à en retirer trente mille piastres, que nous avions passées sur le navire le *Don Royal*, seul et unique navire qui fut alors sur cette côte »[26].

---

[22] AMLR, E 281, Navire le *Pactole,* J. Crassous de Médeuil capitaine.

[23] Eric Saugera, *Bordeaux port négrier...op.cit.,* pp.355-356.

[24] Richard Drayton, « A l'école des Français : les sciences et le deuxième empire britannique(1780-1830), in *RFHOM* t.86(1999) n° 322-323, pp.91-118.

[25] Philippe Bonnichon, « Naturalistes français dans l'Océan Indien au XVIII° siècle » in *Rochefort et la mer* (5), Publication de l'Université Francophone d'Eté Saintonge-Québec, Jonzac 1989, pp.33-38.

[26] *Extrait...op.cit.,* p.5.

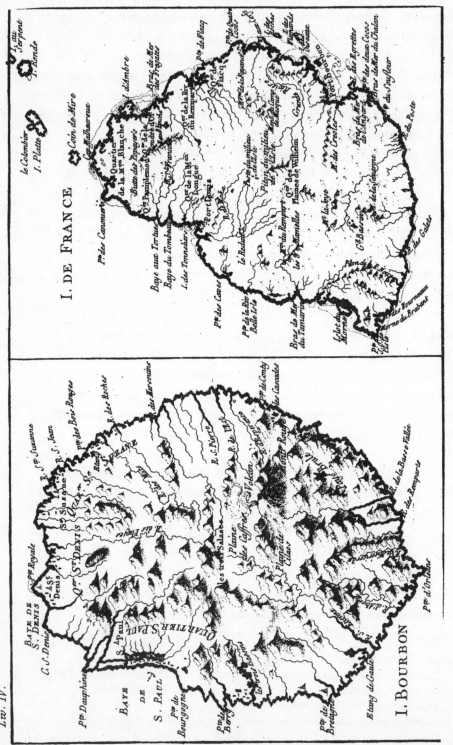

Carte des Mascareignes

Il n'était pas pour autant au bout de ses peines puisque, après cinquante-six jours de navigation, ce navire va sombrer à son tour à proximité de l'île d'Assomption :

> « Ce naufrage, se lamente Crassous, fut accompagné d'un tissu d'horreurs, de misère et d'embarras et ce ne fut que par l'effet d'une étonnante activité que je parvins à y bâtir une embarquation des débris de notre navire avec laquelle nous nous sommes retirés de dessus cette île »[27].

C'est sur ce frêle esquif et grâce à la dextérité à toute épreuve de Crassous qu'après « une navigation de seize à dix-sept jours pleine d'embarras » les rescapés rejoignent l'île d'Anjouan au Nord Est de Madagascar :

> « J'ai été fort bien accueuilly, note-t-il, par les Maures de ce Pays, chez lesquels j'ai resté malade pendant quatre mois ; ils m'ont donné toute protection et sureté, le Roy m'ayant remis très exactement toutes les piastres que j'avois déposées chez lui et qui avoient été sauvées de ce second nauffrage »[28].

Secouru par le capitaine d'un navire marchand qui avait jeté l'ancre à Anjouan, Crassous en repartit pour gagner l'Ile de France. Là en qualité de sous lieutenant de vaisseau, il s'embarque sur la corvette du roi le *Fanfaron* commandée par M. de Calaman[29]. Dans le milieu de l'année 1790, le navire désarme à Brest. Arrivé en France en pleine Révolution – l'Assemblée Constituante ayant déjà officié et le roi ne faisant rien pour faciliter l'application de la Constitution, selon le mot d'Albert Mathiez[30] – Crassous se rend en toute hâte à la Rochelle. De là il gagne Bordeaux pour se présenter devant les armateurs Paul Nairac et Fils Aîné auxquels il doit rendre des comptes !

C'est par une lettre qu'il adresse aux volontaires du corps d'artillerie de la ville dans le courant du mois de janvier 1791 que l'on sait qu'il avait pu régler au mieux son affaire : « J'ai eu le bonheur de trouver ici un

---

[27] *Aperçu...op.cit.* , pp.6-7.
[28] *Aperçu...op.cit.* p.7.
[29] *Ibid, id.*
[30] Albert Mathiez, *La Révolution française* , Paris 1939, t.1, p.60.

commandement », ajoutait-il. Il s'agissait en l'occurrence du navire l'*Isle de France* de 350 tonneaux que lui avaient confié les armateurs Pierre Changeur et Cie le 14 janvier[31].

Mais cette lettre présente un autre intérêt à notre sens, celui de nous faire connaître l'adhésion sans faille de Crassous au mouvement révolutionnaire. « Décoré du grade de sous lieutenant de vaisseau du Roy », comme il l'écrit, il tient à donner à ce sujet à ses correspondants une précision qui vaut pour profession de foi :

> « Vous savez, Messieurs, et je puis le prouver par mes services, que ce n'est ni la faveur, ni la naissance lorsqu'elles formoient entre les hommes un disparate odieux qui m'ont fait avoir ce titre »[32].

Ayant obtenu la permission de continuer son service dans la marine marchande, le sous-lieutenant de vaisseau Crassous saura, comme d'autres, concilier sa foi en la Révolution et son penchant pour la traite négrière. Parti de Bordeaux au mois de février 1791, il arrive à l'Ile de France au bout de deux mois et sept jours de traversée. Et là, coup de théâtre, il apprend que le navire a été vendu par l'un des armateurs, Le Guen, de la société Pierre Changeur et Cie !

La défense de la Patrie

Mis devant le fait accompli, Crassous reprend sans tarder son service national sur la flûte la *Bienvenue* en qualité de sous-lieutenant de vaisseau en activité, sous les ordres de M. Haumont. Au début de 1792, il débarque à Lorient, retourne à la Rochelle puis monte à Paris pour parfaire en quelque sorte le siège du Ministère de la Marine auquel il s'est livré de façon épistolaire. Du 18 février au 24 mai, outre un *Aperçu Général de ses services* dont nous avons fait longuement état, il n'est pas moins de cinq missives adressées à M. de la Coste. Celle du 18 février suffit à nous édifier :

---

[31] Eric Saugera, *Bordeaux port négrier...op.cit.* p.360 et AMLR E 283, navire l'*Ile de France*, J. Crassous de Médeuil capitaine.
[32] AMLR, E 289.

Monsieur,

Des services aussi multipliés les connoissances que j'ai acquises depuis mon plus bas âge dans la navigation et dans la tactique navale, celles particulières que j'ai des côtes de l'Inde et d'Affrique, mon désir de sacrifier ma vie entière à la Patrie et au service de mon Roy, m'enhardissent à réclamer votre protection pour mon avancement en grade et obtenir le commandement d'une Flûte ou Corvette soit pour l'Inde soit pour les côtes d'Affrique, ou toute autre partie où il vous plaira de m'employer pour le service de Sa Majesté, ayant j'ose le dire fréquenté presque toutes les parties du Monde connu pour notre navigation habituelle.

Je suis avec respect.
Votre très humble
& très obéissant Serviteur

J. Crassous Médeuil »[33].

Cette lettre avait été adressée au ministre de la Marine depuis la Rochelle où se trouvait Crassous. Mais dès son arrivée à Lorient sur la flûte de l'Etat, la *Bienvenue*, il avait fait sa soumission d'arrivée à M. de Marigny et l'avait prié d'obtenir l'agrément du ministre pour passer trois mois à la Rochelle et faire son service à Rochefort.

Certes, une dizaine d'années auparavant, il n'avait pas été loin de renoncer à l'état de marin :

« La marine me déplait et m'a toujours déplu, écrivait-il, son agitation continuelle, le tumulte qui y reigne, le bruyant tapage, la malpropreté, la méchanceté des hommes de mer, tout cela avec plusieurs autres raisons m'en éloignent »[34].

---

[33] AN, Marine, C7-77, Dossier Crassous de Médeuil. Pièce 10, lettre accompagnant son *Aperçu Général des services* déjà cité.
[34] AMLR, E 289, fragment de lettre non datée.

Il avait voulu s'établir en 1782 dans les Mascareignes, à l'Ile de France sur une habitation[35]. Mais sans doute les déboires répétés qu'il avait connus dans l'Océan Indien l'en avaient dissuadé. Restaient les Antilles, l'opulente partie française de Saint-Domingue qu'il connaissait assez bien. Mais dans le milieu du mois d'août 1791, faisant suite à la fronde de Grands Blancs et à la révolte mulâtre, l'insurrection dite de Boukman qui sema la désolation dans la Plaine du Nord autour du Cap montraient à tous que rien n'arrêterait ce qu'il était convenu d'appeler l'incendie de Saint-Domingue : la révolution nègre, pour parler comme Aimé Césaire, était en marche ; le commerce négrier rochelais plus particulièrement allait être affecté durablement par la tourmente domingoise[36].

Le choix des armes s'imposait de lui-même dès lors. Crassous ne pouvait ignorer que l'Emigration était en train de soustraire un nombre important de cadres supérieurs de la Marine : à la fin de 1792, les deux tiers des officiers est porté manquant, notent Martine Acerra et Jean Meyer[37]. Le 20 avril 1792, tirant parti du bellicisme des Girondins et des Brissotins, Louis XVI déclare la guerre au roi de Bohême et de Hongrie.

Sans doute Crassous avait-il compris qu'au train où allaient les choses, il fallait s'attendre à affronter tôt ou tard l'Angleterre, auquel cas le défaut de marins expérimentés constituerait un handicap certain lors même que le nombre de navires de guerre était en progression constante en France...Le moment était donc bien choisi pour élever à nouveau une requête comme le fit Crassous en ces termes :

> « L'officier de la Marine qui a l'honneur de se présenter, écrivait-il le 13 mai à M. de la Coste, réclame de votre sagesse une place et de l'employ à raison de ses services, ayant été oublié dans la dernière organisation, il s'impatiente

---

[35] *Ibid* .Conditions d'association entre Monsieur Crassous et M. Rougeuil...Fait au Port Louis de l'Isle de France le 26 octobre 1782.

[36] « En 1792, six des plus gros négociants de la place : Garesché, Goguet, Perry et Dubois, Guibert et Van Hoogwerff, font faillite et les entrées de navire tombent de 91 à 25, les sorties de 30 à 10. La chambre de commerce est supprimée, les chantiers de construction abandonnés, les quais en mauvais état, le port s'envase, la ville s'appauvrit », in Jacques de Cauna, *L'Eldorado...op.cit.*, p.112.

[37] *Marines et révolutions*, Rennes, Ouest France, 1988, p.97.

d'être utile et pouvoir remplir vos intentions, son espoir est fondez sur votre justice »[38].

En tout cas, jouant sur tous les registres, Crassous argumente tant et si bien qu'il en vient à réclamer avec beaucoup d'aplomb de l'avancement. Il n'est pas inutile de reprendre ici en partie son propos :

> « Je me trouve oublié dans la nouvelle organisation quoy que j'aille fait ma soumission au Bureau de Brest, que j'aille envoyez mes services à Paris au dernier ministre et que j'aye passé la Revue à Rochefort le 15° mars dernier. J'ay attendu une réponse, mais dans ce moment que la guerre se déclare mon devoir et mon zèle m'appellent auprès du Ministre pour lui exposer mon ardent désir de travailler, demander une place à raison de mes services et de mon ancienneté et ce qui est bien plus annalogue aux dispositions de mon âme obtenir de l'employ pour servir la Patrie et faire usage des connoissances acquises pandant deux guerres entières, trente-six ans de navigation, huit combats d'armées navalles et trois combats particuliers, où j'étois capitaine et le Pavillon a été respectez ; ce qui me fait espérer d'obtenir dans ce moment un Brevet de Lieutenant de vaisseau, la Croix et le commandement d'une frégate ou corvette à caractère pour remplir quelque mission que ce puisse être ou vous me croirez convenable... »[39].

Crassous fut entendu. Déjà sous l'empire de la nécessité la Constituante faisant litière du privilège de la naissance en appela aux officiers de la marine marchande et adopta le 29 avril 1791 un décret qui ordonnait la fusion des marines militaires et de commerce. Partant, c'est avec le grade de lieutenant de vaisseau que Crassous s'embarque le 12 septembre 1792 sur le navire le *Généreux*, capitaine Cazotte — selon ses propres déclarations — pour participer aux opérations dans la Méditerranée contre Naples d'abord en décembre et surtout contre la Sardaigne.

---

[38] AN, Marine, C7-77, Dossier Crassous de Médeuil, Lettre du 13 mai 1792.
[39] *Ibid.id.*

Entre temps des faits majeurs s'étaient produits qui allaient conduire à la déchéance du roi Louis XVI : « le 10 Août, écrivent François Furet et Denis Richet, acheva ce qu'avait commencé la fuite à Varennes »[40]. Au plus fort de l'insurrection parisienne qui fut la réponse obligée au fameux *Manifeste* de Brunswick, le chef des armées austro-prussiennes, le monarque suspendu à l'initiative de l'Assemblée est remplacé par un Conseil exécutif provisoire. La patrie est en danger ; massacres et exécutions alternent à Paris jusqu'au 6 septembre. La suite est connue : le 21 septembre 1792, au lendemain de l'étonnante victoire de Valmy, la Convention nationale qui venait de succéder à la Législative proclame la République, réputée « une et indivisible » dès le 23.

L'Ancien régime avait vécu. Les conventionnels vont s'employer sans tarder à faire table rase du passé. Ainsi, décrété d'accusation le 8 novembre, l'ex-ministre de la Coste qui avait été sensible aux requêtes de Crassous est mandé à la barre de la Convention pour avoir mal choisi les gouverneurs et les officiers commandant dans les Îles du Vent et à Saint-Domingue et pour n'y avoir pas envoyé des forces suffisantes. Ils vont bientôt frapper plus haut et plus fort. Le 20 du même mois, les rapports entre le Roi et la contre-révolution sont établis de façon irréfutable. Le procès de Louis Capet s'ouvre le 21 décembre. Condamné à mort, il est, comme on sait, exécuté le 21 janvier 1793.

On imagine sans peine le retentissement de l'affaire dans l'Europe tout entière. La nouvelle du régicide parvint à Londres le 23 janvier. Prenant les devants, la Convention déclare la guerre à la Hollande et à l'Angleterre le 1er février puis le 7 mars à l'Espagne. Au conflit en cours aux frontières du Nord, de l'Est et du Sud de la France, allait s'ajouter l'affrontement avec les trois puissances maritimes coalisées sus-indiquées : la Méditerranée en sera le théâtre privilégié.

---

[40] *La révolution française* (1965-1966) édit. utilisée, Paris, Fayard 1973, p.156. Voir également « Le procès du Roi », in François Furet et Mona Ozouf, *Dictionnaire critique de la Révolution française*, Paris, Flammarion, 1988.

DÉCRETS

DE LA

CONVENTION NATIONALE,

Du 8 Novembre 1792, l'an 1er. de la République Françoife.

*Portant qu'il y a lieu à accufation contre plufieurs Officiers comman-
dant dans les Colonies, & contre l'Ex-miniftre la Cofte.*

La Convention Nationale, fur les motions faites par divers
membres, décrete qu'il y a lieu à accufation contre Darot &
Filtz-Moris, Gouverneurs de la Guadeloupe; Bonnier, major de
la Baffe-terre, & Celleron, major de la Pointe-à-Pitre; Dubarais.,
lieutenant-colonel du régiment de la Guadeloupe; Minut, inten-
dant de ladite Ifle; Mallevault, commandant la frégate *la
Calipfo*; Béhague, gouverneur général des Ifles du Vent; la
Riviere, commandant le vaiffeau *la Ferme*; Ville-Vieille, commandant *la Didon*, & Blanchelande, gouverneur de Saint-
Domingue.

Sur la dénonciation faite contre l'ex-miniftre de la marine,
la Cofte, pour avoir mal choifi les employés dans lefdites Ifles,
& pour n'y avoir pas envoyé des forces fuffifantes, la Convention Nationale en décrete le renvoi au comité de marine, lequel
en fera fon rapport demain; & ordonne que ledit la Cofte fera
mandé à la barre.

Il convient de rappeler ici qu'en août 1792, le capitaine de vaisseau La Touche-Tréville secondé par Trogoff de Kerselly, capitaine de vaisseau, lui aussi, avait appareillé de Brest avec quatre vaisseaux pour renforcer l'escadre du contre-amiral Truguet à Toulon. Chargé de soutenir l'armée du Var qui opérait contre le Royaume de Sardaigne, ce dernier quitte Toulon le 19 septembre. La division de La Touche-Tréville rejoint l'escadre de Truguet, qui contribue à la prise de Nice et après un bombardement en règle s'empare d'Oneglia près de Gênes. A la fin du mois d'octobre Truguet et le général Anselme commandant l'armée du Var reçoivent l'ordre de s'emparer de la Sardaigne. A La Touche-Tréville, il est prescrit de surcroît une démonstration de force devant Naples destinée à intimider le Roi des Deux-Siciles, en raison d'un incident diplomatique. Toujours secondé par Trogoff, La Touche-Tréville se présente devant Naples avec deux vaisseaux dont le *Généreux*, où se trouve Crassous. Ayant obtenu sans peine réparation en bonne et due forme, il s'emploie à rejoindre Truguet mais une violente tempête disperse ses vaisseaux : d'eux d'entre eux ne rallieront la Sardaigne que le 7 février[41].

Néanmoins, l'attaque projetée avait bel et bien commencé au mois de janvier mais sous de mauvais auspices. Sans s'y attarder, faisons nôtres en l'espèce les conclusions de Jean Meyer : « la campagne dirigée par l'amiral Truguet ne tarda pas à démontrer l'extrême fragilité de la Marine française. La tentative de débarquement en Sardaigne se solda par un échec honteux »[42].

Il n'empêche, dès janvier 1793 La Touche-Tréville et Trogoff furent promus contre-amiraux : leur courage ou leurs mérites respectifs autant que l'exode croissant des officiers supérieurs expliquent assez ces avancements. La campagne de Sardaigne terminée, l'escadre va mouiller dans la rade de Toulon le 8 mars. Truguet qui est appelé en consultation à Paris laisse le commandement à Trogoff, lequel a pour adjoint le Contre-amiral Saint-Julien.

---

[41] Hubert Granier, *Histoire des Marins français*, Marine édit. 1998, p.63.
[42] Jean Meyer, "Le face à face des systèmes logistiques français et anglais en Méditerranée pendant les guerres de la Révolution et de l'Empire" in *Français et Anglais en Méditerranée 1789-1830*, Service Historique de la Marine, 1992, p.186.

A l'écoute des événements extérieurs, la ville vivait sous tension depuis le mois de janvier au moins. Il y régnait même une réelle agitation que les autorités avaient su contenir. Autant dire que Toulon « conserve jusqu'au début de l'été son aspect radical de citadelle jacobine soutenant les mesures parisiennes »[43]. C'est alors que se produisit ce qu'il est convenu d'appeler la sédition fédéraliste née de l'activisme des Girondins que les Montagnards avaient supplantés à la Convention. Elle gagne avec des fortunes diverses la Bretagne, la Normandie, le Sud-Ouest, exception faite des deux Charentes et du sud des Deux Sèvres, la France-Comté et le Sud-Est. En un mot s'ajoutant à l'insurrection vendéenne et à la menace d'invasion étrangère généralisée à l'instigation des Émigrés, la révolte fédérale élargissait considérablement la front de la Contre-révolution.

Certes Michel Vovelle a montré « l'hétérogénéité radicale qui de façon continue morcèle le camp des contre-révolutionnaires »[44]. « Quelle contre-révolution? », s'interroge Gérard Gengembre, « pas plus que sa sœur ennemie, elle n'est d'un bloc » renchérit-il[45]. De la sorte si dans l'Ouest et le Sud-Ouest la sédition est et demeure d'inspiration girondine, il en est tout autrement dans le Sud-Est où des meneurs fédéralistes furent savamment enveloppés par les agents royalistes qui sont à l'œuvre entre 1791 et 1793 dans un Midi qui va du Bas-Languedoc à la Provence. Georges Fournier l'a rappelé: "nous entrons ici dans un terrain délicat celui des contacts plus ou moins réguliers qui auraient existé entre le réseau d'Antraigues et certains des jacobins méridionaux en particulier les futurs Girondins"[46].

A cet endroit, il importe à notre propos de remarquer que la collusion des forces distinctes de l'intérieur et de l'extérieur hostiles au pouvoir révolutionnaire en place va s'opérer de façon par trop flagrante à Toulon[47].

---

[43] Martine Acerra et Jean Meyer, *Marines et révolution, op. cit*, p. 153.

[44] *La mentalité révolutionnaire*, Paris, 1985, p. 148.

[45] *La Contre-Révolution ou l'histoire désespérante*, Paris, 1989 pp. 9-10

[46] "Images du midi dans l'idéologie révolutionnaire" in *L'invention du Midi, Représentations du Sud pendant la période révolutionnaire*, Edisud, 1987, p.87.

[47] René Moulinas, "Le Sud-Est", in Jean Tulard éd. *La Contre-Révolution, origines, histoire et postérité*. Perrin, 1990, pp. 250-252.

En effet, le 12 juillet 1793 comme s'il se fût agi d'un contre-coup au renouvellement du Comité de Salut Public à Paris qui passe aux mains des Montagnards les plus déterminés, une insurrection éclate à Toulon, les représentants du peuple en mission Baille et Beauvais qui, depuis le 3 juin, semblaient avoir bien en main la situation sont arrêtés : un nouveau pouvoir exécutif est mis en place. En fait, sous couvert de fédéralisme la contre-révolution était en marche.

Elle tire parti d'abord des difficultés matérielles que connaissait alors la population dans son ensemble, la pénurie de vivres plus particulièrement ou la difficulté de s'en procurer. A cet égard un document parmi d'autres retient notre attention :

> « Toulon voulant être à l'instar de plusieurs Villes qui étoit formées en Section, y lit-on, ses habitants mirent de leur parti les troupes qui s'y trouvoit en garnison pour les seconder à supprimer le Club et établir leurs sections qui sont au nombre de huit et le Comité général composé de Commissaires de ces huit sections; ils persuadèrent aux troupes, que les membres de la Convention Nationale s'étoient emparés du numéraire, et que les vivres et les denrées toujours à un très haut prix avec des assignats mais que s'il venoit à bout d'établir les sections que les peuples seroit heureux parce qu'elles leur procureroient du numéraire…. »[48].

Sous l'angle idéologique, tout indique que la dissidence toulonnaise fut orchestrée en sous-main par les Royalistes selon ce même témoignage où il est précisé que « peu après l'établissement des sections de Toulon, tous les patriotes qui pouvoient y être sont été vexés et les Emblêmes de la liberté abattu et remplacé par ceux du despotisme »[49]. On subodore ici l'œuvre sourde dont Michel Vovelle a parlé des émissaires envoyés de Turin dans le Midi.

D'un autre côté, on doit également admettre que le détonateur des révoltes fédéralistes de Lyon, Marseille ou Toulon a été le comportement par trop autoritaire des représentants en mission. René Moulinas a montré combien dans la théorie comme dans la pratique des assemblées

---

[48] A.D.C.M. L. 1199, *Détails sur les affaires de Toulon et de l'entrée des troupes étrangères en cette ville.*
[49] *Ibid.*

sectionnaires, il y avait une mise en cause des principes de la délégation complète de la souveraineté à des députés élus une fois pour toutes comme représentants du peuple au profit d'une autre conception de la démocratie, plus proche de la démocratie directe ou, tout au moins, conservant au peuple réuni dans des instances locales une large faculté de contrôle sur les décisions venues d'en haut[50] . Certes. Mais dans le cas qui nous occupe, sont à prendre en compte, circonstances aggravantes, les intelligences avec les puissances ennemies dont le projet était bien de détruire l'état républicain en France :

> « On voit d'abord, poursuit notre témoin de plume, que l'intention des Toulonnais et même des Marseillais qu'on a toujours cru patriotes avait dessein de faire entrer dans leurs ports l'escadre anglaise et espagnole... »[51].

C'est bien ici d'ailleurs qu'il faut remarquer l'attitude pour le moins troublante du chef de l'escadre française en rade de Toulon stigmatisée dans un document des plus officiels puisqu'il est de la main de l'Accusateur Public, Victor Hugues, du Tribunal de Rochefort :

> « Le 28 juin, rapporte-t-il, une députation des patriotes du Club, à la tête de laquelle étoient les glorieux martyrs de la Liberté, Barthelémi & Sevestre[52], vint à bord pour engager les états-majors & les équipages à sortir afin de combattre l'escadre anglaise & empêcher sa jonction avec les Espagnols.
> [...]ils obtinrent des équipages qu'il seroit formé une assemblée à terre par députation, pour aviser au moyen de sortir ; que l'amour de la patrie avoit présidé à cette assemblée car on avoit décidé à l'unanimité quand le traître Trogoff entra suivi de tous les officiers & brigands de Toulon, qu'ils huèrent les patriotes & par des discours perfides, détruisirent la bonne intention des équipages, en leur inspirant des craintes sur le nombre des ennemis & finirent par leur

---

[50] « Le Sud Est », in Jean Tulard Ed., *La contre-révolution...op.cit.*, p.250.
[51] *Détails sur les affaires de Toulon...op.cit.*, p.1.
[52] Jacques Victor Silvestre exécuté le 27 juillet, Barthélémy le 7 août.

persuader que les patriotes ne les engagoient à sortir que pour livrer l'escadre aux Anglais »[53] .

On sait que l'escadre anglaise aux ordres de l'Amiral Hood était entrée en Méditerranée à la fin du mois d'avril. Elle avait été rejointe par dix-sept vaisseaux espagnols lorsque le Roi Très Catholique s'était résigné à déclarer la guerre à la France. Le 15 juillet, Hood se présente devant Sicié, presqu'île sur la côte provençale non loin de Toulon : depuis le 20 juin, il avait pu à Gibraltar rassembler pas moins de dix-neuf vaisseaux, dix-sept frégates et corvettes[54]. Le 19 juillet, sous prétexte d'un échange de prisonniers, un bâtiment parlementaire anglais se présente à l'entrée du port de Toulon[55]. Ce n'était qu'un début dans ce qu'il est convenu d'appeler l'événement de Toulon, événement qui, dès ce moment, semble entouré de brumes épaisses au regard de l'observateur sourcilleux qui voudrait démêler les fils de l'écheveau. Ce qui est toutefois indéniable, c'est que par devers l'autorité militaire elle-même, il s'est tramé au fil des jours un véritable complot entre les commissaires du Comité général toulonnais et les émissaires de l'Amiral Hood. Notre précieux témoin à charge est particulièrement disert à cet endroit :

« Depuis le commencement d'aoust, assure-t-il, jusqu'au 28 du même mois, jour où les Anglois on descendus à Toulon, le Comité général de concer avec les huit assemblées, onts désarmés les patriotes ou fait occuper le fort La Malgue par des Toulonnais originaires, et ont fait descendre les volontaires qui gardoient ce fort dans la ville ; à cet époque des parlementaires de l'escadre ennemies sont venu à Toulon se concerter avec le Comité général et s'en retournoient au bout de quelques heures ; on voyoit à chaque instant des différents signaux fait au fort La Malgue pour répondre à ceux que faisaient les vaisseaux ennemis postés depuis la fin de juillet à quelque lieus du port de Toulon »[56].

---

[53] ADCM, L. 1199², *Acte d'accusation contre les complices de la trahison de Toulon*. Voir document reproduit en annexe.
[54] Hubert Granier, *Histoire de marins français...op.cit.*, p.69.
[55] Jacques Ferrier, « Pour en finir avec 1793 et revenir sur l'événement de Toulon », *Bull. de l'Académie du Var 1979*, p.13.
[56] *Détails sur les affaires de Toulon...op.cit.*, p.13.

Dans ces conditions, l'unique obstacle à l'entrée des Anglais dans la ville était l'escadre française. L'absence de l'Amiral Truguet occupé à Paris a pesé lourd en cette circonstance. L'historiographie a traditionnellement opposé les rôles inversés tenus par Trogoff – renégat roué – à Saint Julien, son adjoint – patriote infortuné. En se fondant sur une documentation retrouvée et digne de foi, Jacques Ferrier a su amenuiser cette présentation manichéenne des attributions de l'un et de l'autre dans l'affaire : à « l'expectative par calcul » du premier, il oppose « l'expectative par impéritie » du second[57].

Mais sauf à confondre causes et conséquences, les dissensions qui ont vu le jour au sein de l'escadre française ne sauraient masquer la responsabilité pleine et entière des autorités civiles toulonnaises du moment ! On ne peut oublier ici que, devant la progression des troupes du général Carteaux qui, en s'emparant de Marseille le 25 août, menaçaient Toulon, le seul recours des contre-révolutionnaires sécessionnistes de la place était de se donner aux Anglais. De son côté, l'Amiral Hood qui avait été d'abord sollicité par les Marseillais, n'avait guère plus le choix en raison des circonstances : Toulon était donc devenu l'objectif par excellence. Déjà, le 23 août, Hood qui a reçu à bord du vaisseau le *Victory* une délégation marseillaise adresse, sous leur dictée en quelque sorte, une *Déclaration préliminaire* aux Toulonnais qu'il convient de citer en partie :

> « Si on se déclare franchement et clairement en faveur de la monarchie à Toulon et à Marseille, si on se décide à arborer le pavillon royaliste, à désarmer les vaisseaux de guerre qui sont à Toulon, à mettre les fortifications provisoirement à ma disposition pour assurer notre entrée et notre libre sortie et en toute sûreté, ce peuple de Provence aura tous les secours que l'escadre de Sa Majesté Britannique, sous mes ordres, pourra fournir »[58].

---

[57] Jacques Ferrier, « L'avatar britannique du dernier hors-la-loi de l'événement de Toulon », in *Français et Anglais en Méditerranée(1789-1830)...op.cit.*, p.42.
[58] ADCM, L 1199², Traduction de la déclaration préliminaire, « à bord du Vaisseau la *Victoire* près Toulon », document reproduit en annexe. Sur la collusion entre les Anglais, les civils de Toulon et une partie de la flotte française, voir ADCM, L 1202, Journal de bord du *Généreux* du samedi 24 au samedi 31 août 1793.

Ce n'était pas tout. Pour leur part, le 24 août, les commissaires marseillais du Comité de sûreté générale accueillis en parlementaires sur le *Victory* et qui, en « Français désirant le retour de l'ordre dans leur patrie, louent la générosité de la Nation anglaise » tout autant que les dispositions de l'Amiral Hood » n'hésitent pas à interpeller leurs homologues toulonnais en ces termes :

« Nous nous hâtons, citoyens, de vous en prévenir et de vous témoigner notre surprise en apprenant que Toulon n'avoit pas accompli auprès de l'escadre la démarche à laquelle deux députés de Marseille devoient coopérer, après s'être rendus auprès de vous à cet effet le 18 du présent mois »[59].

Dans la conjuration, les rôles étaient donc bien répartis. Mais la tâche qui revenait en partage aux Toulonnais était plus délicate. En l'absence du chef d'escadre Trogoff qui était à terre dans un dessein qui ne fait pas mystère pour certains, ou qui était simplement souffrant pour les autres, le commandement était revenu à Saint-Julien, lequel était farouchement opposé à toute tractation avec l'ennemi. Aussi n'est-il pas étonnant qu'il soit devenu la cible des Toulonnais qui avaient déjà beaucoup fait pour semer la zizanie dans les équipages – où, par ailleurs, Provençaux et Ponantais commençaient à s'opposer. Il suffit à cet égard de citer en partie leur *Adresse aux états-majors et équipages de l'escadre française* en date du 27 août :

« Vous avez à votre tête un homme sans mœurs, sans patriotisme et sans probité, qui a usurpé le commandement de l'escadre ; il a écrit plusieurs lettres aux bâtiments de la rade, dans lesquelles il vous fait parler la langue de la rébellion.

Cet homme vous trompe ; accoutumé à tous les désordres, au moment même qu'il a l'honneur de vous commander, il vit publiquement et au milieu de vous, dans la crapule et dans l'adultère .

---

[59] *Ibid* .Les commissaires du Comité de sûreté générale du département des Bouches-du-Rhône aux membres composant le Comité général des sections de Toulon.

Citoyens, abandonnez ce scélérat qui, depuis quatre ans, n'a cessé d'être le complice et le promoteur des crimes qui ont tant fait verser de sang et de larmes ; rangez-vous sur-le-champ du parti du peuple souverain qui vous appelle dans son sein. C'est le seul moyen qui vous reste pour éviter les plus grandes calamités. L'instant où vous aurez livré Saint-Julien sera celui du bonheur public. Mais hâtez-vous, on vous laisse ignorer sans doute que Paris a placé Louis XVII sur le trône »[60].

La suite est connue : dès le 28 août au matin, les Anglais rejoints par leurs alliés espagnols s'apprêtent à entrer dans la rade de Toulon. Ils le feront sans coup férir. Le 29 avec l'agrément des civils toulonnais, les troupes étrangères occupent la ville.

Il est indéniable qu'à bord du vaisseau le *Commerce de Marseille* Saint Julien ait tout tenté pour s'opposer à cette incursion, mais en pure perte. Avec ceux en petit nombre qui l'avaient suivi, n'aurait-il pas été pris entre deux feux, puisque dans le fort La Malgue on s'apprêtait à « tirer sur l'escadre française si elle ne venait pas se rendre en petite rade » pour laisser passer les Anglais ? Tous les témoignages sont concordants sur ce point.

A l'inverse, il a toujours été avancé que Trogoff qui réapparut soudain sur la frégate la *Perle* dont le capitaine Van Kempen s'était opposé à Saint-Julien hissa le pavillon de commandement et fit le signal de ralliement : il avait ses raisons. La partie était perdue pour Saint-Julien et les deux autres capitaines qui avaient décidé de combattre : « Marins, officiers et soldats abandonnèrent les navires se jetant dans les chaloupes. Saint-Julien en fuite choisit de se rendre aux Espagnols »[61]. Magnanimes, les vainqueurs lui concédèrent que « les marins et officiers voulant rester fidèles à la République embarquent à bord de quatre vaisseaux de ligne à destination des ports du Ponant »[62].

---

[60] *Ibid.* Ordre des sections de Toulon aux états-majors et équipages de l'escadre française. Toulon, le 27 août, signé Légier, Fauchier aîné, Baudent, Gauthier, Dechoin , Albertin, Brun, Melizan, Gagne.
[61] P. Lemonnier, *Le tribunal révolutionnaire de Rochefort*, La Rochelle 1912, p.41.
[62] Martine Acerra et Jean Meyer, *Marines et révolutions...op.cit.* , p.103.

Les quatre navires, l'*Appolon*, l'*Orion,* le *Patriote* et l'*Entreprenant,* mirent à la voile le 17 juin pour Rochefort, Lorient et Brest munis de passeports délivrés par les amiraux anglais et espagnol Hood et Langara. Joseph Crassous qui est de ceux qui n'entendaient pas composer avec l'ennemi est du nombre des rapatriés. Ce faisant, il courait à sa perte. La nouvelle de « l'infâme trahison » de Toulon eut un énorme retentissement dans toute la France. A Paris, l'effervescence populaire fut à son comble : « Rien, écrit Albert Soboul, n'était plus propre à déchaîner une poussée terroriste »[63] .« Les ports de mer surtout, se croyant menacés du même danger, souligne Eugène Réveillaud, éclatèrent en imprécations ». Et l'historien charentais de rappeler qu'on renouvela à Rochefort notamment les serments de mourir pour défendre la République[64].

Aussi, au bout du voyage de l'*Appolon* où il avait pris place, Crassous tentera-t-il, mais en vain, d'administrer la preuve de son entière loyauté :

> « Lors de la malheureuse affaire de Toulon, argumentera-t-il, j'ai fortement ouvert et appuyé mon opinion dans la chambre du Conseil pour qu'on eût à appareiller le vaisseau, le sortir de ce gouffre affreux et opposer toute résistance à l'entrée des Anglais dans la rade, combattre et mourir à notre poste parce que tel étoit le serment que nous avions fait à Rochefort avant notre départ. J'ai instamment sollicité l'équipage à soutenir l'honneur du pavillon national mais que la faiblesse des uns, la lâcheté des autres a étouffé ma voix et la force majeure m'a obligé de céder à toutes les impulsions, qu'en conséquence je crois avoir fait en Dieu et conscience tout ce que ma force et mon intelligence pouvoient me permettre. Je crois avoir rempli ma tâche et n'avoir rien à me reprocher »[65].

Nous avions au début de ce livre rapporté en matière d'introduction ce que de Richemont avait révélé en son temps des débuts de la carrière de Joseph Crassous de Medeuil, qu'il nous soit permis de le citer encore pour finir :

---

[63] Albert Soboul, *Histoire de le Révolution française*, Paris Gallimard, 1962, T. 2, p.34.

[64] Eugène Réveillaud, *Histoire politique et parlementaire des départements de la Charente et de la Charente Inférieure* (1911),Edition utilisée, Paris, Librairie Bruno Sepulchre 1987, p.307.

[65] ADCM L 1199. Interrogatoire de Crassous, p.2, reproduit en annexe.

« Les équipages du *Généreux* et de l'*Appolon*, ayant obtenu d'être renvoyés dans leurs arrondissements maritimes, l'*Appolon* vint mouiller en rade de l'île d'Aix à la fin d'octobre 1793, ramenant au port les hommes des deux vaisseaux. Officiers et marins furent aussitôt arrêtés et emprisonnés, sous la prévention d'avoir trempé dans le complot de Toulon et d'être venus pour préparer la défection du corps de la marine de Rochefort. Trente-trois prévenus comparurent dans l'église de l'hôpital Saint-Charles, transformée en tribunal criminel par les représentants Lequinio et Laignelot. Sur la seule déposition d'un matelot et les conclusions de l'accusateur public, Victor Hugues, sans que rien n'indiquât la part que chaque accusé avait prise aux évènements de Toulon, le tribunal condamna à mort les lieutenants de vaisseau Joseph Crassous, du *Généreux*, Jean Brelay et Louis Guérit , de l'*Appolon*, les enseignes Etienne Varenne et Jacques Canudet, de l'*Appolon*, et Michel Mage, du Généreux, les capitaines d'infanterie Henri Marizi et Antoine Diof, le chirurgien-major Claude Bordeaux et l'enseigne Jean Chamboudy, de l'*Appolon*. Deux officiers furent condamnés à la déportation comme fortement suspects, huit aspirants de marine à la détention comme suspects au simple degré. Quatorze furent absous, parmi lesquels l'aumônier du *Généreux,* l'abbé de Capraya. Les dix condamnés à mort ne sortirent du tribunal que pour monter sur l'échafaud » [66].

*

* *

Le 19 décembre, la ville de Toulon fut reprise par un certain Bonaparte, capitaine d'artillerie, qui était sous les ordres du général Jacques François Coquille, dit Dugommier, natif de la Basse-Terre en Guadeloupe.

---

[66] « Le marin Crassous de Médeuil », op.cit. p.342.

Annexes

Les évènements de Toulon et le procès de J. Crassous de Médeuil (ADCM . L 1199 [2])

1 — A bord du vaisseau de Sa Majesté Britannique…23 août 1793

2 — Proclamation de l'amiral Hood…23 août 1793

3 — Traduction de la Déclaration préliminaire de l'amiral Hood, 23 août 1793

4 — Adresse aux Sections de Toulon, aux états-majors et équipage de l'escadre française, 27 août 1793

5 — Interrogatoire de Joseph Crassous de Médeuil devant le Tribunal Révolutionnaire de Rochefort, le 18 brumaire, An II

6 — Acte d'accusation contre les complices de la trahison de Toulon, le 29 brumaire An II

1 - A Bord du Vaisseau de Sa Majesté Britannique, la *Victoire*, commandant l'Escadre anglaise, aux ordres de l'amiral Hood, le 24 aoust 1793, l'An 2°
de la République française.

Les Commissaires du Comité de Sûreté générale du Département des Bouches-du-Rhône, aux membres Composant le Comité Général des Sections de Toulon.

                    Citoyens,

Députés par le Comité de Sûreté Générale de Marseille vers l'Escadre combinée, en vertu du vœu des Sections de Marseille, nous avons joint aujourd'huy l'Escadre anglaise Commandée par l'Amiral Hood.

Comme parlementaire, nous avons eu l'aceuil le plus satisfaisant et comme français désirant le Retour de l'ordre dans notre patrie nous avons trouvés dans la générosité de la nation anglaise et dans les Dispositions de l'amiral Hood beaucoup de remède à nos meaux.

Nous nous hatons Citoyens de vous en prévenir et de vous témoigner notre surprise en aprenant que Toulon n'avait pas accompli auprès de l'Escadre la Démarche à laquelle deux députés de Marseille devoient coopérer (après) s'être rendu auprès de vous à cet effet le 18 du présent mois d'aoust.

Il est bien intéressant pour nous de connoitre les motif de ce retard et Encore plus essentiel pour le Bonheur de notre patrie85 que Toulon et Marseille soutiennent et achèvent un ouvrage salutaire Commencé pour Briser les chaines affreuse de l'anarchie.

Nous joignons ici Copie de la proclamation que l'amiral Hood ttrouve convenable de faire publier dans les Départements du midy de la France pour faire connoitre les Intentions des puissances coalisées ; vous voudrés Bien remettre L'Incluse à son adresse.

          Nous vous saluons fraternellement. Signé
                    Jn Labat   Jn Cizan

P.S. La Proclamation est faite mais l'amiral Hood avant de l'Envoyer veut connoitre l'Intention des Toulonnais ; d'après le Conseil de guerre que viennent de tenir l'amiral Hood et les puissances coalisées, voici non seulement la proclamation mais Encore les Conditions préliminaires de leur part.

2 - Proclamation

Le Très honnorable Samuel Hood commandant en chef l'Escadre de Sa Majesté Britanique dans la Méditerrannée

Français

Depuis quatre ans vous Etes travaillés par une révolution qui vous a Conduit à l'anarchie et rendu la proye des factieux ; après avoir détruit votre gouvernement, foulé aux pieds toutes les Loix, assasinés la vertu et préconisé le Crime, ils ont cherché à propager dans toutes l'Europe ce sistème Destructeur de tout ordre social.

Ils vous ont parlé sans cesse de Liberté et sans cesse ils vous l'ont ravies, partout ils ont préché le respect des personnes et des propriétés et partout elles ont été violés en leur nom. Ils vous ont Entretenu de la Souveraineté du peuple et ils l'ont constamment usurpés. Ils ont déclamés contre les abus de la royauté pour Etablir leur tirannie sur les débris du trone où fume Encore le Sang de Leur Légitime Souverain.

Français vous gémissés de la privation de tout Numéraire, votre commerce, votre industrie est anéantie, Ses Bras sont enlevés à l'agriculture et manque de subsistance vous menace d'une horible famine, voilà le tableau fidel de vos meaux, une position aussi affreuse a du affliger les Puissances Coalisées, elles n'en ont vu le remède que dans le rétablissement de la monarchie française. c'est pour elles et en suite des agressions qu'elles ont Eprouvées que ces mêmes puissances sont armées. D'après ce plan murement réfléchi je viens vous offrir les forces qui me sont confiés par mon souverain pour Eviter toute effusion de Sang et Ecraser promptement les factieux, pour Etablir l'harmonie en France et maintenir la Paix dans toute l'Europe.

Prononcés donc Définitivement et avec précision, reposés vous sur la générosité d'une nation franche et Loyale. Je viens d'en donner des preuves non Equivoques aux Bons habitans de Marseille en acordant à leur Commissaire rendu à bord de l'Escadre que je Commande un passeport pour plusieurs milles charges de Blés dont cette grande ville manque dans ce moment.

Parlés et je vole à votre Secours pour Briser les fers qui vous accable et faire succéder de Longues années de Bonheur à quatre années d'Infortune.

Donné à Bord du vaisseau de Sa Majesté Britannique la *Victoire* le 23 aoust 1793. Signé *Hood*

3 - Traduction de la déclaration Préliminaire de l'amiral Hood

Si l'on se déclare franchement et clairement en faveur de la monarchie à Toulon et à Marseille, si on se décide à arborer le Pavillon royaliste, à désarmer les vaisseaux de guerre qui sont à Toulon, à mettre les fortifications provisoirement à ma disposition pour assurer notre Entré et notre sortie Libre et en Toute Sureté, le peuple de Provence aura tous les Secours que l'Escadre de Sa majesté Britanique sous mes ordres pourra fournir.

Je Déclare qu'il ne sera touché en aucune manière aux propriétés qui Bien au Contraire seront toutes scrupuleusement protégées n'ayant que le vœu de rétablir la paix chez une grande nation sur un pied juste et raisonnable.

Les Conditions cidessus doivent Etre la Base du traité et lorsque la paix aura Lieu, ce que j'espère Bientôt, le port de Toulon avec tous les vaisseaux qui s'y trouvent ainsi que les forteresses et toutes les forces qui y sont réunies, seront rendu à la France d'après l'Inventaire qui En aura Ete fait actuellement.

Donné à Bord du V^au de Sa Majesté Britanique la *Victoire* Près Toulon, le 23 aoust 1793.

                    Signé *Hood*

4 - Adresse des Sections de Toulon aux Etats Majors et Equipages de l'Escadre française

La nation, La Loy et le Roy,
Citoyens

Nous sommes et nous serons toujours vos frères et vos amis, votre Intérêt et le notre sont liés par tous les points, il s'agit de suaver la ville, le port et nos propiétés, nos familles et vous tous contre des Brigands qui courent vers nous pour renouveller les Scènes Sanglantes qui ont désolé le Combat et dont Marseille devient en ce moment un nouveau théâtre.

Vous avez à votre tête un homme sans mœurs, sans patriotisme et sans probité qui a usurpé le Commandement de l'Escadre ; il a écrit plusieurs Lettres aux Batiments de la rade dans lesquelles il vous fait parler la langue de la rebellion.

Cet homme vous trompe, accoutumé à tous les Désordres, au moment même qu'il a l'honneur de vous commander. Il vit publiquement et au milieu de vous dans la Crapule et l'Adultère.

Citoyens, abandonnés ce scélérat qui depuis quatre ans n'a cessé d'être le complice et le promoteur des Crimes qui ont tant fait verser de Sang et de larmes. Rangés voussur le champ du parti du peuple souverain qui vous apelle dans son sein. C'est le seul moyen qui vous reste pour éviter les plus grande Calamités. L'Instant où vous aurez Livrés St Julien sera celui du Bonheur public.

Mais hatez vous, on vous laisse ignorer sans doute que Paris a placé Louis XVIIème sur le trone.

A toulon, le 27 aoust 1793

Signé *Legier, Fauchier aîné, Baudent père, Gautier, Dechoin Albertin, Brun, Melizan, Gagne.*

5 - Interrogatoire de Joseph Crassous de Médeuil devant le Tribunal Révolutionnaire de Rochefort, le 18 brumaire An II

Aujourdhui dix huit de brumaire l'an deux^e de la République francoise Une et Indivisible, Nous Gaspard Goyraud, juge du Tribunal Criminel extraordinaire et révolutionnaire établi à Rochefort pour le département de la Charente Inférieure par deux arrêtés des représentants du peuple, envoyés dans ledit département étant dans la chambre criminelle assisté du Citoyen Simon Armand Lignières greffier dudit tribunal, avons mandé devant nous Crassous détenu dans le vaisseau amiral pour procéder à son interrogatoire en présence du substitut de l'accusateur public dudit tribunal ainsi qu'il suit :

- Interrogé de ses noms qualités professions extraction domicile
A répondu : Joseph Crassous lieutenant de vaisseau pas noble habitant La Rochelle

- Sur quel batiment étiez-vous embarqué
A répondu : sur le Vaisseau le *Généreux* commandé par le capitaine Casotte

- Depuis quel temps
A répondu : depuis le douze septembre quatre vingt douze

- Quelle était votre opinion sur les Sociétés populaires
A répondu que son opinion sur les sociétés populaires étoit qu'elles étoient très utiles pour le maintien de la République et pour surveiller les autorités

- Avez-vous soutenu le parti des sections de Toulon
A répondu qu'il n'a jamais reconnu les sections de Toulon, qu'il ne les a jamais fréquentées directement ny indirectement et ne s'est occupé que de son état militaire se tenant à son bord pour y maintenir l'ordre et la régularité du service en sa qualité de lieutenant en pied

chargé du détail et ne croit pas avoir couché trois nuits à terre pendant le séjour du vaisseau dans la rade de Toulon

- N'avez-vous pas engagé conjointement avec le capitaine Cazotte l'équipage du vaisseau à se rendre à l'ennemi

A répondu qu'il n'a jamais porté le même langage que le capitaine Cazotte à raison de ce que j'ai eu de fortes discussions avec ledit capitaine qui sont connues de l'état-major et de l'équipage, que lors de la malheureuse affaire de Toulon j'ai fortement ouvert et appuyé mon opinion dans la Chambre du Conseil pour qu'on eut à appareiller le vaisseau, le sortir de ce gouffre affreux, opposer toute résistance à l'entrée des Anglois dans la rade, combattre & mourir à notre poste parce que tel étoit le serment que nous avions fait à Rochefort avant notre départ. J'ai instamment sollicité l'équipage à soutenir l'honneur du Pavillon national mais que la faiblesse des uns, la lâcheté des autres a étouffé ma voix et la force majeure m'a obligé de céder à toutes les impulsions, qu'en conséquence je crois avoir fait en Dieu et conscience tout ce que ma force et mon intelligence pouvoient me permettre. Je crois avoir rempli ma tâche et n'avoir rien à me reprocher

- Connoissez-vous ceux qui ont étouffé votre voix

A répondu : du côté des états-majors le capitaine et le silence de ceux qui ont resté à Toulon portent conviction ; du côté des équipages, la confusion, le tourbillon qui nous environnoit de toutes parts empêche de porter aucune certitude individuelle

- N'avez-vous pas porté la cocarde blanche

A répondu : jamais

- N'avez-vous pas crié « Vive Louis XVII »

A répondu : jamais

- N'avez-vous pas obéi aux ordres dattés de l'An Premier du reigne de Louis XVII

A répondu qu'il y a été obligé puisqu'ils étoient émanés des chefs et qu'ils étoient pressurés par une force majeure

- Quels sont ceux de votre bord qui ont arboré la cocarde blanche

A répondu qu'il n'en connoissoit aucun de son vaisseau, que cependant il a entendu dire qu'un nommé Barbara, instrument passif des généraux et bien mauvais sujet qui n'avoit pas peu contribué aux évènements qui ont amené la révolution de Toulon l'avoit portée ; il couroit même dans les rues de cette ville avec le signe contre révolutionnaire à la bouche et tenant un écu de six francs dans la main

- Les cris de « Vive Louis dix-sept » ont-ils été prononcés à votre bord

A répondu qu'il n'en avoit point de connoissance

- Scavez- vous si on a distribué de l'or et de l'argent à l'équipage

A répondu qu'il ne le croyoit pas, qu'il affirmeroit même le contraire

- Avez-vous reçu des gratifications lesquelles s'accordoient comme supplément de traitement ou de solde

A répondu qu'il n'avoit rien reçu et qu'il lui étoit même dû sept mois de ses appointements, on a seulement donné deux cent francs qui doivent avoir été portés comme acompte d'appointements

- Avez-vous fait des prises sur l'ennemi
A répondu oui

- Quel est le nom de cette prise

A répondu : la *Princesse Royale* chargé de coton filé qui a été adjugé bonne prise à Toulon et dont la répartition a été faite aux équipages sur le pied de l'ordonnance soixante et dix huit, laquelle a monté à six cents et quelques mille livres et qui a produit deux mille neuf cent quarante six livres aux officiers majors et cent trente six livres pour chaque matelot qui ont été payés deux ou trois jours avant le départ du vaisseau l'*Appollon*

- Quels sont les vaisseaux qui ont eu part à cette prise
A répondu qu'il y en avoient neuf

- Sous le prétexte de payement de part de prise, n'avez-vous reçu aucun argent des sections de Toulon et des Anglois

A répondu qu'il affirmoit que non quant à lui

Ne connoitriez-vous pas quelques lâches capables de s'être laissés séduire par ces moyens corrupteurs et indignes de républicain

A répondu qu'il n'en connoissoit aucun ; s'il y en a quelques-uns ce ne peut être que ceux qui ont resté à Toulon

- Quels propos avez-vous entendu tenir lors de la honteuse reddition de Toulon

A répondu qu'étant continuellement à bord de son vaisseau, il ne scait ce qui pouvait se dire dans la ville mais qu'à son départ, les Toulonnais paroissoient déjà surchargés de la honte et de l'infortune dont ils s'étoient couverts

- Quelle pouvoit être l'intention du général en vous ordonnant le vingt et un juin dernier de hisser pavillon hollandois à la place du pavillon national si la générale venoit à être battue

A répondu qu'autant qu'il peut s'en souvenir, c'étoit pour empêcher la communication avec la terre et que ce n'étoit qu'un signal de convenance entre les chefs

- Pourquoi les sections avoient-elles mis une chaloupe de bivouaque le seize juillet dernier et jours antérieurs et pourquoi en commandoit-on d'autres pour se réunir à celle-ci

A répondu que le tout paroissoit être pour la sureté de l'entrée de la rade et pour visiter les batiments qui entroient et qui sortoient , ce qui paroissoit être une mesure d'ordre et de sagesse

- Aviez-vous connoissance de la loi qui deffend aux Corps administratifs et aux sections de se mêler de l'administration des ports et arsenaux et qui leur deffend de donner aucun commandement aux officiers attachés à la Marine relativement à leur service

A répondu qu'il est à remarquer qu'on lui a presque continuellement soustrait la connoissance des decrets et lois, qu'il semble que les généraux se soient fait une étude particulière de nous tenir dans une parfaite ignorance à cet égard, que d'ailleurs la loi nous ôte le droit de délibérer étant en armes et qu'assujettis à la volonté absolue des chefs, il ne nous étoit pas permis de faire aucune réflexion, à cet égard il étoit d'autant plus ridicule dans cette circonstance de voir continuellement aller et venir des parlementaires anglois entretenir une espèce de correspondance avec la terre sans pouvoir faire aucune objection à cet égard, tandis qu'on est bien persuadé que lorsqu'on est en présence de l'ennemis on n'a d'autre conversation à faire avec lui qu'à coups de canon

- Pourquoi le vingt sept juillet vous demande-t-on un détachement de dix soldats et d'un caporal avec leurs armes et bagages

(*ici le manuscrit est déchiré sur une dizaine de lignes...*)

ce qui a été exécuté contre l'intention de son capitaine

- Les autres vaisseaux de la rade reçurent-ils l'ordre de fournir aussi des détachements
A répondu : plusieurs vaisseaux en ont fourni à différentes occasions

- Pourquoi le vingt huit juillet a-t-on pavoisé tous les vaisseaux
A répondu que c'étoit pour une fête qui se célébroit à terre en l'honneur de la Vierge. C'est aussi pourquoi les officiers reçurent l'ordre d'y assister

- Vous ne deviez pas ignorer que le premier détachement avoit été commandé pour Marseille puisque le vingt-huit, Villeneuve major d'escadre vous donna un nouvel ordre de fournir pour le trente quinze fusiliers, un caporal et un sergent pour se joindre à un nouveau détachement qui devoit aller à Marseille avec armes et bagages
A répondu : exécuter les ordres des généraux et du capitaine est le devoir d'un officier, la loi nous interdit toute réflexion particulière

- Pourquoi le Premier aoust demanda-t-on l'état de situation de toutes les gardes nationales en garnison à bord des vaisseaux et celui de leurs armes

A répondu comme nous n'avions point de gardes nationaux à bord et la garnison étant composée du soixante dix septième régiment ci-devant La Marque, je n'ai rien à dire sur cette question

- Votre équipage ne témoigna-t-il pas du mécontentement lorsque le trois aoust Villeneuve fit ordonner de lui distribuer de la morue, parce que Cartaut et les députés Dubois Creancé et Albitte empêchaient l'arrivée des bœufs destinés pour l'armée

(Ici le manuscrit est déchiré sur une dizaine de lignes)

- Pourquoi le sept aoust demandoit-on les noms des officiers composant l'état-major
A répondu que c'étoit pour connoître l'état de situation de l'état-major de chaque vaisseau pour en faire passer copie au Ministre

- Connoissez-vous les officiers qui sont restés à Toulon et qui ont eu la bassesse d'abandonner les drapeaux de la République pour servir sous ceux des tirants
A répondu qu'il croit qu'il est nécessaire de faire une distinction à cet égard, attendu qu'il y a des officiers qui peuvent avoir resté volontairement, d'autres qui pouvoient être à l'hôpital avec le désir de bien faire et d'autres qui désirant de s'en venir par terre par la voie de cette... attendoient une occasion favorable ; il croit du nombre des premiers le nommé Jousserau lieutenant, Marie enseigne entretenue, Oualfrit Hollandois réfugié. Du nombre des seconds, Hosanno volontaire resté malade à l'hôpital et du nombre des troisièmes, Turpot commis aux rebuts

- Pourquoi le vingt huit aoust Trogolf ordonna-t-il aux vaisseaux qui avoient des chaloupes au bivouaque de les faire revenir à leur bord
A répondu qu'il n'en avoit aucune connoissance

- Pourquoi le vingt neuf ordonnoit-il aux vaisseaux et frégates d'envoyer leurs canaux et chaloupes pour aider aux batiments qui étoient en grande rade à rentrer dans la petite

A répondu que ça ne lui paroit que la faute naturelle de toutes ces trames et le comble de la perfidie

- Les Anglois étoient-ils alors en rade
A répondu : leur débarquement se faisoit dans le même moment et que les vaisseaux ennemis maneuvroient pour entrer en rade

- Pourquoi au lieu d'obéir aux ordres d'un traitre n'avez-vous pas cherché à vous opposer à l'entrée des vaisseaux ennemis
A répondu que ses réponses précédentes pouvoient s'appliquer à cette demande

- Pourquoi le trente et un aoust fut-il ordonné de conduire tous les vaisseaux qui étoient en rade dans le vieux port
A répondu : parce qu'alors l'accord entre la ville et les Anglais étant conclu, toutes les forces de terre et de mer étoient tournées contre nous et que la plus part des vaisseaux ayant déjà manifesté leur vœu pour se rendre, notamment presque tous les Provençaux, que le petit nombre de vaisseaux qui restoient fidèles à leur devoir ayant même dans leur bord des chefs, une partie des états majors, une portion des équipages gangrenés, un grand nombre ayant même déserté dans la nuit précédente, il n'étoit plus possible de faire face à l'ennemi d'aucune part ; il a donc fallu céder à une force majeure et absolue et que la mort même que l'on se fut donnée dans ce moment de rage et de désespoir n'auroit point garanti la République de la perte qu'elle éprouvoit et de l'infame trahison de Trogolf et des chefs de Toulon

- Désignez-nous les traitres des états majors qui ont eu la lâcheté d'abandonner leur poste et de trahir la patrie
A répondu : personnellement je les connois trop peu et un très grand nombre étoit resté à terre et les équipages désorganisés de toutes manières par les fourbes adroits et parjures capitaines qui étoient restés à bord pour captiver ou pour séduire m'ôtent la faculté de les distinguer séparément

- Avez-vous participé à la capitulation du vingt huit aoust qui a livré le port de Toulon aux Anglois

A répondu que toute cette trame a été ourdie par les principaux habitants de Toulon, par Trogolf et le plus grand nombre des capitaines, notamment le nommé Imbert commandant cidevant l'*Apollon* qui a le plus particulièrement contribué à l'infame traité avec les Anglois

- Pourquoi le trente et un aoust fut-il ordonné de transporter toutes les armes à l'arsenal

A répondu : les vaisseaux étant alors entièrement à leur disposition, ils ont pu faire tout ce qu'ils ont voulu et que nous ne pouvions plus opposer aucun empêchement

- Scavez-vous quel usage on voulait faire de tous les faisseaux d'armes du vaisseau le *Généreux* qui ont dû être transportés au grand hangar du bois près la porte du parq

A répondu qu'il présume que c'étoit pour le service des sections

- Pourquoi l'*Apollon* reçut-il l'ordre de prendre pour quatre mois de vivres et le onze septembre lesquels vivres devoient être pris sur le *Généreux*

A répondu : je présume que l'*Apollon* étant destiné à venir à Rochefort y conduire tous ceux qui avoient envie de rentrer dans le sein de leur patrie et qui refusoient ouvertement de servir le parti des traitres toulonnais, qu'il étoit indispensable de fournir à ce vaisseau une plus grande quantité de vivres

- Scavez-vous si parmis ceux qui ont été embarqués par ce vaisseau il ne se trouve pas des traitres à la patrie et des satellites de Pitt et de Cobourg

A répondu qu'il ne croit pas qu'il y ait à bord de l'*Apollon* aucun homme de cette trempe, qu'il peut y avoir cependant dans cette masse d'hommes quelqu'un de ceux qui (n') ont qu'un sentiment foible et qui auroient besoin d'être régénérés du feu sacré de liberté, leur ame n'ayant point encore une trempe assez forte pour en sentir le prix, du reste je n'en connois aucun de criminel et je ne puis d'ailleurs parler que pour ceux qui étoient sous mes yeux à bord du *Généreux*

- Quelques uns de ces êtres pusillanimes qui étoient avec vous sur le *Généreux* ne sont-ils pas embarqués sur l'*Apollon*

A répondu qu'il y en avoit un très grand nombre qui sans être méchants ont besoin d'être mieux organisés

- Quelle somme d'argent pouviez-vous avoir avec vous

A répondu qu'il ne scait pas au juste la somme d'argent qu'il peut avoir mais que ses écritures très en règle pourront constater ses propriétés et d'où elles proviennent

- Scavez-vous pourquoi les voiliers bretons se refusèrent à travailler le 11 septembre

A répondu : je l'ignore

- Scavez-vous ce que sont devenus les détachements qui ont été tirés de votre bord pour aller à Marseille

A répondu : au retour de leur expédition de Marseille le détachement ainsi que l'officier qui les commandoit n'ont plus rentrés à bord ; il a ouï dire qu'on avoit forcé plusieurs à prendre parti avec les Toulonnais et qu'on les avoit mis en garnison au fort Pharaon

- Quelle étoit votre opinion sur Cartaut et sur les députés Albitte et Dubois Creancé ; ajoutiez-vous foi aux propos infames qu'on tenoit contre eux en les qualifiant de brigants ainsi que l'armée qu'ils commandoient

A répondu : nous ne pouvions porter aucun jugement à cet égard étant privé depuis très longtemps de toute communication avec l'intérieur qu'on nous berçoit au contraire de multitude de nouvelles fausses pour nous séduire, nous assurant que Louis Dix Sept étoit proclamé à Paris, que l'armée de la Vendée, celle des Allemands et Prussiens réunis avoient soumis Paris, que toutes les grandes villes du royaume avoient reconnu sa souveraineté et la Constitution de quatre vingt neuf et que tout notre attachement à la République étoit une vaine misère qui nous attireroit les plus grands maux ainsi livrés à nous mêmes, dans cette malheureuse conjoncture nous n'avons eu que notre bonne foi et notre courage pour revenir parmis vous

- A lui demandé s'il avoit un deffenseur officieux
A répondu : non

- Voulez-vous en avoir un
A répondu : le citoyen Barreau

Plus n'a été interrogé

Lecture faite de son interrogatoire et de sa réponse, a déclaré qu'elle contenoit vérité et qu'il y persistoit et a signé avec nous :

J. Crassous, *Goyraud* juge, *Lebas, Lignière*

ACTE

D'ACCUSATION

Contre les complices de la trahison de Toulon.

VICTOR HUGUES, accusateur public du tribunal extraordinaire & révolutionnaire du département de la Charente-inférieure, établi à Rochefort par deux arrêtés des représentans du peuple en date des 8 & 13°. jours brumaire de l'an deuxieme de la République française, une & indivisible, sans aucun recours au tribunal de cassation, conformément au décret du 10 mars, & en vertu des pouvoirs à lui donnés par l'article 11 d'un autre décret de la convention du 6 avril suivant, portant que l'accusateur public dudit tribunal, est autorisé à faire arrêter, poursuivre & juger sur la dénonciation des autorités constituées & des citoyens.

Expose que des trahisons sans nombre ont été la source des revers de la République, & que les traîtres Lafayette, Dumouriez, Trogoff & Chaussegros eussent été dans l'impuissance d'exécuter leurs projets, s'ils n'eussent été secondés par de vils suppôts qui, sous le masque du patriotisme, cachoient un cœur pervers, & une ame lâche & corrompue.

Que ces perfides généraux n'auroient jamais trahi la patrie, si de vrais républicains, si des hommes fermes & bien prononcés se fussent trouvés sous leurs ordres.

Qu'une guerre désastreuse ne nous raviroit pas les plus ardens patriotes, que la souveraineté nationale n'auroit pas été outragée dans la personne de ses représentans, si l'or des puissances étrangeres n'eut coulé à grands flots, si des hommes impurs & avides, n'eussent vendu pour un vil métal ce qui doit être le plus cher à un républicain : LA PATRIE.

Que Pitt & ses agens subalternes avoient conçus le vaste & exécrable projet d'anéantir la République, qu'ils avoient médité de s'emparer de tous nos ports, & que pour parvenir à ce but, ils avoient par-tout empoisonné l'esprit public, excité des mouvemens en faveur de la tyrannie, & envoyé dans les ports les plus importans, des hommes chargés de livrer nos vaisseaux aux Anglois & aux Espagnols même, sans brûler une amorce. Des hommes dont rien n'égale la lâcheté, la corruption, des hommes revêtus de la confiance de la nation, comblés de ses bienfaits, & qui au lieu d'exciter les républicains, qu'ils commandoient, à défendre la patrie, ne les ont entretenu que des dangers qu'ils pouvoient courir dans les combats, en s'applaudissant en secret de favoriser ainsi les traîtres & les ennemis de la République.

En conséquence d'après le procès-verbal fait par les autorités constituées de Rochefort à bord du vaisseau l'Appollon, en date du 17 octobre (vieux style), ensemble les papiers de l'état-major, qui m'ont été remis, ainsi que plusieurs sommes trouvées dans les malles des officiers de ce vaisseau, lesquelles sommes sont déposées chez le receveur du district, tant en assignats, qu'en or, argent de France, piastres, demi & quart de piastres, escalins, & autres monnoyes étrangeres, il en est résulté ainsi que des interrogatoires & déclarations que *Jean Brelay, Louis Güerit, Jean Chambaudy, Etienne-*

Marie Varenne , Jacques Campet, François-Marie Bernard , Michel Mage , Joseph Crassous & François-Bruno Brunet, officiers de marine ; François Baudin, Jean-Baptiste Breton , André - Emmanuel Marcellat , Henri Chesnau , Jacques Lombard , Jacques Petit, Germain Rouget, Jacques Chesneau, aspirans de la marine ; Henri Marizi , Antoine Daurt, François Golbery, officiers d'infanterie ; Joseph-César-Adolphe Panaget , officier d'administration ; Etienne Sarzanna, prêtre ; Jacques Dumoulin, Jacques Parenteau , maîtres d'équipage ; N. Bordeaux , chirurgien ; François Escudier , maître-canonnier ; Jean Guimbelot, André Griffon, maîtres voiliers, Pierre Rambaut, aide voilier ; Louis Toi, maître calfat ; Jean Mazarin , sergent du quatrieme régiment d'infanterie de la marine ; Louis Bonnard , canonnier ; François Campet , matelot ; Jean Lavigne , charpentier ; sont complices de l'infâme trahison commise à Toulon, qu'ils ont séduit & égaré les équipages , par les affreuses calomnies dont ils accabloient tous les jours les plus chauds patriotes, qu'ils ont imputés à ceux-ci la scélératesse qu'eux-mêmes ont consommée un mois et demi après, en livrant l'escadre aux ennemis de la République.

Qu'ils traitoient de vive voix & par écrit (comme le constatent leurs journaux) , d'anarchistes, de scélérats , de sanguinaires, de pendeurs , d'égorgeurs , de dignes enfans de Marat , les patriotes les plus distingués.

Que le 28 juin , une députation des patriotes du club , à la tête de laquelle étoient les glorieux martyrs de la liberté, Barthelemi & Sevestre , vint à bord pour engager les états-majors & les équipages à sortir afin de combattre l'escadre anglaise & empêcher sa jonction avec les Espagnols.

Qu'ils obtinrent des équipages qu'il seroit formé une assemblée à terre par députation, pour aviser au moyen de sortir ; que l'amour de la patrie avoit présidé à cette assemblée ? car on avoit décidé de sortir à l'unanimité, quand le traître Trogoff entra suivi de tous les officiers & brigands de Toulon, qu'ils

huèrent les patriotes, & par des discours perfides , détruisirent la bonne intention des équipages , en leur inspirant des craintes sur le nombre des ennemis, & finirent par leur persuader que les patriotes ne les engageoient à sortir que pour livrer l'escadre aux Anglais.

Qu'ils contribuèrent & applaudirent à la dissolution du club , ainsi qu'à l'assassinat juridique des patriotes qu'ils diffamoient tous les jours dans l'esprit des équipages.

Qu'après la dissolution du club , l'exécution & la fuite des meilleurs patriotes , le conseil de marine conjointement avec les sections rebelles qui méconnoissoient authentiquement la convention nationale , firent donner des gratifications aux officiers de l'escadre, que ces gratifications furent si considérables qu'elles équivaloient à la moitié en sus des appointemens ordinaires ; que les pervers loin de repousser avec indignation une telle récompense, l'accepterent après avoir promis de n'en rien dire aux équipages qui l'ont toujours ignoré.

Qu'ils ont envoyé de leurs propres aveux & d'après le mouvement écrit du bord, divers détachemens pour combattre l'armée de la République à Marseille , à Aix , à Lambesc, &c. &c. & cela immédiatement après la dissolution du club & la fixation de la gratification.

Que ces détachemens étoient composés de la garnison des vaisseaux l'Appollon & le Généreux , tant du 77e. régiment que des canonniers commandés par des officiers.

Que le 28 juillet on reçut à Toulon du comité de salut public & du ministre de la marine l'ordre de faire partir l'escadre, que cet ordre fut méprisé , en disant que le ministre étoit dans le sens des clubistes & vouloit livrer l'escadre.

Que le 24 août, ils avoient continué d'obéir au traître Trogoff & autres chefs , quoiqu'ils fussent informés que la cocarde blanche eut été arborée, & Louis XVII proclamé.

Que s'ils n'eussent été complices de la trahison , ils eussent alors pris un parti qui eut pu sauver l'escadre, puisque les Anglais n'arriverent que le 28.

Que dès le 24, les équipages du Ponent

firent une pétition aux sections de Toulon, tendante à se défendre, & à opposer la force à la force ; & dans laquelle ils déclaroient qu'ils ne reconnoîtroient Louis XVII, qu'autant que toute la France l'auroit reconnu.

Que les susdits sont coupables de n'avoir pas profité de l'enthousiasme des équipages pour se défendre.

Que le général Saint-Julien ayant pris le commandement de l'escadre, les sections écrivirent à bord de tous les vaisseaux, où les officiers n'auroient pas dû laisser de communication, que ledit Saint-Julien les trahissoit, que ces mêmes officiers ont fait une députation à terre, qui sous prétexte de parler en faveur du projet de Saint-Julien & des équipages qui vouloient se défendre, y capitulèrent au nom de leurs équipages, aux conditions qu'ils retourneroient chez eux, en leur donnant ce qui leur étoit dû de part de prise, un mois de gratification dont le quart en argent, qu'ainsi ils scellèrent la plus infâme des trahisons, en laissant les marins dans la persuasion que Rochefort, Brest, & soixante-trois départemens avoient proclamés Louis XVII, & que les Autrichiens étoient à Paris.

Qu'ils ont souffert à bord de l'Appollon, qu'un officier foula aux pieds la cocarde nationale devant tout l'équipage, & que cet acte restât impuni, quoiqu'il eut même audacieusement harangué l'équipage en disant, *qu'il y avoit assez long-tems qu'on la portoit, qu'il falloit la changer pour une blanche* ; que cette action s'est passée quinze jours avant la reddition de Toulon ; ce qui démontre l'esprit contre-révolutionnaire qui existoit dans les états-majors.

Que rien ne prouve mieux cet esprit contre-révolutionnaire, que la fête qu'ils célébrèrent le 28 Juillet avec les Toulonois, pour un prétendu outrage fait à une image de Marie, qu'il y eut une procession où plusieurs de ces officiers assistèrent, qu'ils firent tirer le canon, qu'ils rendirent cette fête d'autant plus brillante, qu'on vouloit faire regretter aux équipages de l'escadre, les momeries de l'ancien régime.

Qu'ils ont secouru les rebelles de Marseille, lorsque fuyant l'armée républicaine de Cartaut, ils se refugioient à Toulon.

Qu'ils ont, par leur trahison, leur lâcheté, laissé outrager la souveraineté nationale, en souffrant que deux représentans du peuple, *Beauvais*, *Bayle*, fussent emprisonnés à Toulon, sans avoir seulement fait une démarche ni une réclamation pour les délivrer.

Qu'ils sont coupables de parricide en ne s'étant pas exposés *en républicains*, *en hommes libres*, lorsque les peres de la patrie couroient les dangers les plus grands, puisqu'ils ont péri par la main de nos féroces ennemis.

Qu'ils ont souffert & commandé même aux équipages de proférer les cris odieux de *vive le roi*, & que pour mieux les tromper, ils les faisoient précéder de ceux, *vive la nation, vive la loi.*

Qu'ils ont obéi aux ordres des traîtres, des ennemis de la République, & de Louis XVII.

Qu'ils ont daté de l'an premier du regne de Louis XVII.

Qu'ils ont sollicité des certificats de bonne conduite, des traîtres qui les leur ont donné au nom de Louis XVII.

Qu'ils ôtoient la cocarde nationale quand ils alloient à terre, & quelquefois la remplaçoient par la blanche.

Que l'un d'entr'eux, Daurt, correspondoit avec les émigrés.

Que tous enfin ont directement ou indirectement professé des principes de royalisme & conspiré contre l'unité & l'indivisibilité de la République ; & il résulte contre chacun d'eux en particulier.

1°. Contre *Jean Brelay*, âgé de 55 ans, natif de Ciray, département de la Charente-inférieure, embarqué sur le vaisseau de la République l'Appollon, lieutenant de vaisseaux, commandant par l'absence du capitaine, qu'il a reçu des ordres, & obéi à des contre-révolutionnaires au nom de Louis XVII, qu'il a daté de l'an premier de son regne, qu'il a méconnu la Convention nationale & conspiré contre l'unité &

l'indivisibilité de la République , en consentant au débarquement des détachemens qui ont marché contre l'armée républicaine commandée par Cartaut, qu'il a calomnié par écrit les patriotes, en leur prêtant les vues qu'il avoit de rendre son vaisseau aux ennemis sans coup férir, & cela deux mois avant la reddition de Toulon. Qu'il a entretenu ses équipages dans ces mauvais principes, qu'il a reçu une gratification des traîtres de Toulon, que loin de mettre son vaisseau en état de défense lors de l'entrée des Anglais, il a resté dans sa chambre, feignant une colique sans se montrer à son équipage, quoiqu'il eut le commandement du vaisseau l'Appollon, & que ledit équipage manifestât le desir de se défendre ; qu'il vouloit aller joindre les traîtres à terre, mais qu'on s'y opposa unanimement, qu'il a souffert que les proclamations des rebelles de Toulon, des Anglais & Espagnols fussent lues, affichées à son bord, qu'il en a porté dans ses papiers pour être distribuées ; qu'il eut la criminelle audace, quelques jours après la reddition de Toulon, de menacer son équipage en ces termes : « *vous êtes prisonniers des Anglais ; je vous commande , & si vous ne m'obéissez pas & que je vous entende murmurer, je vous punirai à l'Anglaise* ; qu'il a applaudi par écrit à l'emprisonnement des meilleurs patriotes & des représentans du peuple ; qu'il a enfin conduit à Rochefort le vaisseau l'Appollon avec des intentions perfides ; ce qui se voit par les passeports que les Anglais & les Espagnols lui ont donné.

2°. Contre *Louis Guerit*, âgé de 45 ans, natif de Saint-Denis, isle d'Oléron, département de la Charente-inférieure, lieutenant de vaisseaux embarqué sur l'Appollon , qu'il a conspiré contre l'unité & l'indivisibilité de la République , en permettant qu'il fut débarqué des détachemens pour aller combattre les armées de Cartaut & Dubois-de-Crancé qu'il traitoit de brigands ; qu'il a sollicité un certificat de bonne conduite des traîtres de Toulon, qui le lui ont donné, daté de l'an premier du regne de Louis XVII ; qu'il a daté de même, qu'il

a blasphémé contre la révolution en présence de l'équipage ; qu'il a reçu des gratifications des traîtres de Toulon ; qu'il a des proclamations des Anglais ; que le 28 août jour de la reddition de Toulon, il maltraita l'équipage ; qu'il l'invita à la tranquillité, & lui dit de le laisser dormir, tandis qu'il lui proposoit de prendre des mesures pour combattre l'ennemi.

3°. Contre *Jean Chambaudy*, âgé de 55 ans, domicilié à Soubise, département de la Charente-inférieure , enseigne de vaisseaux , embarqué sur l'Appollon ; qu'il a conspiré contre l'unité & l'indivisibilité de la République , en ne s'opposant pas au débarquement des troupes de son vaisseau, qui alloient combattre à Marseille , Aix ; Lambesc, &c. , les armées de la République ; qu'il a sollicité un certificat d'un traître qui le lui a donné, daté de l'an premier du regne de Louis XVII ; que lui a aussi daté de même ; qu'il a professé hautement les principes du royalisme, qu'il a des proclamations des généraux ennemis.

4°. Contre *Etienne-Marie Varenne*, âgé de 24 ans, natif de Semur, département de la Côte-d'Or , enseigne de vaisseaux, embarqué sur l'Appollon ; qu'il a conspiré contre l'unité & l'indivisibilité de la République , en engageant les équipages à se rendre aux Anglais, leur disant qu'ils venoient pour faire cesser l'*anarchie* qui déchiroit la France , & retablir le bon ordre en proclamant un roi ; qu'il a provoqué le rétablissement de la royauté par écrit, qu'il a avec lui tous les infâmes écrits de nos ennemis, pour les répandre & pour propager l'esprit contre-révolutionnaire dont ils sont infectés ; qu'enfin ces correspondances aristocratiques , les gratifications qu'il a reçues , ses écrits & sa conduite me font voir en lui un des agens principaux de la trahison de Toulon.

5°. Contre *Jacques Campet*, âgé de 35 ans, natif de Blaye, département de la Gironde, enseigne de vaisseaux, embarqué sur Pluvier, & depuis sur l'Appollon.

Qu'il a été un des plus grands partisans des sections de Toulon, & l'ennemi le plus cruel des patriotes, qu'il a calomnié par écrit & de vive voix ; qu'il a conspiré contre l'unité & l'indivisibilité de la République, en se coalisant avec lesdites sections pour dissoudre le *club* des Jacobins ; qu'il a applaudi & écrit avec acharnement en faveur des assassinats juridiques commis sur les patriotes ; qu'il a obéi à des ordres de Louis XVII, & montré la plus grande joye lors de la réception des proclamations faites par les sections & les Anglais ; qu'il a copié très-exactement, avec affectation lesdites proclamations, pour les répandre à son arrivée, dans cette commune.

6ᵉ. Contre *Henri Marizi*, ci-devant noble, âgé de 29 ans, natif d'Entanches, département de la Mozelle, capitaine au 77ᵉ. régiment ci-devant *la Mark*, en garnison sur le Généreux ; qu'il a toujours professé des principes *royalistes* ; que par ses papiers on voit qu'il nourissoit depuis plus d'un an, le projet de favoriser l'Angleterre, en plaçant le *duc d'York*, sur un trône dont les Français avoient chassé le dernier tyran ; que toujours attaché à la caste dans laquelle il a pris naissance, il n'est resté au service de la République que pour la trahir ; qu'il a conspiré contre l'unité & l'indivisibilité de la République, en faisant descendre plusieurs détachemens des troupes qu'il commandoit, pour marcher contre les armées à la tête desquelles étoient Cartaut & Dubois-Crancé ; qu'il a continuellement calomnié les patriotes, & que fidele imitateur des sections de Toulon, dont il étoit partisan, il a traité dans ses discours, dans ses écrits, les républicains, d'*anarchistes & de scélérats*.

7ᵉ. Contre *Antoine Daurt*, âgé de 38 ans, natif de Mollezen, département du Bas-Rhin, capitaine au 77ᵉ. régiment ci-devant *la Mark*, en garnison à bord de l'Appollon ; qu'il a conspiré contre l'unité & l'indivisibilité de la République, en envoyant des détachemens contre l'armée de Dubois-de-Crancé, en applaudissant par ses écrits aux succès des troupes rebelles, en entretenant des correspondances avec les émigrés à Bâle, à Dresde, à Stockholm, &c., en diffamant les meilleurs patriotes, & en se vendant à nos ennemis ; ce qui est prouvé par l'or

l'argent & les assignats trouvés dans ses malles.

8ᵉ. Contre *François Golbery*, ci-devant noble, natif de Colmar, département du Haut-Rhin, âgé de 20 ans, lieutenant au 77ᵉ. régiment ci-devant *la Mark* ; qu'il a conspiré contre l'unité & l'indivisibilité de la République ; qu'il a calomnié les meilleurs patriotes par écrit & verbalement ; qu'il a porté dans la République les proclamations & actes des généraux Anglais & Espagnols, dans l'intention perfide de corrompre l'esprit public, & de faire des partisans aux royalistes, & à sa caste justement proscrite ; qu'il ne s'est pas opposé aux débarquemens des troupes qui étoient sous ses ordres, & qui alloient combattre les armées de la République ; qu'il a toujours manifesté de l'attachement à la royauté.

9ᵉ. Contre *François-Marie Bernard*, lieutenant de vaisseaux à bord du Généreux, âgé de 41 ans, natif de l'Isle-d'Aix, département de la Charente-inférieure ; qu'il a conspiré contre l'unité & l'indivisibilité de la République ; qu'il a fourni des hommes & des armes aux contre-révolutionnaires du midi, puisqu'il ne s'est point opposé au débarquement des troupes de son vaisseau, qui alloient combattre l'armée de Cartaut ; qu'il a reçu & obéi à des ordres de Louis XVII, & qu'en allant à terre à Toulon, il a quitté la cocarde nationale.

10ᵉ. Contre *Michel Mage*, âgé de vingt-huit ans, domicilié à Saint-Sulpice-d'Arnoux, département de la Charente-inférieure, enseigne de vaisseaux, embarqué sur le Généreux ; qu'il a conspiré contre l'unité & l'indivisibilité de la République ; qu'il a eu connoissance de tous les projets liberticides des sections & des autres contre-révolutionnaires ; qu'il y a pris part ; qu'il a même donné son adhésion à ces trames odieuses, puisqu'il les a laissées consommer sans s'y opposer ; qu'il a écrit en faveur des assassinats juridiques commis sur les patriotes ; qu'il a obéi à des ordres de Louis XVII.

11ᵉ. Contre *Bonnart*, âgé de 26 ans, domicilié à Royan, département de la Charente-inférieure, aide-canonnier, embarqué sur le vaisseau l'Appollon, qu'il a marché volontairement contre l'armée de la République à Marseille, à Aix, à Lambesc; qu'il s'est battu contre les patriotes pour le rétablissement de la tyrannie.

12°. Contre *Joseph Crassous*, âgé de natif de la Rochelle, département de la Charente-inférieure, lieutenant de vaisseaux à bord du Généreux; qu'il a conspiré contre l'unité & l'indivisibilité de la République, en obéissant aux ordres à lui donnés pour fournir des détachemens qui marchoient contre Cartaut & Dubois-de-Crancé; qu'il a obéi à Louis XVII, en éxécutant quantité d'ordres du traître Trogoff, portant la date de l'an premier du regne de ce prétendu roi, desquels ordres il s'est trouvé porteur.

13°. Contre *François-Bruneau Brunet*, âgé de 40 ans, natif de Bormes, district d'Hieres, département du Var, enseigne de vaisseaux à bord de l'Appollon; qu'il a conspiré contre l'unité & l'indivisibilité de la République en ne s'opposant pas au débarquement des détachemens qui alloient combattre les armées de la République; qu'il a calomnié les patriotes & obéi aux contre-révolutionnaires.

14°. Contre *Claude Bordeaux*, chirurgien-major, employé à l'hôpital de Toulon, natif de Tonnerre, département de l'Yonne, âgé de 22 ans; qu'il a conspiré contre l'unité & l'indivisibilité de la République, par ses intelligences criminelles avec les principaux moteurs de la trahison de Toulon, & en faisant rougir des boulets pour incendier les vaisseaux qui vouloient faire face aux traîtres; en arborant le signe infâme du royalisme; en foulant aux pieds la cocarde nationale, & en criant vive Louis XVII.

15°. Contre *Joseph-César-Adolphe Panaget*, âgé de 23 ans, né à Rennes, département d'Isle & Vilaine, commis d'administration de la marine, embarqué sur la frégate la Mozelle, & venu sur l'Appollon. 16. *Etienne Sarzanna*, âgé de 32 ans, né à l'isle de Capraya, aumonier du vaisseau le Généreux. 17. *François Baudin*, âgé de 19 ans, né à la Fleche, département de

la Sarthe, aspirant de la marine, à bord du Généreux. 18. *Jean-Baptiste Breton*, âgé de 23 ans, né à l'isle de Rhé, département de la Charente-inférieure, aspirant de la marine, sur l'Appollon. 19 *André-Emmanuel Marcellat*, âgé de 19 ans, né à l'isle de Rhé, aspirant sur l'Appollon. 20°. *Henri Chesneau*, âgé de 23 ans, né à l'isle de Rhé, aspirant, sur le Généreux. 21°. *Jacques Lombard*, âgé de 26 ans, né à Rochefort, aspirant sur l'Appollon. 22°. *Jacques Petit*; âgé de 18 ans, né à Blaye, département de la Gironde, aspirant, sur l'Appollon. 23°. *Germain Rouget*, âgé de 19 ans, né à Niort, département des deux Sevres, aspirant sur le Généreux. 24°. *Jacques Chesneau*, âgé de 22 ans, né à l'isle de Rhé, département de la Charente-inférieure, aspirant, sur le Généreux. 25°. *Jacques Dumoulin*, âgé de 33 ans, né à Rochefort, maître d'équipage, sur le Généreux. 26°. *Jacques Parenteau*, âgé de 48 ans, né à Rochefort, maître d'équipage, à bord de l'Appollon. 27°. *Jean-Baptiste Lavigne*, âgé de 45 ans né à Rochefort, maître charpentier, à bord de l'Appollon. 28°. *François Escudier*, âgé de 37 ans, né à Bordeaux, département de la Gironde, maître-canonnier, sur l'Appollon. 29°. *Jean Mazarin*, âgé de 30 ans, né à Clermont-Ferrant, département du Puy-de-Dôme, sergent dans le quatrieme régiment de la marine infanterie, embarqué sur l'Appollon. 30°. *Jean Guimbelot*, âgé de 25 ans, né à Rochefort, maître voilier, sur l'Appollon. 31°. *André Griffon*, domicilié à Rochefort, aussi maître-voilier, sur l'Appollon. 32°. *Pierre Rambaut*, né à Rochefort, aide-voilier, sur l'Appollon. 33°. *Louis Toi*, âgé de 40 ans, domicilié à Rochefort, maître calfat, sur l'Appollon. 34°. *François Campet*, âgé de 21 ans, né à Rochefort, département de la Charente-inférieure, matelot à bord de l'Appollon.

Que par une obéissance aveugle, ils se sont rendus coupables du crime qui a livré & l'escadre de la République & Toulon à nos ennemis; que comme chefs les plus immédiats des équipages, ils devoient les encourager à se défendre & à mourir plutôt

que d'enfreindre leurs serments ; que quelques-uns d'entr'eux ont daté de l'an premier
du regne de Louis XVII ; qu'ils ont tous obéi
directement ou indirectement aux ordres de
ce phantôme de la tyrannie ; qu'ils n'ont pas
secondés les patriotes, qu'ils n'ont pas déjoué
la perfidie & la trahison de leurs chefs, qu'ils
ont préféré une retraite honteuse à l'honneur de défendre la République & de mourir pour elle ; qu'ils ont reçu le prix de leur
lâcheté en acceptant une gratification équivalente à un mois de leur solde, dont un
quart en argent ; qu'ils ont, par toutes ses
actions infâmes, conspiré contre l'unité &
l'indivisibilité de la République.

En conséquence, je requiers le tribunal
de me donner acte de l'accusation ci-dessus,
d'ordonner qu'à ma diligence & par un
huissier du tribunal porteur de l'ordonnance
à intervenir, lesdits *Jean Brelay*, *Louis
Guerit*, *Jean Chambaudy*, *Etienne-Marie
Varenne*, *Jacques Campet*, *henri Marizi*,
Antoine Daurt, *François Golberit*, *Fran-
çois-Marie Bernard*, *Michel Mage*, *Louis
Bonnard*, *Joseph Crassous*, *Claude Bor-
deaux*, *François-Bruneau Brunet*, *Joseph-
César-Adolphe Panaget*, *Etienne Sarzanna*,
François Baudin, *Jean-Baptiste Breton*,
André-Emmanuel Marcellat, *Henri Chesneau*, *Jacques Lombard*, *Jacques Petit*,
Germain Rouget, *Jacques Chesneau*, *Jac-
ques Dumoulin*, *Jacques Parenteau*, *Jean-
Baptiste Lavigne*, *François Escudier*, *Jean-
Mazarin*, *Jean Guimbelot*, *André Griffon*,
Louis Toi, *Pierre Rambaut*, & *François Campet*, détenus dans la maison d'arrêt,
dite S.t-Maurice, de cette commune, seront
pris au corps & écroué, pour y être détenus
comme en maison de justice ; que votre
ordonnance sera notifiée tant auxdits accusés qu'à la municipalité de cette commune.

FAIT à Rochefort dans mon cabinet,
le vingt-neuvieme jour brumaire, l'an deuxieme de la République française une &
indivisible.

Signé, HUGUES.

Le tribunal faisant droit sur le requisitoire
de l'accusateur public, lui donne acte de
l'accusation par lui dressée contre *Jean
Brelay*, lieutenant de vaisseaux, *Louis
Guerit*, lieutenant de vaisseaux, *Jean Chambaudy*, enseigne de vaisseaux ; *Etienne-
Marie Varenne*, enseigne de vaisseaux ;
Jacques Campet, enseigne de vaisseaux ;
Henri Marizi, capitaine au 77.e régiment ;
Antoine Daurt, capitaine au même régiment ;
François Golbery, lieutenant au même
régiment ; *François-Marie Bernard*, lieutenant de vaisseaux ; *Michel Mage*, enseigne de vaisseaux ; *Louis Bonnard*, aide-
canonnier ; *Joseph Crassous*, lieutenant de
vaisseaux ; *François-Bruneau Brunet*, enseigne de vaisseaux ; *Claude Bordeaux*, chi-
rurgien-major ; *Joseph-César-Adolphe Pana-
get*, commis d'administration ; *Etienne Sar-
zanna*, prêtre ; *François Baudin*, aspirant
de la marine ; *Jean-Baptiste Breton*, aspirant de la marine ; *André-Emmanuel
Marcellat*, aspirant de la marine, *Henri
Chesneau*, aspirant de la marine ; *Jacques
Lombard*, aspirant de la marine ; *Jacques
Petit*, aspirant de la marine ; *Germain
Rouget*, aspirant de la marine ; *Jacques
Chesneau*, aspirant de la marine ; *Jacques
Dumoulin*, maître d'équipage, *Jacques
Parenteau*, maître d'équipage ; *Jean-
Baptiste Lavigne*, maître charpentier ;
François Escudier, maître canonnier ;
Jean Mazarin, sergent du quatrieme regi-
ment de la marine infanterie ; *Jean Guimbelot*, maître voilier ; *André Griffon*,
maître-voilier ; *Pierre Rambaut*, aide voilier ; *Louis Toi*, maître calfat ; *François
Campet*, matelot ; ordonne qu'à sa diligence
& par un huissier de ce tribunal, les ci-
dessus dénommés détenus dans la maison
d'arrêt dite Saint-Maurice, seront pris au
corps & écroué sur le registre, pour y être
détenus comme en maison de justice, ordonne
que le gardien de ladite maison, les trai-
tera conformément à la loi, & que notre
présente ordonnance sera notifiée tant à la
municipalité de Rochefort, qu'aux accusés.

FAIT dans la chambre d'instruction criminelle, le tribunal assemblé, où se sont trouvé les citoyens JUNIUS ANDRÉ, *président* ; GASPARD GOYRAND & AUGUSTIN-FRANÇOIS VIEILH, *juges* ; à Rochefort le vingt-neuvieme jour brumaire, l'an 2.ᵉ de la République française une & indivisible, & ont lesdits président & juges signés la présente ordonnance.

Collationné conforme à l'original,

Signé, SIMON-ARMAND LIGNIERES, Greffier.

A ROCHEFORT,

Chez R. D. JOUSSERANT, Imprimeur du Tribunal révolutionnaire.

TABLE DES CARTES

Table des illustrations et manuscrits

Illustrations en couleur hors-texte (circa p.216)

Bibliographie

SOURCES

Archives Nationales – Paris
Marine, Série C⁷, Dossiers individuels des officiers de vaisseau et de plume.
Dossier 77 :
Aperçu général des services de Crassous Médeuil tant sur les vaisseaux du Roy que sur les navires particuliers et emplois de son tems au fait de la navigation et du commerce. A La Rochelle ce 18 février 1792.

Ibid. Extrait général des services de M. Crassous de Médeuil, tant sur les vaisseaux du Roi que sur les navires particuliers et emploi de son tems en fait de navigation ou de commerce. A Brest, ce 6 juin 1790.

Ibid. A Monsieur de la Coste, Ministre de la Marine, 13 mai 1792.

Ibid. Demande pour la Croix de Sᵗ Louis pour Joseph Crassous Médeuil de La Rochelle sous lieutenant de vaisseau. A Paris le 24ᵉ May 1792.

Archives Départementales de la Charente Maritime
Cours et juridictions, Série B
B 57-58 : Acte de décès d'un captif sur le navire l'*Iris*

B 243 n° 228 : Acte de soumission, signé Bégaud, 18 octobre 1776.

Fonds judiciaires, Série L
L 1199 : Détails sur les affaires de Toulon et de l'entrée des troupes étrangères en cette ville

L 1199² : Actes d'accusation contre les complices de la trahison de Toulon

L 1202 : Journal de bord du *Généreux*

Archives Municipales de la Rochelle
Papiers Crassous de Médeuil, Série E, Marine
E 282 : - Navire le *Roy Dahomey* (capitaine : le sieur Corby). Journal de navigation du sieur Joseph Crassous de Médeuil lieutenant en premier à bord du dit navire (1772-1774)

        - Journal pour l'usage de Joseph Claude Auguste Crassous de Médeuil fils aîné. A La Rochelle, ce 22 eme May 1772

        - Note au voyage du *Dahomet* — Côte d'Or

E 280 : Journal de traite de la *Suzanne Marguerite* établi par Crassous de Médeuil, capitaine en second (1775-1776)

E 278 : Comptes de la *Junon* (1782)

E 277 : Journal du navire la *Créole* (1783-1785)

E 276 : Papiers de la corvette la *Juliette* (1786-1787)

E 281 : Papiers du navire le *Pactole* (1788-1789)

E 283 : Journal de navigation de l'*Ile de France* (1791)

E 289 : - Navigation (1756-1781)

        - Communication particulière à M. De Chazal

        - Conditions d'association entre M. Crassoux et M. Rougeuil relatif à la cession d'un Interest dans la jession de Rochebois. Fait au Port Louis de l'Isle de France le 26 octobre 1782.

        - A Messieurs du Corps d'Artillerie de Bordeaux. Janvier 1791.

        - Fragment de lettre, sans date.

Archives de la Chambre de Commerce de La Rochelle
Carton XIX, doc. 6534, La Rochelle, Commerce d'Afrique, 1776

        6523, Mémoire aux Directeurs et Syndics de la Chambre de Commerce de La Rochelle. Ardres sur la Coste d'Or, 22 juin 1786. P. Hardy.

Archives de la Marine, Rochefort
2 ème Rég. Maritime, 6 P 47 : Année 1774. Désarmement. Le navire le *Dahomet* venant de Guinée.

Ibid. 6 P 49 : Année 1776. Désarmement. Le navire la *Suzanne Marguerite* venant de Guinée.

Médiathèque Michel Crépeau, La Rochelle
Ms. 2139 : Construction du navire le *Marquis de Voyer* pour le compte de Goguet et Fils
Ibid. : Comptes concernant les voyages à la Côte d'Or du navire le *Dahomet* (1776-1777-1778 et 1781)

Ms. 2286 :Proportions principales d'un navire construit en négrier, proposé à faire par les Sieurs Le Page Frères
Ibid : Projet d'armement pour Angole

Ms. 2290 : Ordres et instructions pour servir à M Gabriel David, capitaine du navire la *Bonne Société* de La Rochelle. 15 juillet 1783.

Archives Départementales de la Loire Atlantique
C 738/54 : Mémoire des Négocians de Nantes… envoyé à M.
de Sartine le 25 septembre 1777

C 738/60 : Mémoire anonyme, 26 juin 1777.

Archives Départementales de la Gironde
C. 4383 : Lettre au Maréchal de Castries, 7 juillet 1787

C. 4266 : Lettre au Député de la Chambre de Commerce de Guyenne, 7 octobre 1786

C. 4358/87 :Versailles le 15 Xbre 1787 : Observations relatives aux primes touchées en 1786 pour la traite de Noirs

8 J 422 : Frégate le *Dauphin*, 8 octobre 1774.

OUVRAGES IMPRIMES

Ne sont cités que les ouvrages utilisés en référence dans les notes

ACERRA Martine et MEYER Jean, *Marines et révolutions*, Rennes, Ouest-France, 1988.

ARCERE Louis Etienne, *Histoire de la ville de La Rochelle et du pays d'Aulnis*, La Rochelle, 1957, 2 vol.

BERBAIN Simone, « Etudes sur la traite des noirs en golfe de Guinée. Le comptoir français de Juda (Ouidah) au XVIII° siècle » in *Mémoires de l'Institut Français d'Afrique Noire*, N°3, Paris, 1942.

BONNICHON Philippe, « Naturalistes français dans l'Océan Indien au XVIII° siècle » in *Rochefort et la mer (5)*, Jonzac, Publications de l'Université Francophone d'Eté Saintonge-Québec, 1989.

BOUDRIOT Jean, « Le navire négrier au XVIII° siècle » in *De la traite à l'esclavage du XVIII° au XIX° siècles*, Nantes, CRHMA, 1988, 2 t.

— *Traite. Le négrier l'Aurore, navire de 280 tx.1784*. Paris, Coll. Archéologie navale, 1985.

BUTEL Paul, *Les dynasties bordelaises, de Colbert à Chaban*, Paris, Perrin, 1991.

CAUNA Jacques de, *L'Eldorado des Aquitains*, Biarritz, Atlantica, 1998.

CORNEVIN Robert et Marianne, *Histoire de l'Afrique des origines à la seconde Guerre Mondiale*, 4 ème Ed. revue et mise à jour, Paris, 1994.

DAGET Serge, *La traite des noirs,* Rennes, Ouest France, 1990.

DAGET Serge et RENAULT François, *Les traites négrières en Afrique*, Paris, Karthala, 1985.

DEBIEN Gabriel, *Les esclaves aux Antilles Françaises(XVII°-XVIII° siècles)*, Basse-terre et Fort-de-France, 1974.

DESCHAMPS Hubert, *L'Afrique noire précoloniale*, Paris, PUF, 1962.

DEVEAU Jean-Marie, *Le commerce rochelais face à la Révolution, correspondance de Jean-Baptiste Nairac*, La Rochelle, La Rumeur des Ages, 1989.

— *La traite rochelaise*, Paris, Karthala, 1990.

— *La France au temps des négriers*, Paris, France Empire, 1994.

DRAYTON Richard, « A l'école des Français : les sciences et le deuxième Empire britannique(1780-1830) », in *Revue Française d'Histoire d'Outre-Mer,(RFHOM)* t.86 (1999), N° 322-323.

DUPONT Maurice et TAILLEMITE Etienne, *Les guerres navales françaises du Moyen-Age à la Guerre du Golfe*, Paris, Ed. Kronos, 1995.

FALLOPE Josette, « Contribution de Grand-Lahou au peuplement afro-caribéen(Guadeloupe-Martinique) » in *De la traite à l'esclavage du XVIII° au XIX° siècle,* Nantes, CRHMA, 1988.

FERNANDEZ de ENCISO Martin, *Suma de Geographia* (1530),Ed. Museo Naval de Madrid, 1987.

FERRIER Jacques, « Pour en finir avec 1793 et revenir sur l'événement de Toulon », in *Bull. de l'Académie du Var*, 1979.

FOURNIER Georges, «Images du Midi dans l'idéologie révolutionnaire» in *L'invention du Midi, représentations du Sud pendant la période révolutionnaire*, Edisud, 1987.

FROSTIN Charles, *Les révoltes blanches à Saint-Domingue aux XVII° et XVIII° siècles*, Paris, 1975.

FURET François et RICHET Denis, *La Révolution Française*, Paris, 1965-1966, Ed. utilisée, 1973.

FURET François et OZOUF Mona, *Dictionnaire critique de la Révolution Française*, Paris, Flammarion, 1988.

GARNAULT Emile, *Livre d'or de la Chambre de Commerce de La Rochelle contenant la biographie des directeurs et présidents de la Chambre de 1719-1891.* La Rochelle, 1902.

GALLET Dominique, *São Tomé et Príncipe*, Paris, Karthala, 2001

GARRAN-COULON Philippe, *Rapport sur les troubles de Saint-Domingue fait au nom de la Commission des colonies , des comités de Salut Public, de Législation et de Marine réunis par Philippe Garran député du Loiret, imprimé par ordre de la Convention Nationale et distribué au Corps Législatif en ventôse, An V.*

GASTON-MARTIN, *L'ère des négriers (1714-1774)*, Paris, Karthala, 1992.

GENGEMBRE Gérard, *La contre-révolution ou l'histoire désespérante*, Paris, 1989.

GRANIER Hubert, *Histoire des marins français*, Marine Ed.1998.

HARDY Georges, *Histoire de la Révolution française*, 2° Ed., Paris, 1931.

JUHE-BEAULATON Dominique, « La diffusion du maïs sur les côtes de l'or et des esclaves aux XVII° et XVIII° siècles », in *RFHOM*, t. LXXVII(1990) n° 287.

LAVEAU Claude, *Le monde rochelais des Bourbons à Bonaparte*, La Rochelle, La Rumeur des Ages, 1988.

— « A propos de Jean-Baptiste Nairac, député extraordinaire du commerce rochelais(juillet 1789-août 1790) », in *Bull. d'Histoire économique et sociale de la Révolution française*, BN, Année 1967

LEMONNIER Philippe, *Le Tribunal révolutionnaire de Rochefort*, La Rochelle 1912.

LUC Albert-Michel, « Fortunes de mer et procédures de l'Amirauté de La Rochelle au XVIII° siècle(1719-1789) », in *Ecrits d'Ouest*, n°6, 1997.

LY Abdoulaye, *La Compagnie du Sénégal*, nouvelle éd. revue et corrigée, Paris, Karthala, 1993 (1° Ed. Présence Africaine, 1958).

MARX Roland, *Histoire du Royaume Uni,* Paris, 1967.

MATHIEZ Albert, *La Révolution française*, Paris, Armand Colin, 1939, 2 vol.

M'BOKOLO Elikia, *Afrique noire, histoire et civilisation jusqu'au XVIII° siècle*, Paris, Hatier AUPELF-UREF, 1995, 2 vol.

MEILLASSOUX Claude, *Anthropologie de l'esclavage*, PUF, Paris, 1986.

METTAS Jean, *Répertoire des expéditions négrières françaises au XVIII° siècle,* vol.II : ports autres que Nantes, Paris, SFHOM, 1978.

MEYER Jean, *L'armement nantais dans la deuxième moitié du XVIII° siècle*, Paris, 1969.

— « Le face-à-face des systèmes logistiques français et anglais en Méditerranée pendant les guerres de la Révolution et de l'Empire », in *Français et Anglais en Méditerranée(1789-1830)*, Service Historique de la Marine, 1992.

MONOT Théodore, « Une enquête ouest-africaine sur les pêches au XVIII° siècle », in *Mémoire pour Guinée,* in *RFHOM,* t.LXIV(1997), n° 237.

MORALES PADRON Francisco, *Historia de España, América hacia la creación de las nuevas naciones*, Madrid, 1986.

MOREAU de SAINT-MERY Médéric Louis Elie, *Description... de la partie française de Saint-Domingue*, nouvelle éd. Larose, Paris, 1958, 3 vol.

MORINEAU Michel, « La vraie nature des choses et leur enchaînement entre la France, les Antilles et l'Europe », in *RFHOM,* t.84(1997), n° 134.

MOULINAS René, « Le Sud-Est », in Jean TULARD Ed. *La contre-révolution, origines, histoire et postérité*, Paris, 1990.

NAVARRO GARCIA Luis, *Hispano América en el siglo XVIII°*, Sevilla, 1975.

OBICHERE Boniface I., « Women and Slavery in the Kingdom of Dahomey » in *RFHOM*, t. LXV(1978) N°238.

PAWLOWSKI Auguste, *Géographie historique des côtes charentaises*, Paris, le Croît Vif, 1998.

PETRE-GRENOUILLEAU Olivier, *L'argent de la traite,* Paris, Aubier, 1996.

— *La traite des Noirs,* Paris, PUF, 1997.

PEZZOLI Gigi et BRENA Danila, *Forti e castelli di tratta,* Centro Studi Archeologia Africana, Milano, 1990.

PLUCHON Pierre, *La route des esclaves, négriers et bois d'ébène au XVIII° siècle,* Paris, Hachette, 1980.

RENAUT Francis P., *Le Pacte de Famille et la politique coloniale franco-espagnole de 1760 à 1792,* Paris, 1922.

REVEILLAUD Eugène, *Histoire politique et parlementaire des départements de la Charente et de la Charente Inférieure* (1911), éd. utilisée Paris, Lib. Bruno Sepulchre, 1987.

RICHEMONT L de, « Le marin Crassous de Médeuil, d'après des documents inédits » , in *Revue poitevine et saintongeaise,* 1881.

ROCHA PINTO João, « Impressions d'Afrique, Lisbonne hors les murs 1415-1580 », *L'invention du monde par les navigateurs portugais,* Paris, Ed. Autrement, Paris, 1990.

SAVARY Jacques, *Le parfait négociant,* Paris, 1721.

SAUGERA Eric, *Bordeaux port négrier,* Paris , Karthala, 1995.

SCHOELL Franck L, *Histoire des Etats-Unis,* 3° Ed. revue et mise à jour, Paris, 1997.

SINOU Alain, *Comptoirs et villes coloniales du Sénégal,* Paris, Karthala-ORSTOM, 1993.

SOBOUL Albert, *Histoire de la Révolution Française,* Paris, Gallimard, 1962, 2 vol.

THESEE Françoise, *Négociants bordelais et colons de Saint-Domingue, liaisons d'habitations − la Maison Henry Romberg et Cie , 1778-1853,* Paris, 1972.

TORRES RAMIREZ Bibiano, *Alejandro O'Reilly en las Indias,* CSIC et EEHA, Sevilla, 1969.

VERGER Pierre, *Flux et reflux de la traite des nègres entre le golfe du Bénin et Bahia de Todos Os Santos du dix-septième au dix-huitième siècle,* Paris, 1968.

VILLALOBOS de VELLERINO Baltazar, *Luz de navegantes* (1592) Ed. Museo Naval de Madrid, Universidad de Salamanca, 1985.

VOVELLE Michel, *La mentalité révolutionnaire,* Paris, 1985.

WISMES Armel de, *Nantes et le temps des négriers,* Paris, Ed. France Empire, 1992.

TABLE DES MATIERES

Achevé d'imprimer en novembre 2001
sur les presses de la Nouvelle Imprimerie Laballery – 58500 Clamecy
Dépôt légal : novembre 2001   Numéro d'impression : 111045

Imprimé en France